마음을
움직이는
심리학

마음을 움직이는 심리학:
심리학자가 알려주는 설득과 동기유발의 140가지 전략

지은이 수잔 M. 와인생크
지은이 박선령
펴낸이 박찬규 | 엮은이 이대엽 | 디자인 북누리 | 표지디자인 아로와 & 아로와나

펴낸곳 위키북스 | 전화 031-955-3658, 3659 | 팩스 031-955-3660
주소 경기도 파주시 교하읍 문발리 파주출판도시 500-13 동화기술 3층

가격 15,000 | 페이지 292 | 책규격 152 x 210

초판 발행 2013년 08월 20일
ISBN 978-89-965112-3-6(93000)

등록번호 제406-2010-000040호 | 등록일자 2010년 04월 22일
홈페이지 wikibook.co.kr | 전자우편 wikibook@wikibook.co.kr

How to Get People to Do Stuff: Master the art and science of persuasion and motivation
Original English language edition published by New Riders
1249 Eighth Street, Berkeley, CA 94710
Copyright © 2013 by New Riders
Korean language edition copyright © 2013 by WIKI BOOKS
All rights reserved including by arrangement with the original publisher.

Notice of Rights

All rights reserved. No part of this book may be reproduced or transmitted in any form by any means, electronic, mechanical, photocopying, recording, or otherwise, without the prior written permission of the publisher. For information on getting permission for reprints and excerpts, contact permissions@peachpit.com.

Notice of Liability

The information in this book is distributed on an "As Is" basis, without warranty. While every precaution has been taken in the preparation of the book, neither the authors nor Peachpit shall have any liability to any person or entity with respect to any loss or damage caused or alleged to be caused directly or indirectly by the instructions contained in this book or by the computer software and hardware products described in it.

Trademarks

Many of the designations used by manufacturers and sellers to distinguish their products are claimed as trademarks. Where those designations appear in this book, and Peachpit was aware of a trademark claim, the designations appear as requested by the owner of the trademark. All other product names and services identified throughout this book are used in editorial fashion only and for the benefit of such companies with no intention of infringement of the trademark. No such use, or the use of any trade name, is intended to convey endorsement or other affiliation with this book.

이 책의 한국어판 저작권은 저작권자와의 독점 계약으로 위키북스에 있습니다.
신저작권법에 의해 한국 내에서 보호를 받는 저작물이므로 무단 전재와 복제를 금합니다.
이 책의 내용에 대한 추가 지원과 문의는 위키북스 출판사 홈페이지 wikibook.co.kr이나
이메일 wikibook@wikibook.co.kr을 이용해 주세요.

이 도서의 국립중앙도서관 출판시도서목록 CIP는
e-CIP 홈페이지 http://www.nl.go.kr/cip.php에서 이용하실 수 있습니다.
CIP제어번호 CIP2013013900

마음을 움직이는 심리학

How to Get People to Do Stuff

심리학자가 알려주는 설득과 동기유발의 140가지 전략

수잔 M. 와인생크 지음 / 박선령 옮김

위키미디어

나 같은 심리학자를 엄마로 둔 것이 때로는 축복이지만
대개는 불운으로 느껴졌을 두 아이, 거스리와 메이지에게
이 책을 바친다. 내 온갖 이론을 너희들에게
먼저 시험해봐서 미안하구나!

저자 소개

행동심리학 박사인 수잔 와인생크는 심리학과 신경과학 분야의 연구 결과를 비즈니스 상황에 적용하는 전문가다. 와인생크 인스티튜트의 설립자 겸 대표로서 포춘 1000대 기업과 각종 교육기관, 정부기관 및 비영리 단체를 컨설팅하는 일을 한다. 신경과학이나 뇌과학 분야의 최신 연구결과를 읽고 해석해서 그 내용을 비즈니스와 일상생활에 적용하는 그녀를 가리켜 고객들은 '브레인 레이디brain lady'라고 부른다. 수잔은 『사이콜로지 투데이Psychology Today』에 'Brain Wise: Work better, work smarter'라는 블로그를 운영하고 있으며, 본인의 웹사이트에도 블로그가 개설돼 있다(www.theteamw.com/blog).

버지니아 공대에 입학했다가 이후 노스이스턴 대학교에서 심리학 학부 과정을 마쳤고, 펜실베이니아 주립대학교에서 석사 및 박사 학위를 취득했다.

현재 수잔은 남편과 함께 미국 위스콘신 주에 산다. 두 자녀는 이미 장성해 자신들만의 삶을 시작했다. 일에 열중하지 않을 때면 지역 극단에서 연극 공연을 하거나 재즈 노래를 부르거나 책을 읽거나 영화를 보거나 아티잔 브레드를 굽는다.

책에 대한 소개는 www.theteamw.com/books 웹사이트에서 확인할 수 있다.

수잔 와인생크의 저서로는 다음과 같은 책이 있다.

- 『모든 기획자와 프리젠터가 알아야 할 사람에 대한 100가지 사실 100 Things Every Presenter Needs to Know about People』위키북스, 2012
- 『모든 기획자와 디자이너가 알아야 할 사람에 대한 100가지 사실 100 Things Every Designer Needs to Know about People』위키북스, 2010
- 『심리를 꿰뚫는 UX 디자인 Neuro Web Design: What Makes Them Click?』에이콘출판사, 2010

목 차

작가 소개 _ 05
감사의 말 _ 12

1장
7가지 요인

7가지 동기 유발 요인 _ 15
지나치게 조작적이라고? _ 20

2장
소속 욕구

유대감을 느끼면 더 열심히 일한다 _ 25
동사가 아니라 명사를 활용하라 _ 25
다른 사람의 의견을 이용하라 _ 26
부탁도 적절한 사람이 해야 효과가 있다 _ 29
마음의 빚을 지게 하라 _ 35
거절을 유도하는 방법 _ 37
모방 심리 이용 _ 39
신체언어를 흉내 내 친밀감을 조성하라 _ 40
행동뿐 아니라 감정까지 모방한다 _ 42
입소문을 내라 _ 43
유대감에 숨겨진 과학 _ 44
타인의 신뢰를 얻으려면 _ 48
화자의 뇌와 청자의 뇌를 동조시켜라 _ 49
경쟁이 효과를 발휘하는 때는 언제인가 _ 50
사람들은 리더를 따른다 _ 52

목 차

내 손이 전하는 말 _ 57
얼굴과 눈도 말을 한다 _ 59
어조를 통한 의미 전달 _ 61
옷의 중요성 _ 62
단 몇 초 만에 리더가 되는 방법 _ 63

3장
습관

습관의 과학 _ 66
습관이 형성되는 방식 _ 68
의도적으로 무의식을 이용하는 방법 _ 72
1주일 안에 새로운 습관 만들기 _ 76

4장
이야기에 담긴 힘

나도 당신의 고통을 그대로 느낄 수 있어요(진짜) _ 86
우리 내면의 이야기가 행동을 조종한다 _ 89
페르소나를 자극하는 방법 _ 91
'균열' 전략 _ 95
'페르소나 연결' 전략 _ 98
작은 일부터 시작하자 _ 102
공개적으로 진행하라 _ 104
참여도를 높이는 글쓰기 _ 106
새로운 이야기 단서 제공 _ 108

목 차

5장
당근과 채찍

- 어떤 일을 자동으로 하게 하는 방법 _ 115
- 카지노가 아는 비밀 _ 117
- 5가지 기본 강화 계획 중에서 선택하기 _ 119
- 지속적 강화: 새로운 일을 시작하게 할 때 _ 120
- 변동 비율: 어떤 일을 계속하게 하려면 _ 121
- 변동 간격: 꾸준한 행동을 유도하고자 할 때 _ 122
- 고정 비율: 단시간에 빈번한 행동을 원할 때 _ 123
- 고정 간격 계획이 효과적이지 않은 이유 _ 126
- 시작 단계부터 보상하라 _ 127
- 적절한 보상 선택 _ 130
- 보상 제공 시기 _ 132
- 부정적 강화 _ 133
- 처벌 _ 135

6장
본능

- 두려움, 관심, 그리고 기억 _ 138
- 병과 죽음에 대한 공포 _ 140
- 손실의 두려움 _ 141
- 수량이 한정된 경우 _ 144
- 사람들이 친숙한 브랜드를 원하는 시점 _ 146
- 우리는 만사를 자기 뜻대로 하고 싶어 한다 _ 148
- 안전과 참여 _ 150

목 차

새롭게 개선된 제품입니다! _ 152
끊임없이 더 많이 원하게 하라 _ 152
새로움과 도파민 _ 155
음식과 섹스 _ 155

7장
숙달에 대한 욕구

보상보다 강한 숙달 욕구 _ 159
스스로를 특별한 인물처럼 느끼게 하라 _ 162
도전은 자극적이다 _ 163
자율성은 숙달 욕구를 높인다 _ 165
고군분투가 도움이 되는 경우 _ 166
의욕을 유지하려면 피드백이 필요하다 _ 167
몰입을 이용하라 _ 171

8장
마음의 속임수

게으른 뇌 _ 179
상관관계 찾기 _ 181
일관된 이야기를 이용하라 _ 183
점화 효과의 힘 _ 184
죽음의 메시지 _ 186
기점화: 숫자가 단순한 숫자 이상의 효과를 발휘하는 경우 _ 189
친밀감 속에서 얻는 만족 _ 193

목 차

읽기 어렵게 하라 _ 196
현 상태에 안주하지 않으려면 _ 197
사람들을 불편하게 만들자 _ 199
확신에 대한 갈망 _ 201
너무 많이, 너무 오래 생각하게 하는 것은 금물 _ 202
말에 심오한 느낌을 주려면 운을 맞춰야 한다 _ 203
단순한 이름이 최고다 _ 204
어떤 일을 기억하게 하는 방법 _ 204
내 머릿속의 도식 _ 209
모든 것을 바꿔놓는 두 단어 _ 213
사고방식을 바꾸는 은유 _ 213
기회를 포착하라 _ 215
시간은 돈이다 _ 216
우리는 물건보다 경험을 소중하게 여긴다 _ 217
방황하는 마음 _ 218
생각을 중단시키자 _ 221
내가 대체 왜 그랬을까: 후회의 힘 _ 223
무거운 물건을 들고 있으면 _ 224

9장
사례 연구: 실생활 속에서 활용하는 동기 유발 요인과 전략

돈을 기부하게 하는 방법 _ 230
주도적으로 일하게 하는 방법 _ 232
자신을 직원으로 채용하게 하는 방법 _ 233
일자리 제의를 받아들이게 하는 방법 _ 238

목 차

협력업체로 선정되는 방법 _ 241
아이들이 악기 연습을 하게 하는 방법 _ 244
고객을 열렬한 지지자로 바꿔놓는 방법 _ 248
투표에 참여하게 하는 방법 _ 250
건강한 생활습관을 지키게 하는 방법 _ 252
체크리스트를 작성하게 하는 방법 _ 255
재활용에 동참하게 하는 방법 _ 258
고객들의 적극적인 참여를 유도하는 방법 _ 260
사물의 이면을 보게 하는 방법 _ 263

10장
전략 목록

소속 욕구 _ 268
습관 _ 269
이야기에 담긴 힘 _ 270
당근과 채찍 _ 271
본능 _ 272
숙달에 대한 욕구 _ 274
마음이 속인수 _ 275

참고문헌 _ 280
역자 프로필 _ 286
찾아보기 _ 287

감사의 말

심리학 분야에서는 이미 수많은 연구가 진행되고 있다.
이반 파블로프, B. F. 스키너, B. J. 포그, 다니엘 카너먼,
티모시 윌슨, 로버트 치알디니 등

내가 이 책에 소개한 연구를 진행한 모든 연구자와
심리학자들에게 감사한다. 참고문헌 목록을 보면
이 책을 쓰는 데 도움을 준 연구자들의 이름이
모두 나와 있다.

사례 연구를 도와준 내 블로그 구독자와
여러 고객들에게도 감사한다.

이 책을 위한 아이디어를 내도록 계속 격려해준
뉴라이더스 출판사의 마이클 놀란과 멋진 조언을 해준
제프 라일리에게도 감사 인사를 전한다.

이 책은 우리 팀이 만들어낸 4번째 책이다.
우리가 힘을 합쳐 이런 멋진 책들을 만들어 내리라고
누가 상상이나 했겠는가?

01

7가지 요인

여러분은 평소 집에서 요리를 하는가? 한다면 요리를 잘하는 편인가? 나는 스스로 꽤 괜찮은 요리사라고 자부하고 싶지만, 실제로 내가 만든 음식은 아주 맛있을 때도 있지만 그렇지 않은 경우도 많다.

나는 어머니가 요리하는 모습을 보거나 기존 레시피를 따라하거나 직접 이런저런 실험을 하면서 요리법을 익혔다. 그러다가 최근에 요리의 과학적 원리에 관한 책을 구했다. 덕분에 요새는 왜 어떤 레시피는 성공적인 반면 어떤 것은 실패만 거듭하는지, 내가 대용품으로 사용한 재료가 왜 문제인지 등을 깨우쳐가고 있다.

이제 남의 레시피를 그대로 따라 하거나 제멋대로 실험 정신을 발휘하면서 어떤 결과가 나올지 궁금해하기보다 식품에 함유된 화학성분이 다른 성분과 반응해 음식의 풍미를 높이거나 식감을 부드럽게 하는 원리 등 과학적인 지식을 응용할 수 있는 수준이 된 것이다. 물론 지금도 가끔은 나만의 직감을 발휘해 요리하기도 하지만, 특정한 재료가 마련돼 있는 특정 상황에서는 내가 아는 요리 과학 지식을 활용해 맛있는 식사를 준비할 수 있다.

이제 이 원칙을 주변 사람들에게 적용해보자.

여러분의 대인관계는 원만한 편인가? 사람들이 주어진 일을 잘하도록 독려하는 방법을 아는가? 다른 사람에게 배우거나 실험을 통해 깨달은 비결과 기술을 대인관계에 이용한 적이 있는가? 그렇다면 내가 요리 원리를 공부하기 전에 만들었던 요리처럼, 여러분이 쓰는 전략도 효과를 발휘할 때가 있는가 하면 그렇지 않을 때도 있을 것이다.

우리가 사람들에게 동기를 부여하는 방법의 과학적 원리를 정확히 이해한다면 어떻게 될까? 그 원리를 이해하고 그것을 특정 상황에 처한 특정 인물이나 집단에 적용하는 방법을 깨우치면 사람들이 주어진 일을 해내도록 설득할 수 있을 것이다. 또 자기가 아는 전략 중에 어떤 것이 효과적일지 고민할 필요도 없다.

이 책은 여러분이 그런 일을 할 수 있게 도와줄 것이다.

7가지 동기 유발 요인

이제 다 커서 성인이 된 우리 아이들은 내가 자기들을 키울 때 심리학 기술을 이용했다며 종종 나를 책망한다. 사실 아이들 말이 맞다!

딸애가 세 살 때 뭔가를 해달라며 칭얼대는 모습을 본 다섯 살짜리 아들이 이런 말을 한 적이 있다. "그렇게 징징대서는 우리 집에서 원하는 걸 얻을 수 없다는 사실을 아직 모르니?" 당시 나는 그 장면을 보며 내 방법이 효과가 있다는 사실을 깨달았다. 딸아이는 칭얼대던 것을 멈췄다. 아들의 지적이 정확히 들어맞은 셈이다.

아이들을 낳을 당시 벌써 10년 넘게 심리학자로 일했던 나는 칭얼대지 않는 아이로 (또 융통성 있고, 인정이 많으며, 부지런한 아이로) 키우기 위해 내가 아는 심리학 기술을 총동원하기로 마음먹었다. 하지만 무엇보다도 칭얼대지 않는 아이로 키우는 것이 가장 중요했다. 난 징징대는 소리를 듣는 게 딱 질색이니까!

아이들이 태어나던 순간부터 작업에 돌입할 수 있었던 것이 큰 도움이 됐다. 평소 만나는 다른 사람들과의 관계에서는 그런 유리한 입장에 설 수 없으니 말이다. 하지만 사람들을 자극하고 동기를 부여하는 요인을 제대로 파악하면, 내가 하는 일이나 남에게 제안하는 것, 사람들에게 부탁하는 방식이나 대상을 바꾸고 고칠 수 있다는 사실을 깨달았다. 사람들을 설득하는 전략과 전술을 바꿀 수 있는 것이다.

심리학 분야에서 경험적 연구가 시작된 지도 벌써 100여 년이 지났다. 심리학 연구 초기에 얻은 성과 가운데 일부는 지금도 여전히 유효하다. 뇌의 구조와 작동 방식을 자세히 들여다볼 수 있게 된 덕분에 초기 연구 결과

가운데 일부가 옳다는 사실이 입증됐고 동기 유발 요인에 대한 이해도 깊어졌다. 나는 이 책을 쓰면서 최신 연구 결과뿐 아니라 심리학 본연의 기본적인 연구 내용도 활용했다.

이 책에서는 사람들에게 동기를 부여하는 7가지 요인을 설명한다.

- 소속 욕구
- 습관
- 이야기에 담긴 힘
- 당근과 채찍
- 본능
- 숙달에 대한 욕구
- 마음의 속임수

이 책은 각 요인과 그것을 뒷받침하는 연구 내용을 설명하고 여러분이 활용할 수 있는 구체적인 전략을 제시한다.

소속 욕구

『캐스트 어웨이 Cast Away』라는 영화를 본 적이 있는가? 톰 행크스 Tom Hanks 가 분한 주인공은 비행기를 타고 가다가 남태평양의 한 섬에 추락한다. 그 섬에서 몇 년간 홀로 지내게 된 주인공은 배구공을 하나 주워서 거기에 얼굴을 그리고 그 배구공에게 계속 말을 건다. 배구공에 윌슨이라는 이름을 붙이고 그것을 자기 '친구' 윌슨이라고 부르기까지 한다. 주위에 소통할 사람이 아무도 없는 상황이라 다른 대용품을 만들어내야만 했던 것이다.

인간은 사회적 동물이며 타인과 관계를 맺고자 하는 강렬한 욕구를 안고 태어난다. 우리는 혼자서는 살 수 없기에 사회적으로 인정받으려고 노력한다. 세상 어딘가에 자기가 속한 곳이 있다고 느끼고 싶어 한다.

바로 이런 소속 욕구와 관계에 대한 갈망을 이용해 사람들을 설득할 수 있는 것이다.

습관

우리가 평상시에 하는 일들 대부분이 아무 생각 없이 습관적으로 하는 일이라는 사실을 알면 아마 놀랄 것이다. 심지어 어떻게 이런 습관이 생겼는지조차 기억하지 못한다.

여러분도 샤워를 할 때면 늘 똑같은 방식으로 몸을 씻고 또 아침마다 관례처럼 하는 일들이 있을 것이다. 이런 습관은 어떻게 생긴 것인가?

우리가 날마다 하는 일들 가운데 상당수가 스스로 깨닫지 못한 사이에 생긴 습관들로 이뤄져 있다면, 왜 습관을 고치거나 새로운 습관을 들이는 일이 그렇게 어려운 걸까?

새로운 습관을 들이는 데 몇 달씩 걸렸다는 얘기를 주변에서 자주 듣는다. 자기도 모르는 새에 수백 가지 습관이 생기는 것이 사실이라면, 왜 어떤 습관을 들이는 데는 그토록 오랜 시간이 걸리는 걸까? 습관 형성의 배후에 숨겨진 과학을 이해하면 매우 쉽게 새로운 습관을 들이거나 기존 습관을 고칠 수 있다.

이런 지식을 활용해 다른 이들이 주어진 일을 완수하는 데 필요한 습관을 새로 만들거나 기존 습관을 고치도록 도울 수 있다.

이야기에 담긴 힘

여러분은 어떤 유형의 사람인가? 곤경에 처한 이들을 기꺼이 돕는 사람? 최신 유행과 패션 경향을 민감하게 따르는 사람? 아니면 가족끼리의 화목한 관계를 위해 자신의 모든 시간과 에너지를 쏟아 붓는 가정적인 사람?

사람은 누구나 자아상을 가지고 있다. 그리고 내가 누구고 이런 일을 하는 이유는 무엇인지에 대한 이야기를 자기 자신이나 다른 사람들에게 들려준다. 우리의 자아상과 이야기 중 일부는 의식적으로 만들어낸 것이지만 나머지는 대부분 무의식중에 생겨난다.

우리는 자신의 자아상이 항상 일관되기를 바란다. 스스로가 모순적인 사람이라고 느끼면 마음이 불편해지기 때문이다.

사람들이 자신의 본성에 대해 어떤 이야기를 하는지 알면, 그 이야기에 맞는 방식으로 의사소통을 하면서 상대를 설득할 수 있다.

당근과 채찍

카지노에 가본 적이 있는가? 이런 생각을 한번 해보자. 여러분은 사람들을 설득하기 위해 많은 시간과 노력을 들였고, 심지어 특정한 일을 해낼 경우 그에 대한 대가나 보수를 지불하겠다는 제안도 했다. 그런데 카지노는 사람들이 제 발로 걸어와 자발적으로 돈을 지불하게 만들지 않는가!

카지노는 보상과 강화의 과학에 정통하다. 그들은 '변동비율계획 variable ratio schedule'이라는 것을 이용해 사람들이 돈을 잃는 상황에서도 멈추지 않고 계속 도박을 하게 만든다.

여러분도 카지노가 사용하는 이런 비결을 이용할 수 있다. 다양한 보상계획이나 언제 어떤 보상을 이용하면 좋은지, 왜 특정한 행동을 유도하고자 할 때 처벌보다 보상이 유리한지에 관한 연구 결과를 응용할 수 있다는 얘기다.

몇 년 전까지 심리학계에서는 보상 또는 강화에 대한 연구가 주를 이뤘다. 하지만 이제는 본능, 숙달 욕구, 소속 욕구 같은 요소가 보상보다 강력하고 동기부여 효과가 큰 경우도 있다는 것을 알고 있다. 하지만 보상을 이용하는 것이 사람들을 설득하기에 최선의 방법인 때도 물론 있다.

보상을 이용하는 데는 옳은 방식과 그른 방식이 있다. 여러분은 타인을 설득하는 올바른 방법을 알고 있어야 한다.

본능

운전을 하고 가던 중에 앞쪽에서 사고가 발생했다고 가정하자. 이런 경우 차 속도를 늦추거나 쳐다봐서는 안 된다는 것을 알면서도 어떻게든 멈춰 서서 구경하고 싶은 충동을 억누르기 힘들다.

우리는 인간도 결국은 동물계의 일원이라는 사실을 가끔씩 잊는다. 인간이라면 누구나 일정한 원초적 본능을 지니고 있게 마련이다. 생존 욕구, 식량을 구하려는 본능, 성욕 등도 원초적인 본능에 포함된다. 이런 본능은 매우 강력하며 대부분 무의식중에 발현되어 우리의 행동에 영향을 미친다. 때로는 이런 본능을 이용하는 것만으로도 사람들을 설득할 수 있다.

섹스나 음식에 대한 욕구를 이용하는 것이 여러분이 원하는 일에 적합하지 않거나 관련이 없을 수도 있다. 하지만 생존 본능은 끊임없이 작동하는 본능이기 때문에 타인을 설득할 때 언제든 이용 가능하다.

우리의 무의식은 스스로의 안전과 생존을 보장하기 위해 계속해서 주변 상황을 살핀다. 이 말은 곧 예기치 않은 돌발 사태나 두려움을 야기하는 일에 매우 민감하다는 뜻이다. 상실에 대한 두려움은 강력한 동기 유발 요인이다. 여러분도 이런 본능을 이용해 사람들을 설득할 수 있다.

숙달에 대한 욕구

숙달에 대한 욕구는 외적 보상을 받고자 하는 욕구보다 강렬하다. 사람들은 새로운 기술과 지식을 배우고 터득하려는 의욕이 매우 강하다.

이것은 외재적 동기인 보상과 반대되는 내적 동기이기 때문에 내재적 동기라고 한다. 내재적 동기는 외재적 동기보다 강렬한 경우가 많다. 숙달에 대한 욕구는 내적 동기이기 때문에 다른 사람이 이를 통해 의욕을 느끼도록 일부러 조종하는 것은 불가능하지만 그 사람이 처한 전반적인 상황에 관심을 기울일 수는 있다.

어떤 상황은 숙달 욕구를 부추기지만 반대로 숙달 욕구를 약화시키는 상황도 있다. 숙달에 관한 연구 결과를 이용해 숙달 욕구를 부추기거나 자극하는 상황을 꾸미고 이를 통해 사람들을 설득할 수 있다.

마음의 속임수

여러분도 착시 현상을 경험한 적이 있을 것이다. 착시란 우리의 눈과 뇌가 실제와 다른 것을 봤다고 착각하는 현상이다. 그런데 이런 시각적 착각 외에 인지적 착각도 존재한다는 사실은 모르는 사람이 많다. 우리의 사고방식에는 몇 가지 편견이 도사리고 있고, 인간의 뇌는 서둘러 결론을 내리려는 경향이 있다. 이런 특성은 주변 환경에 신속하게 반응하는 데는 유용하지만 때로 이런 성급한 결론과 판단 때문에 인지 착각에 **빠지게** 된다.

돈에 대해 언급하면 사람들의 독립심이 높아지고 타인을 돕고자 하는 마음이 줄어든다는 사실을 아는가? 또 사람들은 스스로 동의하지 않는 정보를 걸러내는 경향이 있지만 이런 필터를 무사히 통과하는 방법이 있다는 사실을 아는가? 이러한 인지 착각을 이용해 타인을 설득할 수 있다.

지나치게 조작적이라고?

타인을 설득하는 방법에 대해 얘기하거나 인터뷰를 하다 보면 윤리 문제가 대두되는 경우가 많다. "이런 심리학 정보를 이용해 사람들을 설득하는 것은 지나치게 남을 조종하려는 태도 아닌가? 이것이 과연 윤리적인 행동인가?"

나도 오랜 시간 동안 이 문제에 대해 고민했다. 이것은 쉽게 거론할 수 있는 사안이 아니다.

어떤 이들은 무슨 일이든 남을 억지로 설득해서 하게 하는 것은 비윤리적이라고 말하기도 한다. 또 상대방에게 이로운 일을 하도록(건강한 식습관을 가지거나 담배를 끊는 등) 설득하는 것은 괜찮다고 하는 이들도 있다. 내 입장은 이 두 가지 의견의 중간 어디쯤에 위치한다.

우리가 먼저 알아야 할 사실은 상대방도 어느 정도 원하지 않는 이상 그들에게 억지로 어떤 일을 시키는 것은 사실 불가능하다는 것이다. 사람들이 어떤 일을 하도록 권유할 수도 있고, 그들이 의욕과 추진력을 발휘할 수 있도록 상황을 꾸밀 수도 있지만 모든 것을 일일이 통제하기는 힘들다. 따라서 사람들이 해줬으면 하는 일을 그들 스스로 원하게끔 만드는 것이 우리의 목표다.

나는 사람들이 행동을 취하기 전에 먼저 생각할 기회를 주고, 사회 전체에 도움이 되는 방향으로 행동(에너지 절약, 타인에게 친절하게 대하기, 가치 있는 대의명분을 위해 기부하기 등)하도록 권하는 것은 괜찮다고 생각하며 대부분의 사람들도 이 의견에 동의한다. 하지만 사람들이 뭔가를 구입하도록 설득하는 일은 어떨까?

최근 인터넷 사기와 관련된 몇몇 사건에서 미국 정부 측의 전문가 증인/컨설턴트로 일하면서 윤리적 행동과 비윤리적 행동을 나누는 선이 어디쯤에 그어져 있는지 확실히 깨닫게 됐다. 자사 제품이나 서비스를 돋보이게 하고 제품과 서비스를 고객의 요구나 필요와 일치시키는 것은 괜찮다고 생각한다.

모든 이들이 냉장고를 새로 사야 할 필요가 있을까? 아마 아닐 것이다. 하지만 당장 새 냉장고를 사라고, 이왕이면 여러분이 만든 제품을 사라고 권하는 것은 괜찮은 일이라고 생각한다(만약 그렇지 않다면 모든 마케팅과 광고는 비윤리적인 행동이라고 선언하는 것이나 다름없다).

반면 의도적으로 남을 속이거나 혼란스러운 설명으로 사람들을 현혹해서 자기가 지금 무엇에 동의하는지조차 헷갈리게 하거나 자신이나 타인에게 해를 끼치는 행동을 하게 하거나 법을 어기도록 조장하는 것은 전혀 괜찮은 행동이 아니다.

나는 늘 "옳은 일을 하든가 적어도 남에게 해를 끼치지는 말자"는 말을 가슴에 새기며 살아간다.

윤리적인 문제에 겁 먹고 도망치지 않았다면, 여러분도 이제 7가지 동기 유발 요소를 자기 것으로 만들 채비가 됐기를 바란다. 뒤에 이어질 장에서는 각 요인을 뒷받침하는 연구 결과와 자세한 사항들을 살펴볼 예정이다. 그런 다음 약간의 연습과 시행착오, 그리고 항상 열린 마음으로 실수를 통해 기꺼이 배우려는 자세를 갖춘다면 여러분도 설득의 대가가 될 수 있다.

02

소속
욕구

어디에도 속하지 못하고 외톨이가 된 듯한 기분을 느꼈던 때를 떠올려보라고 하면 아마 다들 적어도 몇 번, 혹은 여러 번의 경험을 떠올릴 것이다.

어릴 때 학교에서 게임을 할 때 다른 아이들이 자기편에 끼워주지 않았던 일이 생각날 수도 있다. 아니면 10대 시절에 친구라고 믿었던 아이들이 여러분을 파티에 초대하지 않았던 기억이 떠오를지도 모른다. 어쩌면 좀 더 최근에 나는 어딘가에 속하지 못하는 사람이라고 느꼈던 적이 있을지도 모른다. 회사에서 어떤 사무실에 들어갔더니 여러분보다 모두 나이가 많거나 적은 사람들끼리만 모여서 여러분이 전혀 모르는 게임이나 스포츠 행사 같은 공통의 관심사에 대해 얘기하고 있었을 수도 있다.

이런 상황에 처하면 나는 어디에도 끼지 못한다는 느낌이 들게 마련이다. 무리에 속하지 못한다는 느낌은 우리를 슬프고 외롭고 우울하고 화나게 만들 수도 있다.

이번에는 자기가 어딘가에 속해 있다고 느꼈던 때를 떠올려보자. 학교에서 특별한 친구들의 모임에 속해 있었을 수도 있고 아니면 가족 행사에서 느꼈던 끈끈한 정이 떠오를 수도 있다. 혹은 같은 팀을 응원하는 팬들끼리 함께 미식축구 경기를 관람하다가 소속감을 느끼는 것도 가능하다.

이런 소속감에는 만족감과 행복감이 따라온다.

우리에겐 어딘가에 속해 있다고 느끼고 싶어 하는 강렬한 욕구가 있다. 자기가 집단에 속해 있다고 느끼기 위해 그에 필요한 행동을 한다. 그리고 자기가 중요하게 여기는 집단에서 배척당한다는 느낌이 들 만한 행동을 자제할 것이다. 소속 욕구는 매우 강력하며 스스로 실감하는 것보다 훨씬 큰 영향을 우리에게 미친다.

유대감을 느끼면 더 열심히 일한다

그레고리 월튼 Gregory Walton 스탠퍼드 대학 교수는 소속감이 행동에 미치는 중요한 영향을 연구했다 Walton 2012. 월튼은 한 실험을 통해 대학생들은 자기와 생일이 같다고 생각되는 학생이 있는 경우 그와 함께 과제를 수행하려고 하며 실제 과제 수행 결과도 더 뛰어나다는 사실을 발견했다.

그는 네다섯 살 어린이들을 상대로 한 실험에서도 똑같은 효과를 발견했다. 또 다른 연구에서는 실험 공모자들에게 제자리 달리기를 시켜서 심박수를 높였다. 그 모습을 지켜본 실험 참가자들 중 달리기를 하는 사람과 사회적인 유대관계가 있다고(일례로 그들과 생일이 같다는 얘기를 듣는 등) 믿은 이들의 경우에는 본인의 심박수도 함께 증가했다. 월튼은 사람들은 자기와 아주 사소한 유대관계라도 있다고 생각되는 사람의 목표나 동기, 감정, 심지어 신체적 반응에 쉽게 감염된다는 결론을 내렸다.

월튼은 또 다른 연구를 통해 사람들은 다른 이들과 함께 팀을 이뤄서 목표 달성을 위해 노력한다고 생각하는 경우, 외적 보상이 전혀 없어도 혼자 일할 때에 비해 목표 달성 의욕이 더 높아진다는 사실을 알아냈다. 이들은 더 오랜 시간 동안 더 열심히 작업에 몰두해서 더 좋은 성과를 거뒀다.

이 현상도 성인과 어린이에게서 똑같이 나타났다.

1번째 전략: 사람들은 다른 이들과 유대감을 느낄 때 일을 더 열심히 한다.

동사가 아니라 명사를 활용하라

소속 욕구는 감지하기 힘든 미묘한 영향을 미칠 수도 있다. 우리는 자기가 속한 집단의 관점을 통해 스스로의 정체성을 확인하는데, 이런 집단의식이 우리 행동에 막대한 영향을 미치기도 한다.

사람들에게 자기 얘기를 털어놓게 하거나 질문을 던지는 방식을 통해 이런 집단 정체성을 자극할 수 있다. 일례로 그레고리 월튼의 연구를 보면, "나는 초콜릿 광이다."라고 말한 경우와 "나는 평소에 초콜릿을 많이 먹는다."라고 말한 경우 이 두 가지 표현이 초콜릿에 대한 선호 강도에 영향을 미친다는 사실을 알 수 있다. '초콜릿 광'은 명사고 '먹는다'는 동사다. 동사가 아닌 명사를 써서 '나는 초콜릿 광'이라고 말한 사람은 초콜릿에 대한 선호를 더욱 강하게 드러낸다.

월튼의 실험자들은 투표에 대한 의견을 조사하면서 "내일 있을 선거의 투표자가 되는 일이 귀하에게 얼마나 중요합니까?"라는 질문과 "내일 선거에서 투표하는 일이 귀하에게 얼마나 중요합니까?"라는 두 가지 질문을 던졌다. 질문할 때 동사(투표하다)가 아닌 명사(투표자)를 사용한 경우에 다음 날 실제 투표에 참여한 이들의 수가 더 많았다. 자기가 특정 집단에 속해 있다는 느낌이 행동에 영향을 미친 것이다.

따라서 사람들에게 어떤 일을 요청할 때는 동사보다 명사를 사용해야 한다. 집단에 소속돼 있다는 느낌을 주면 상대방이 여러분의 요청에 따를 가능성이 크게 높아진다.

 2번째 전략: 뭔가를 부탁할 때는 동사보다 명사를 써서 집단 정체성에 호소해야 한다.

다른 사람의 의견을 이용하라

평소 가지 않던 교회에 가거나 낯선 종교 의식에 참석해본 적이 있는가? 이 경우 다음에 어떤 의식이 진행될지 잘 모르게 마련이다. 그 자리에 모인 사람들은 대답을 하거나 기도를 올리거나 노래를 부르거나 성가를 부른다. 여러 가지 신호에 따라 앉았다가 일어서기도 하고 무릎을 꿇기도 한다. 여러분은 슬그머니 주변 사람들의 모습을 흘깃거리면서 그들의 행동을 따라 하려고 애쓴다. 모두들 자리에서 일어나 머리에 종이봉지를 쓰고 제자리에서 빙글빙글 세 바퀴 맴을 돈다면 여러분도 아마 내 종이봉지는 어디에 있나 찾게 될 것이다.

타인의 행동이 이렇게 강력한 영향을 미치는 이유는 무엇일까? 왜 우리는 다른 사람의 행동에 관심을 가지고 그것을 모방하려고 할까? 이런 현상을 흔히 사회적 인정 Social Validation 이라고 부른다.

1970년대에 진행된 한 실험에서, 참가자들은 어떤 방에 들어가 창의성에 관한 설문지를 작성해달라는 요청을 받았다. 그 방에는 다른 사람이 한두 명 더 있었는데, 이들도 실험 참가자인 척 행동했지만 실은 실험 장치의 일부였다. 방에 있는 다른 사람의 수는 한 명일 때도 있었고 그보다 더 많을 때도 있었다. 그런데 참가자들이 창의성에 관한 설문지를 작성하는 동안 통기구를 통해 연기가 방 안으로 들어오기 시작했다. 실험 참가자는 방에서 나갈까? 누군가에게 가서 연기가 난다고 말할까? 아니면 그냥 무시할까?

빕 라타네 Bibb Latane 와 존 달리 John Darley 는 위 실험뿐 아니라 이와 유사한 많은 실험을 진행했다 Latane 1970. 이들은 여러 가지 애매한 상황을 꾸며놓고는 실험 참가자들이 주변에 있는 다른 이들이 하거나 하지 않는 일에 영향을 받는지 살펴봤다. 방에 있는 다른 사람의 행동에 따라, 그리고 그곳에 얼마나 많은 사람이 있는지에 따라 실험 참가자의 행동이 어떻게 달라지는지 알아본 것이다.

결과적으로 방에 사람이 많을수록, 그리고 다른 이들이 연기를 무시할수록 실험 참가자 또한 아무 행동도 취하지 않을 확률이 더 높아졌다. 실험 참가자가 방에 혼자 있는 경우에는 연기가 발생하고 몇 초 안에 방에서 나와 다른 사람에게 그 사실을 알렸다. 그러나 방에 있는 다른 사람들이 반응을 보이지 않으면 실험 참가자도 아무런 조치도 취하지 않았다.

사람들은 자기가 독자적으로 사고하는 특별한 존재라고 여기고 싶어 한다. 하지만 실은 남들과 어울리고 어딘가에 소속되고 싶은 욕구가 우리의 뇌와 생활 속에 각인돼 있다. 우리는 남들과 잘 어울리고 싶다. 군중 속의 일원이 되고 싶다. 이는 매우 강력한 충동이기 때문에 사회적 상황에서 어떻게 처신해야 할지 파악하기 위해 남들의 모습을 주시한다. 하지만 이는 의식적인 과정이 아니기 때문에 스스로 그런 행동을 한다는 것을 모른다. 어떻게 처신해야 할지 잘 모를 때는 다른 사람의 행동을 따라할 확률이 가장 높다.

사회적 인정을 이용해 다른 사람을 설득할 수 있다. 이는 쉽고 확실한 방법이다. 여러분이 상대방에게 바라는 행동을 벌써부터 하고 있는 사람이 얼마나 많은지, 관련 정보를 제시하기만 하면 된다.

예컨대 사람들이 금연하기를 바란다면 이 프로그램을 통해, 이 나라에서, 전 세계에서, 일정 기간 동안, 이 방법으로 얼마나 많은 이들이 담배를 끊었는지 얘기하면 된다. 고객이 제품을 구입해주기를 바란다면 벌써 이 제품을 구입한 소비자가 얼마나 많은지 광고한다. 또 금전적인 기부를 원한다면 지금까지 몇 명이나 기부했는지 얘기한다. 당연한 얘기지만 이 방법은 여러분이 상대방에게 바라는 행동을 한 사람들이 상당히 많은 경우에만 효과가 있다.

반면 여러분이 권하고 싶지 않은 일을 한 사람이 얼마나 많은지에 대해서는 무심결에라도 얘기하는 일이 없어야 한다. 10대 청소년에게 그 또래들 가운데 25퍼센트가 담배를 피우거나 폭음을 한다는 사실을 알려서 좋을 일이 뭐 있겠는가. 때로는 문제가 얼마나 심각한지 강조하려는 목적으로 일부러 이런 메시지를 공표하는 사람이나 조직도 있기는 하다.

이웃끼리의 비교를 통한 에너지 사용량 변화

어떤 에너지 기업들은 각 가정의 에너지 사용량을 줄이기 위해 이런 사회적 인정의 힘을 이용하기도 한다. 이들은 고객이 자신의 에너지 사용량을 이웃과 비교해 볼 수 있는 차트를 만들어서 발송한다. 고객이 이웃의 평균 사용량보다 에너지를 적게 사용한 경우에는 차트에 웃는 얼굴이 표시된다. 그리고 이웃보다 에너지를 많이 사용한 고객에게는 찌푸린 얼굴을 표시해서 보내려고 했으나, 이에 대해 부정적인 의견들이 나오자 웃는 얼굴 한두 개(에너지를 정말 많이 절약한 경우), 그리고 에너지 사용량이 이웃과 비슷한 정도거나 훨씬 많은 경우에는 웃는 얼굴 표시가 없는 상태로 발송했다. 이렇게 이웃끼리 에너지 사용량을 비교할 수 있게 되자 사람들은 지속적으로 더 많은 에너지를 절약하려고 애썼다 Allcott 2011.

일전에 나는 대학 신입생과 학부모들을 위한 오리엔테이션에 참석한 적이 있다. 한 대학 행정관이 말하기를 최근 3년 사이에 교내 기숙사에서 음주 규정을 위반한 사례가 200건이 넘었다고 했다. 그는 캠퍼스 내에 음주 문제가 심각하다고 지적하면서 이 문제를 해결하기 위해 학교 측에서 시도한 갖가지 방법들에 대해 얘기했다. 그러나 그의 메시지는 이미 돌이킬 수 없는 피해를 입힌 상태였다. 행정관은 그 자리에 모인 300명의 신입생들에게 다른 많은 학생들이 교내에서 술을 마신다는 말을 한 것이다. 이 말은 음주 문제를 줄이기는커녕 더 증가시킬 확률이 높다.

여러분이 상대방에게 원하는 일을 왜 해야 하는지 역설하기 전에 충분한 조사를 거쳐 벌써부터 그 일을 하고 있는 사람이 몇 명이나 되는지 데이터를 확보해야 한다.

3번째 전략: 사람들을 설득해서 어떤 일을 하게 하려면 다른 사람들도 이미 그 일을 하고 있다는 것을 보여주자.

부탁도 적절한 사람이 해야 효과가 있다

여러분이 모금 담당자라고 해보자. 모금 행사에서 누군가 자리에서 일어나 짧은 연설을 한 뒤 행사에 참석한 이들에게 특별 프로젝트에 필요한 돈을 기부해 달라고 부탁해야 한다.

이 경우 다음 명제 가운데 옳은 것은 무엇일까?

a. 연설자의 나이나 옷차림이 자신과 비슷하다고 생각할 경우 돈을 기부할 확률이 높다.
b. 연설자가 매력적이라고 생각할 경우 돈을 기부할 확률이 높다.
c. 연설자가 자신과 완전히 다른 유형의 사람일 때 돈을 기부할 확률이 높다.
d. 연설자의 매력도, 자신과의 유사성도 기부 결정에 영향을 미치지 않는다.
e. b와 c 둘 다 옳다.
f. a와 b 둘 다 옳다.

정답은 f다. 연설자의 나이나 옷차림이 자신과 비슷하고 그가 매력적이라고 생각할 경우 돈을 기부할 가능성이 높아진다.

"다른 사람은 그런 피상적인 사항에 영향을 받을지 몰라도 나는 아니다"라고 생각할 수도 있다. 하지만 우리는 누구나 타인의 외모와 인상에 영향을 받는다. 그리고 누구와 대화를 나눌 것인지, 상대의 말에 귀 기울이거나 믿을 것인지, 상대방이 부탁하는 일을 할 것인지에 대한 결정은 그가 나와 '같은 부류의 사람'이고 또 내게 '매력적으로' 비치는지 알려주는 단서에 영향을 받는 것이 확실하다.

적합한 사람이 부탁을 해야 사람들을 설득할 수 있는 경우도 있다. 연구 결과에 따르면 부탁하는 사람이 달라지면 그에 대한 반응도 달라진다고 한다.

아는 사람에게 특별한 반응을 보이는 뇌

친구 데이비드가 자선단체를 위한 기금 마련을 위해 10킬로미터 달리기에 출전하는데, 출전 자금을 후원해줄 수 있겠느냐고 묻는다. 여러분은 그를 후원하겠는가? 여러분과 직접 아는 사이는 아니지만 데이비드의 친구가 출전하는 경우라면 어떨까? 전혀 모르는 사람이 경기 출전을 후원해달라고 부탁한다면? 이렇게 각기 다른 사람이 후원을 요청할 경우, 상대방이 누구냐에 따라 그 요청에 응할 가능성이 더 높아지거나 낮아질까?

사촌 프랭크가 부탁한다면 어떨까? 그런데 여러분과 프랭크의 성향이 극과 극으로 다르다면? 가족 모임에서 프랭크와 마주칠 때마다 두 사람은 정치 문제를 놓고 논쟁을 벌인다. 이런 프랭크가 후원 요청을 한다면 다른 사람이 요청했을 때에 비해 수락 가능성이 높을까 아니면 낮을까?

여러분이 자전거 동호회에 가입돼 있다고 하자. 다른 자전거 동호회 회원이 자기가 경기에 나가도록 후원해달라고 부탁하면 어떻게 하겠는가? 여러분은 그를 잘 모르지만 그가 여러분과 비슷한 관심사를 가지고 있고 둘 다 자전거 동호회 활동에 열심이라는 사실은 안다.

다른 사람이 여러분에게 어떤 일을 부탁했을 때 이런 다양한 관계가 그 일을 하려는 성향에 어떤 식으로 영향을 미칠까?

펜나 크리넨 Fenna Krienen 은 우리가 상대방을 잘 알거나 그의 의견에 동의하는지 여부에 따라 뇌의 반응이 다르게 나타나는지를 연구했다 Krienen 2010. 크리넨의 팀은 자기가 잘 아는 친구나 친지에 대해 생각할 때는, 설령 그가 자신과 별 공통점이 없는 사람일지라도 내측 전전두엽 피질 MPFC, medial prefrontal cortex 이 활성화된다는 것을 알아냈다. MPFC는 어떤 가치를 인식하거나 사회적 행동을 규제할 때 활성화되는 뇌 부위다. 반면 공통된 관심사를 가지고 있고 성향이 비슷하기는 하지만 개인적으로 모르는 사람을 생각할 때는 MPFC가 활성화되지 않는다.

우리 뇌는 아는 이들에게 특별한 방식으로 반응하는 듯하다. 우리는 잘 아는 사람이 어떤 일을 부탁할 경우 그 일을 수락할 가능성이 높으며, 이는 그 사람과 의견 차이가 있는지 여부와는 상관이 없다.

공통점은 관계 구축에 도움이 된다

우리는 자기와 공통점이 있는 사람, 혹은 출신 배경이나 가치관이 비슷한 이들을 좋아하기가 더 쉽다는 것을 안다. 이런 현상은 옷차림에도 그대로 적용되어 자신과 비슷한 옷차림을 한 이들을 좋아하게 된다.

우리는 이런 결정을 매우 신속하게 내리는데 자기가 그런 결정을 내렸다는 사실을 즉각적으로 의식하지는 못한다. 티모시 윌슨 Timothy Wilson 은 『내 안의 낯선 나 Strangers to Ourselves: Discovering the Adaptive Unconscious 』부글북스 라는 책에서 구뇌 old brain 에서 무의식적으로 진행되는 과정에 대해 이야기한다. 뇌의 이 부분을 '구뇌'라고 부르는 이유는 아주 오래전에 진화된 부분이기 때문이다. 구뇌는 인간뿐만 아니라 포유류에게도 있고 심지어 파충류와 양서류에게도 있다.

구뇌는 주변 환경을 관찰하면서 위험 요소를 찾는다. 구뇌는 의식적인 사고를 하는 뇌 부위('신뇌'라고 하는데 그렇게 부르는 이유는 가장 최근에 진화한 부분이기 때문이다)와 바로 연결돼 있지 않다. 따라서 우리가 의식조차 하지 못하는 사이에 수많은 정보가 처리되고 결정이 내려지는 것이다.

다른 사람에 대한 '판단'도 이런 과정 가운데 하나다. 구뇌는 자신의 안전 여부를 확인하는데, 그 확인 과정은 자기가 처한 상황과 주변 환경, 그리고 근처에 있는 다른 사람들을 재빨리 판단해 이뤄진다. 그런 다음 구뇌는 눈앞의 상황을 피해야 하는지, 상대방과 성관계를 맺어야 하는지, 아니면 뭔가를 먹어야 하는지 결정하는 것이다! 상당히 조잡하고 원초적인 방식처럼 들리겠지만 구뇌는 원래 그렇게 조잡하고 원초적인 존재다.

처리해야 할 정보가 매우 많지만 정보 처리는 눈 깜짝할 사이에 완료된다. 이렇게 신속한 처리를 위해 구뇌는 수많은 지름길을 이용하면서 폭넓은 일반화 과정을 거친다.

본 항목 첫 부분에 나왔던 모금 시나리오로 다시 돌아가 보자. 구뇌는 먼저 연설자에 대한 판단을 내린다. 연설자가 여러분과 비슷한 유형의 사람이라면 구뇌는 지금은 안전하니까 자리를 피하지 않아도 된다는 결정을 내릴 것이다(이 모든 과정이 무의식중에 진행된다는 사실을 기억하자). 그리고 중뇌(감정을 처리하는 부분)에 이 사람은 신뢰할 수 있는 사람이라는 신호를 보낸다.

구뇌가 이 과정을 마치고 나면 여러분은 연설자의 말에 계속 귀를 기울이거나 아니면 그를 무시하고 자리를 뜨거나 몽상에 잠기기 시작할 것이다.

매력적인 사람의 말에 귀 기울이거나 설득당할 가능성이 높다

매력적이라고 판단되는 사람이 얻는 이점에 대해 연구한 학자들이 많이 있다. 매력적인 사람은 남들보다 더 똑똑하고 너그럽고 친절하며 지적인 것처럼 보인다. 우리는 스스로도 깨닫지 못하는 사이에 이런 판단을 내린다. 매력적인 사람은 필요할 때 도움을 받을 가능성이 높다. 또 남의 의견을 바꾸도록 종용할 때도 더 큰 설득력을 발휘한다.

구뇌는 자신과 상호작용하는 상대의 매력을 계속해서 평가한다. 그리고 지금 대화를 나누는 사람이 매력적이라고 구뇌가 판단할 경우, 그에게 더 많은 관심을 기울이고 그의 말에 설득될 가능성도 높아진다.

매력 발산을 위한 수학 공식?

해티스 건즈 Hatice Gunes 의 연구에 참가한 연구자들은 사람의 얼굴을 매우 다양한 방법으로 측정했다 Gunes 2006 . 예를 들어, 눈 윗부분부터 턱 아래까지의 길이나 눈 윗부분부터 콧구멍 아래까지의 길이 등을 잰 것이다. 그리고 이 치수를 어떤 사람이 매력적인가에 대한 사람들의 평가와 비교했다. 그 결과 누가 매력적인가에 대해서 대부분 사람들의 의견이 일치하고, 매력적이라는 평가를 받은 이들의 얼굴 구조에는 일정한 비율이 존재한다는 사실을 알아냈다.

매력은 옷차림이나 머리 모양 같은 문화적이고 표면적인 기준의 영향을 받지만, 누가 매력적인지 판단하는 데는 수학적인 근거가 존재하며 그 근거는 모든 문화권에서 유효한 듯하다.

마이클 에프란 Michael Efran 과 E. W. J. 패터슨 E. W. J. Patterson 은 캐나다에서 치러진 선거를 분석한 결과, 후보자의 매력이 투표에 영향을 미치지 않는다고 답한 유권자가 73퍼센트나 됐는데도 매력적인 후보가 그렇지 못한 후보에 비해 2.5배 이상 많은 표를 획득했다는 사실을 알아냈다 Efran 1974.

셸리 차이켄 Shelly Chaiken 의 연구를 보면 매력적인 사람이 발표를 할 경우 발표자의 의견에 동조하는 청중이 더 많아진다고 한다 Chaiken 1979. 하지만 이는 매력적인 사람 쪽이 더 자신감이 넘치기 때문인 것도 있다. 매력과 자신감은 서로 상관관계가 있다. 매력적인 사람일수록 더 자신감 있는 태도로 발표나 대화나 행동 촉구를 하기 때문에 상대방이 그가 원하는 대로 하겠다고 동의할 확률이 높아지는 것이다.

매력적인 사람과 성적 암시를 결부시키면 더 강력한 효과를 발휘한다. 이 문제에 대해서는 6장 '본능'에서 살펴볼 예정이다.

사람이라면 누구나 '수학적으로 매력이 있거나' 없거나 둘 중 하나인데, 어느 쪽이든 간에 옷차림과 자세, 자신감, 표정을 이용해 한층 더 매력적으로 비춰질 수 있다. 아니면 여러분 대신 매력적인 사람이 부탁을 하게 하는 방법도 있다.

매력적인 사람은 남을 설득할 수 있는 가능성이 더 높다.

유명인사 활용하기

중요한 목표를 위한 기금 마련에 유명인사를 동원하거나 유명인사를 고용해 제품 판매에 도움을 받는 것은 아무나 할 수 있는 일이 아니다. 그러니 여러분이 판매하는 제품이나 서비스에 대해 유명인의 보증을 얻을 수 있다면 그것을 적극적으로 활용해야 한다. 사람들은 대개 영향력과 매력, 부, 지위 등을 유명인사와 연결지어 생각한다.

4번째 전략: 부탁하는 사람이 누구인지가 중요하다. 친구나 매력적인 사람, 부탁을 받는 이와 비슷한 사람이 부탁했을 때 가장 효과가 크다.

마음의 빚을 지게 하라

여러분이 미국에 산다면 크리스마스에 주고받는 카드의 전통에 대해 잘 알 것이다. 사람들은 밝은 색상의 카드에 크리스마스를 축하하고 복된 새해를 기원하는 말을 적어서 보낸다. 어느 해엔가 나는 함께 일하는 몇몇 컨설턴트들에게도 크리스마스카드를 보냈다. 그 가운데 한 명은 우리 회사에서 일한 지 몇 달밖에 안 된 사람이었다. 그를 존이라고 하겠다(물론 본명은 아니다). 나는 그를 잘 몰랐지만 어쨌든 카드를 보냈고 그도 답장을 보냈다. 그 직후 존은 회사를 떠났고 두 번 다시 그를 만나지 못했다.

하지만 존은 그 후로도 오랫동안 내게 크리스마스카드를 보내면서 자세한 가족 소식과 사진까지 첨부했다. 그리고 그가 이렇게 잊지 않고 카드를 보내니 나도 그의 정성에 보답해야 한다는 생각이 들었다. 그렇게 15년 넘게 서로 카드와 편지와 사진을 주고받는 사이가 됐다. 회사에서 아주 잠시 함께 일했을 뿐인 사람과 말이다.

아무리 작은 것이라도(크리스마스카드 같은) 누군가에게 선물을 주거나 호의를 베풀면 상대방은 빚을 졌다는 생각에 그 보답으로 다시 선물을 하거나 호의를 베풀고 싶어진다. 여기에는 친절을 친절로 갚으려는 생각도 물론 있겠지만 그보다는 빚을 진 기분을 떨쳐내고 싶은 마음이 더 클 것이다. 이는 무의식적인 감정이지만 상당히 강력한 힘을 발휘한다. 이를 상호성이라고 한다.

이렇게 선물을 주거나 호의를 주고받는 태도가 인간 사회에서 발전한 것은 종족의 생존에 도움이 되기 때문이라는 이론이 있다. 어떤 사람이 누군가에게 뭔가(음식, 거처, 돈, 선물, 호의)를 주면 그 행동이 상대방의 부채 의식을 유발한다. 남에게 선물을 줬던 사람이 훗날 뭔가가 필요한 상황에 처한다면 예전에 베풀었던 호의를 '회수'하게 된다. 이런 합의가 집단 내 개인간의 협력을 조장하고 그러한 협력 덕분에 무리의 규모가 커져 서로를 도울 수 있게 된다. J. R. 헨리히 J. R. Henrich 의 말에 따르면 상호주의 원칙은 모든 문화권에 걸쳐 나타난다고 한다 Henrich 2001 .

상호성을 이용해 사람들을 설득할 수 있다. 상대방에게 선물을 준 뒤 뭔가를 부탁하면 그 부탁을 들어줄 확률이 높아진다.

기부금 액수를 두 배로 늘리는 방법

로버트 치알디니 Robert Cialdini 도 상호성을 연구했다 Cialdini 1975 . 그는 미국 퇴역군인들을 위해 기부금을 내달라는 편지를 보냈다. 이 편지에 대한 응답율은 평균 18퍼센트였다. 하지만 수신인 각자에게 맞춰서 제작한 주소 라벨을 동봉해서 편지를 보내자 기부금을 낸 사람이 거의 2배에 가까운 35퍼센트나 됐다. 주소 라벨 같은 작은 선물도 상호성의 법칙을 유발하는 것이다.

선물 크기를 맞출 필요는 없다

여러분이 나를 데리고 나가서 근사한 저녁을 사준다면 나는 여러분에게 빚을 진 기분을 느끼게 될 것이다. 그리고 얼른 그런 기분에서 벗어나고 싶어진다. 하지만 그렇다고 해서 반드시 여러분을 같은 식당에 초대해서 저녁을 살 필요는 없다. 내가 초대받았던 것과 비슷한 수준이거나 더 값비싼 식당에 데려갈 필요가 없다는 뜻이다. 내가 여러분에게 호의를 베풀거나 선물을 주기만 한다면 선물 크기가 받은 것과 달라도 상관없다.

보답하는 쪽에서 커피 한 잔을 사는 것처럼 작은 정성으로 보답해도 충분한 경우가 많다. 심지어 돈을 전혀 들이지 않을 수도 있다. 여러분을 위해 심부름을 대신해주는 것만으로도 빚을 갚을 수 있는 것이다.

상호성은 채무자의 입장에서 생기는 것

갚아야 할 빚이 있다는 느낌은 빚을 진 사람에게만 생긴다. 여러분이 내게 호의를 베푼다면 여러분은 그냥 기분이 좋아질 따름이다. 어서 빚을 청산하고 싶어서 불안해하는 것은 내 쪽이다. 선물이나 호의의 크기가 빚을 갚기에 충분한지 여부는 빚을 진 사람의 관점에 따라 달라진다.

 **5번째 전략**: 타인을 설득하기 전에 그를 위해 어떤 일을 해줘서 호의에 보답해야 한다는 기분을 느끼게 하라.

거절을 유도하는 방법

내가 상대방에게 부탁하는 일에 대해 '거절'의 답을 듣고 싶어 하는 것은 어떤 경우일까? 지역 교육 위원회에서 프레젠테이션을 하게 됐다고 상상해보자. 여러분은 새로운 운동장 설비를 마련하고자 하는 학부모 그룹의 일원이다. 이 학부모 그룹은 교육 위원회에 출석해 운동장 설비 프로젝트에 필요한 예산인 2천 달러를 요청하는 임무를 여러분에게 맡겼다.

프레젠테이션을 하고 예산을 요청하는 자리에서 여러분은 2천 달러가 아닌 5천 달러를 요구해서 다른 학부모 무리를 놀라게 한다. 교육 위원들은 "아니, 안 됩니다. 운동장 시설에 그렇게 많은 돈을 쓸 수는 없습니다."라고 말한다. 그러면 여러분은 실망한 표정으로 이렇게 말한다. "아, 네. 그렇다면 2천 달러로 해결할 수 있는 절감안도 마련돼 있습니다." 위원들은 그 계획안을 보여 달라고 할 테고 여러분은 2천 달러짜리 프로젝트를 승인받는 데 성공한 채로 회의장을 나서게 된다.

방금 일어난 이런 일을 양보라고 한다. 교육 위원회가 요청을 거절하고 여러분이 그 거절을 받아들이자, 이것이 교육 위원회에게 선물과 같은 작용을 한 것이다. 결과적으로 위원들은 이제 여러분에게 빚을 지게 됐다. 그래서 여러분이 예산을 2천 달러로 줄인 계획안을 제시했을 때 위원들은 줄어든 금액에 '찬성'함으로써 마음의 빚을 갚을 수 있었다.

이런 전술을 '일보 후퇴, 이보 전진' 전술이라고 부르기도 한다. 처음 말을 꺼낸 쪽에서 대부분의 사람들이 쉽게 동의할 수 있는 수준보다 훨씬 과도한 수준의 호의를 요구한다. 그래서 거절을 당하면 그다음에는 좀 더 합리적인 다른 호의를 요구하는 방식으로, 자신이 애초에 바랐던 목적을 달성하는 것이다.

양보가 헌신을 낳기도 한다

로버트 치알디니의 연구 중에 길 가던 사람들을 멈춰 세우고 문제 청소년들이 동물원 견학을 갈 수 있도록 하루 동안 인솔자가 돼 달라는 부탁을 하는 연구가 있다 Cialdini 2006. 이 부탁에 응한 사람은 단 17퍼센트뿐이었다.

치알디니는 개중 일부에게 앞으로 최소 2년 동안 청소년 상담사로 1주일에 2시간씩 일해 달라는 부탁을 먼저 했다. 그러자 모두가 거절했다. 하지만 그런 뒤에 문제 청소년들이 동물원 견학을 갈 수 있게 하루 동안 인솔자가 돼 달라는 부탁을 하자 50퍼센트가 그러겠다고 했다. 인솔자가 돼달라는 부탁만 받은 이들의 경우 17퍼센트만 수락한 것과 비교하면 거의 3배나 많은 숫자다. 이것이 바로 양보가 작용하는 방식이다.

치알디니는 흥미로운 부작용 side effect 도 발견했다. 양보 그룹에 속한 이들 중에서는 85퍼센트가 실제로 견학에 참석한 반면 양보 과정을 거치지 않은 그룹에서는 단 50퍼센트만 참석했다. 양보는 긍정의 답을 이끌어낼 뿐만 아니라 약속에 대한 책임감도 높인다.

요청하는 일의 규모 차이가 중요하다

양보가 효과를 발휘하려면 먼저 제안하는 내용이 사람들이 흔쾌히 동의할 수 있는 수준을 넘어서면서도 나름 합리적이라고 생각되는 범위여야 한다. 앞서 제안한 내용이 완전히 말도 안

되는 수준이라면 그보다 양보한 (두 번째) 요청이 효력을 발휘하지 못한다. 그리고 한 발 물러선 두 번째 제안이 '공평한' 제안처럼 보여야 한다.

 **6번째 전략**: 처음에는 실제 원하는 것보다 더 많이 요구한다. 그리고 일단 거절당한 뒤에 자기가 정말 원하는 것을 부탁하면 된다.

모방 심리 이용

아기 눈앞에 얼굴을 들이대고 혀를 내밀면 아기도 따라서 혀를 내미는 모습을 보게 될 것이다. 이런 현상은 매우 어린 나이부터 나타난다(생후 1개월 된 아기도 가능하다). 그래서? 이것이 사람들을 설득하는 일과 무슨 관계가 있을까? 이는 우리가 타고난, 뇌에 각인돼 있는 모방 능력을 보여주는 한 예다. 뇌에 관한 최근 연구를 통해 우리의 모방 행동이 어떻게 나타나는지 알게 됐다.

뇌 앞부분에는 전운동피질이라는 영역이 있다. 이곳은 실제로 우리 몸을 움직이라는 신호를 내보내는 뇌 부위는 아니다. 그것은 일차운동피질이 하는 일이며, 전운동피질에서는 움직이기 위한 계획을 세운다.

아이스크림콘을 손에 들고 있다고 해보자. 여러분은 아이스크림이 녹아서 뚝뚝 떨어지는 것을 보고는 셔츠에 묻기 전에 흐르는 부분을 핥아먹어야겠다고 생각한다. 이때 fMRI ^자기공명영상장치^ 기계와 연결돼 있다면 녹아서 흐르는 콘을 핥아먹어야겠다고 생각할 때는 선운동피실 부분이 밝게 나타나고 팔을 움직이는 동안에는 일차운동피질이 밝아지는 모습을 볼 수 있다.

흥미로운 부분은 여기서부터다. 지금 녹아서 흐르는 것이 여러분이 들고 있는 아이스크림콘이 아니라 친구의 것이라고 가정해보자. 여러분은 친구의 콘이 녹아 흐르기 시작하는 모습을 보고 있다. 친구가 팔을 들어 흐르는 콘을 핥아먹는 모습을 보는 동안, 여러분 뇌의 전운동피질에서도 동일한 뉴런 집합이 활성화된다. 다른 사람의 행동을 바라보기만 해도 마치 자기가 직접 그 행동을 하는 것처럼 동일한 뉴런 가운데 일부가 활성화되는 것이다. 이 뉴런 집합을 '거울 뉴런'이라고 한다.

최신 이론에 따르면 우리가 타인에게 공감하는 것도 이 거울 뉴런 덕분이라고 한다. 거울 뉴런을 통해 다른 사람이 겪는 일은 마치 내 일인 양 똑같이 경험할 수 있기에 타인의 감정을 속속들이 이해할 수 있는 것이다.

모범을 보이자

다른 사람을 설득하는 한 가지 방법은 직접 모범을 보이는 것이다. 어떤 사람이 평소 늘 어지르기만 하던 자기 룸메이트가 아파트를 치우게 만든 비법을 얘기해줬다. 그녀는 룸메이트와 얘기를 나누던 중에 아파트를 청소하기 시작했다. 흩어져 있는 물건들을 룸메이트에게 건네주기도 하고 손짓을 하거나 머리를 까닥이면서 물건을 치우라고 지시하기 시작했다. 그러자 룸메이트도 그녀의 행동을 따라 하기 시작했고 결국 집안을 말끔히 치우게 됐다고 한다.

7번째 전략: 상대방이 어떤 일을 하게 하려면 여러분이 먼저 그 일을 해야 한다(상대방은 여러분의 행동을 그대로 모방하기 때문이다).

신체언어를 흉내 내 친밀감을 조성하라

두 사람이 얘기하는 모습을 지켜보자. 그들을 자세히 관찰하다 보면 시간이 흐름에 따라 서로의 신체언어를 모방하기 시작하는 것을 알 수 있다. 한 명이 몸을 앞으로 숙이면 다른 사람도 따라서 몸을 앞으로 숙인다. 한 명이 얼굴을 만지면 다른 사람도 자기 얼굴을 만진다.

타냐 차트랜드 Tanya Chartrand 는 사람들이 자리에 앉아서 다른 사람(사실 실험의 일부인 '공모자'지만 다른 실험 참가자들은 그 사실을 모르는)과 얘기를 나누게 했다 Chartrand 1999 . 공모자는 계획한 대로 다양한 손짓과 동작을 섞어가며 말을 했다. 어떤 공모자는 얘기를 하며 많이 웃으라는 지시를 받았고 얼굴을 만지라거나 발을 가볍게 흔들라는 지시를 받은 공모자들도 있었다. 실험 참가자들은 (무의식적으로) 공모자들의 행동을 따라 하기 시작했다. 개중에는 유독 많이 모방한 행동도 있었다. 얼굴 만지기를 따라 한 사람은 20퍼센트뿐이었지만 발 흔들기를 따라 한 사람은 50퍼센트나 됐다.

또 다른 실험에서 차트랜드와 그녀의 동료 존 바그 John Bargh 는 참가자들을 두 그룹으로 나눴다.

- 첫 번째 그룹에서는 공모자가 실험 참가자들의 동작을 따라 했다.
- 두 번째 그룹에서는 공모자가 참가자의 행동을 흉내 내지 않았다.

대화가 끝난 뒤, 실험 참가자들에게 함께 얘기한 공모자가 마음에 들었는지, 그리고 두 사람의 대화가 어느 정도로 원활하게 진행됐다고 생각하는지 물었다. 공모자가 참가자의 행동을 따라 한 그룹의 경우, 그렇지 않은 그룹에 비해 공모자와 그들이 나눈 대화에 더 높은 점수를 줬다.

앞에서 사람들이 화자와 본인 사이에 공통점이 있다는 것을 알게 되면 화자에게 설득될 가능성이 더 높다는 얘기를 했다. 따라서 누군가를 설득하려고 할 때는 얘기를 나누면서 상대방의 자세나 얼굴 표정을 흉내 내는 것이 좋다. 이런 흉내를 통해 친밀감이 형성되고, 상대는 여러분이 자신과 비슷한 부류의 사람이라고 생각해서 여러분을 좋아하게 된다.

이런 방법을 이용하면 사람들이 여러분이 원하는 일이라면 뭐든지 다 하게 될 가능성이 높아진다.

8번째 전략: 친밀감을 쌓으려면 상대방의 자세와 몸짓을 흉내 내자. 그러면 두 사람 사이에 유대감이 생겨서 여러분이 부탁하는 일을 들어줄 가능성이 높아진다.

행동뿐 아니라 감정까지 모방한다

여러분의 얼굴 표정과 신체언어는 정보를 전달하고 여러분과 여러분의 메시지에 다른 사람들이 반응하는 방식에 영향을 미칠 뿐만 아니라 그들이 특정한 감정을 느끼도록 유도할 수도 있다.

누군가 영화나 TV 프로그램을 시청하는 모습을 지켜본 적이 있는가? 친구 얘기에 귀 기울이는 모습을 본 적은? 그런 사람들을 관찰해보면 그가 지금 귀 기울이거나 바라보고 있는 상대방의 표정과 몸짓언어까지 그대로 따라 한다는 사실을 알게 된다.

감정은 전염된다

감정은 감기나 독감 같은 방식으로 집단 안에서 퍼져나갈 수 있으며 그 전염 속도는 감기보다 훨씬 빠르다. 앞에서 어떤 행동을 해야 하는지 판단하기 위해 남에게 의지하는 사회적 인정과 모방 및 흉내에 대해 이야기했다. 이런 사회적 인정과 모방, 흉내의 개념을 결합하면 어떻게 다른 사람이 내 감정을 알아차리고 동일시하면서 흉내를 내는지 이해가 갈 것이다.

일레인 햇필드Elaine Hatfield는 '정서 전염'이라는 개념을 연구했다Hatfield 1993. 감정에 호소하는 어떤 메시지나 아이디어가 집단 내에서 탄력을 받으면 정서 전염이 발생해 그 아이디어나 감정, 혹은 행동이 삽시간에 주변으로 퍼져나가는 것이다.

사람들은 자기가 본 것을 따라 한다. 여러분이 웃으면 주변 사람들도 따라 웃는 경향이 있다. 여러분이 활기차게 행동하면 주변인들도 똑같이 활기에 넘치게 된다. 이 말은 곧 누군가를 설득하고자 할 때는 자신의 신체언어, 목소리, 주제에 대한 열정 등에 각별히 주의를 기울여야 한다는 뜻이다. 여러분이 어떤 생각을 하고 어떤 감정을 느끼든 간에, 말과 어조, 신체언어를 통해 그 생각과 감정이 전달되며 상대방은 그것을 듣고 여러분과 똑같은 감정을 느끼게 된다.

9번째 전략: 사람들을 설득하려면 여러분이 상대방에게 요구하는 일에 열정을 품고 있다는 사실을 보여줘야 한다.

입소문을 내라

이 책에서 다루는 대부분의 주제는 한 사람 또는 몇 사람을 설득하고, 개인에게 동기를 부여하는 것이 무엇인지 이해하며, 특정한 인물과 협력해 함께 일을 도모하는 방법에 관한 것이다.

그렇다면 수많은 사람, 예를 들어 수백 명이나 수천 명 이상의 사람들을 설득하고 싶을 때는 어떻게 해야 할까? 많은 사람을 설득하는 방법을 알려주는 심리학 연구는 없을까?

물론 있다!

많은 사람을 설득하는 한 가지 방법은 여러분의 아이디어나 메시지가 '입소문을 타게 go viral' 하는 것이다. 어번 딕셔너리 Urban Dictionary 라는 사이트에서는 이 용어를 "수많은 개인이 이미지나 동영상, 링크를 자주 공유해서 사람들 사이에서 빠른 속도로 퍼져나가는 것"이라고 정의한다. 어떤 일이 입소문을 타면 이 장의 앞부분에서 살펴본 사회적 인정의 힘이 그것을 뒤에서 받쳐준다. 아이디어나 메시지가 유행처럼 퍼져나가면 다른 이들도 여기에 동참해 모든 사람이 하는 일을 자기도 하고 싶어 하는 것이다.

『잠자리 효과 The Dragonfly Effect 』라는 책에서 제니퍼 애커 Jennifer Aaker 와 앤디 스미스 Andy Smith 는 골수 이식을 받아야 하는 새미어라는 젊은 남자에 대한 이야기를 한다. 그가 자신에게 맞는 기증자를 찾지 못하자 그의 친구와 직장 동료들이 나서서 주변에 소식을 퍼뜨리기 시작했다. 이들의 목표는 인도에서 3주 안에 2만 명이 골수 은행에 등록하게 하는 것이었다. 2만 명은 새미어에게 적합한 기증자를 찾는 데 필요한 사람 수를 계산해서 나온 수치였다. 이들은 각종 첨단 기술을 이용해 소문을 퍼뜨렸고 결국 목표를 달성했다.

그런데 왜 어떤 아이디어나 대책 요구는 금세 입소문이 퍼지는 데 반해 다른 것들은 그렇지 못한 걸까?

어떤 소문이 퍼지기 쉬운가?

조나 버거 Jonah Berger 는 어떤 이야기가 입소문이 잘 나고 어떤 이야기는 그렇지 못한지 알아보기 위해 『뉴욕타임스』 기사를 분석했다 Berger 2011. 그는 3개월여에 걸쳐 7천 개가 넘는 기사를 검토했다.

그는 어떤 메시지가 널리 퍼지는 데 가장 중요한 요소는 강렬한 감정적 반응을 이끌어내는 것이라는 결론을 내렸다. 이 목록에서 가장 상위를 차지한 메시지는 경외심 같은 강렬하고 긍정적인 감정을 이끌어내는 메시지이고, 그다음이 분노나 불안감처럼 심하게 부정적인 감정을 자아내는 메시지라고 한다.

『잠자리 효과』에서 애커와 스미스는 이 분석에 새로운 요소를 추가했다. 감정적인 요소 외에 그 메시지를 퍼뜨리는 사람이나 조직의 열정과 헌신이 함께 전해질 수 있으면, 그리고 여기에 멋진 이야기까지 포함되면 그 메시지가 입소문을 타고 퍼져나가 사람들이 행동에 나서게 된다는 것이다(이야기의 영향력에 대해 자세히 알고 싶으면 4장 '이야기에 담긴 힘'을 참조하자).

10번째 전략: 어떤 일이 입소문을 타게 하려면 감정에 호소하는 내용과 열정, 훌륭한 이야기를 이용해 아이디어를 전달하거나 행동을 촉구해야 한다.

유대감에 숨겨진 과학

취주악대 단원, 고등학교 미식축구 경기에서 환호하는 팬들, 예배에 참석 중인 사람들의 공통점은 무엇일까? 다들 '동시성' 활동에 참여하고 있다는 것이 이들의 공통점이다.

인류학자들은 예전부터 특정 문화권에서 북을 치고 춤을 추고 노래를 부르면서 행하는 의식에 많은 관심을 가져왔다. 스코트 월터머스 Scott Wiltermuth

와 칩 히스 Chip Heath 2009 는 동시 행위가 사람들 사이의 협력 관계에 영향을 미치는지, 미친다면 어떤 식으로 영향을 미치는지 알아보기 위해 여러 가지 연구를 진행했다 Wiltermuth 2009. 이들은 실험 참가자들을 여러 그룹으로 나눈 뒤 발 맞춰 걷기, 각자 걷기, 함께 노래 부르기 등 다양한 활동을 조합한 행동을 시키면서 실험을 했다.

그 결과 동시성 활동에 참여한 이들은 뒤이어 주어진 과제를 완수할 때 보다 협조적인 태도를 보이고 전체의 이익을 위해 기꺼이 개인을 희생하려는 마음이 더 강하다는 사실을 알아냈다.

동시성 활동이란 다른 이들과 함께 하는 행동, 다시 말해 모든 사람이 물리적으로 근접한 장소에서 동시에 같은 일을 수행하는 것을 말한다. 다함께 박자에 맞춰 춤추기, 태극권이나 요가 수련하기, 노래하기, 박수 치기, 구호 외치기 등이 모두 동시성 활동의 예다.

마법 같은 힘을 지닌 결합 호르몬

그렇다면 우리가 남들과 함께 웃거나 손뼉을 치거나 노래를 불렀을 때 서로 유대감을 느끼는 것은 무엇 때문일까?

유대감은 옥시토신 oxytocin 이라는 호르몬 때문에 생긴다. 모든 사람은 특정한 순간에 옥시토신이 분비되는데 여성의 경우 좀 더 활발하게 분비된다. 옥시토신이 분비되는 이유 가운데 가장 잘 알려진 것은 출산과 육아다. 하지만 옥시토신은 감정과도 관계가 있다. 여성이 아기를 낳은 뒤에 분비되는 옥시토신으로 인해 어머니는 아기에게 깊은 유대감을 느끼게 된다. 하지만 옥시토신은 출산 이외의 경우에도 활발하게 분비된다.

폴 잭 Paul Zak 은 『도덕적 분자 The Moral Molecule』 2012 라는 책에서 사람들이 단체 활동을 통해 유대감을 형성하면 옥시토신 수치가 올라간다는 연구 결과를 소개했다. 이것은 단체 활동이 구성원들을 하나로 묶어주는 이유를 설명한다.

우리는 옥시토신이 분비될 때마다 사랑, 애정, 공감, 신뢰 등의 감정을 느낀다. 소속감과 연대감도 생겨난다. 체내에서 옥시토신이 분비되지 않는 사람은 소시오패스 혹은 사이코패스 성향을 보이거나 자기도취증에 빠지는 경향이 있다.

누군가를 포옹하거나 고양이나 개를 어루만질 때도 옥시토신이 분비된다. 사실 이 연구에서는 개를 쓰다듬으면 쓰다듬는 사람의 옥시토신 수치뿐 아니라 개의 옥시토신 수치도 함께 올라간다는 사실이 증명됐다.

옥시토신을 부족 部族 호르몬이라고 생각할 수도 있다. 몇몇 연구를 통해 옥시토신이 자기가 속한 집단이나 부족에 대한 연대감, 그리고 해당 집단이나 부족에 속하지 않는 '타인'에 대한 의심과 관련이 있다는 사실이 밝혀졌다.

월터머스와 히스의 연구는 단체나 단체 활동을 좋아하지 않는 사람도 협조적인 태도를 보인다는 사실 또한 밝혀냈다. 함께 동시적 활동을 하는 것만으로도 그룹 구성원들 사이의 사회적 애착이 강해지는 듯하다.

웃음은 우리를 결속시킨다

하루에 몇 번이나 다른 사람이 웃는 소리를 듣는가? 웃음은 주위에 아주 흔하기 때문에 웃음이란 무엇이고 왜 사람들이 웃는지 그 이유를 진지하게 생각해본 적도 없을 것이다.

웃음에 대해 연구한 이들이 생각만큼 많지는 않지만 그래도 몇몇 사람이 이 문제를 연구하고 있다. 로버트 프로빈 Robert Provine 은 웃음을 연구하는 소수의 신경과학자 가운데 한 명이다. 그는 웃음은 학습된 행동이 아니라 사회적 유대를 형성하는 본능적인 행동이라고 결론지었다 Provine 2001.

웃음의 진상

로버트 프로빈은 사람들이 언제, 왜 웃는지 관찰하면서 많은 시간을 보냈다. 그가 이끄는 연구팀은 다양한 장소에서 자연스럽게 웃는 1천 2백 명의 사람들을 관찰하면서 그들의 성별, 상황, 화자, 청자, 전후 맥락을 기록했다. 연구팀이 알아낸 내용을 간략하게 정리해보겠다.

- 웃음은 만국공통이다. 모든 문화권의 모든 사람이 웃으며 산다.
- 웃음은 무의식적인 행동이다. 실제로 명령에 따라 웃는 것은 불가능하다. 억지로 웃으려고 한다면 그것은 거짓 웃음이 된다.

- 웃음은 사회적 의사소통을 위한 것이다. 혼자 있을 때 웃는 일은 드물며, 혼자 있을 때보다 다른 사람과 함께 있을 때 30배나 자주 웃는다.
- 웃음은 전염성이 있다. 다른 사람이 웃는 소리를 들으면 나도 모르게 미소를 짓다가 따라 웃기 시작한다.
- 생후 4개월 정도의 어린 나이부터 웃기 시작한다.
- 웃음은 유머와는 별 상관이 없다. 프로빈은 자연스럽게 지은 웃음을 2천 건 이상 연구했는데 그 대부분이 농담 같은 '유머'의 결과로 발생한 것이 아니었다. 대부분의 웃음은 "이봐, 존, 어디 갔었어?"라든가 "저기 메리가 오네." 혹은 "시험 잘 봤어?" 같은 말 뒤에 따라 나왔다. 이런 말 뒤에 짓는 웃음은 사람들을 사회적으로 결속시킨다. 농담 때문에 짓는 웃음은 전체의 20퍼센트 정도밖에 안 된다.
- 말을 하다가 중간에 웃는 일은 드물다. 대부분 말을 끝낸 후에 웃는다.
- 웃는 사람은 대개 청자가 아닌 화자 쪽이다. 말하는 사람이 두 배 더 많이 웃는다.
- 여자가 남자보다 두 배 이상 많이 웃는다.
- 웃음은 사회적 지위를 나타낸다. 집단 내에서 계급이 높을수록 덜 웃게 된다.

11번째 전략: 사람들을 설득하려면 먼저 같이 웃거나 동시에 같은 행동을 하게 해서 그들을 하나의 집단으로 결속시켜야 한다.

행복을 느끼려면 동시적 활동을 해야 하는가?

조너선 하이트 Jonathan Haidt 는 '군중 심리와 행복, 그리고 공공 정책'이라는 논문에서 동시적 활동이 결속력을 높이기 때문에 집단의 생존에 도움이 된다는 주장을 펼쳤다 Haidt 2008. 그는 인간에게는 동시적 활동에 참여해야만 얻을 수 있는 특정한 종류의 행복이 있다고 생각한다. 예컨대 밴드 또는 오케스트라에서 악기를 연주하거나 합창단에서 노래를 부르거나 교회 예배에 참석하는 것을 좋아하는 이들이 많다. 이런 것들이 모두 동시적 활동이다.

타인의 신뢰를 얻으려면

사람들이 여러분을 신뢰하게 되면 여러분이 원하는 일을 할 가능성이 높아진다. 그렇다면 어떻게 해야 그들의 신뢰를 얻을 수 있을까?

타인의 신뢰를 얻는 매우 쉬운 방법이 있다는 것이 밝혀졌다. 옥시토신이 분비되도록 자극하기만 하면 되는 것이다. 말은 쉬운데 어떻게 해야 옥시토신이 분비되게 할 수 있을까? 가장 쉬운 방법은 여러분이 상대방을 믿는다는 사실을 보여주는 것이다. 상대방에 대한 신뢰를 드러내는 어떤 일을 할 경우, 상대방도 여러분을 신뢰할 가능성이 훨씬 높아진다.

그러면 그들을 믿는다는 것을 어떻게 보여줄 수 있을까? 방법은 매우 많다. 몇 가지만 예로 들어보겠다.

- 평소 자기가 직접 하는 중요한 일을 부탁한다. 이때 상대가 제대로 하고 있는지 확인하려고 해서는 안 된다.
- 여행을 떠날 때 자기 집 열쇠를 맡기면서 애완동물을 돌보거나 화초에 물을 주라는 부탁을 한다.
- 자기 차를 빌려준다.
- 중요한 모임에서 프레젠테이션을 해달라고 요청한다.

누군가에 대한 신뢰를 보여주는 행동을 취하면 신뢰받은 사람의 체내에서 옥시토신이 분비된다. 그리고 이는 다시 그가 여러분을 신뢰할 가능성을 높여준다.

12번째 전략: 사람들의 신뢰를 얻으려면 여러분이 먼저 그들을 신뢰한다는 사실을 보여줘야 한다. 사람들이 여러분을 신뢰하게 되면 여러분이 요청하는 일을 할 가능성이 높아진다.

화자의 뇌와 청자의 뇌를 동조시켜라

함께 일하는 동료에게 부탁할 일이 있다고 생각해보자. 그가 여러분이 맡은 프로젝트에 참여해줬으면 하는데 그러려면 그는 가외 업무까지 떠맡아야 하는 상황이다. 이 경우 어떤 식으로 얘기를 꺼내면 좋을까? 승낙을 얻어낼 가능성이 높은 방법은 무엇일까? 동료의 사무실에 직접 찾아가는 것이 좋을까? 아니면 메모를 전달하는 편이 나을까?

대부분의 커뮤니케이션 전문가들은 직접 가서 얘기하라고 충고할 것이다. 얼굴을 마주하고 직접 얘기하는 쪽이 메시지를 보내는 것보다 낫다는 사실은 다들 알고 있다. 상대와 직접 만나면 먼저 웃음을 지을 수 있고 그렇게 해서 같이 웃고 나면 둘 사이에 유대감이 싹튼다. 상대방은 여러분의 신체언어를 읽을 수 있다(이는 여러분이 신체언어를 통해 자신의 의사를 얼마나 잘 전달할 수 있느냐에 따라 이득이 될 수도 있고 해가 될 수도 있다). 하지만 그보다 더 좋은 점이 있다. 바로 여러분의 목소리가 중요한 관계를 형성하는 데 도움이 된다는 것이다.

누군가가 말하는 것을 듣고 있으면 우리의 뇌도 말하는 사람과 동조하기 시작한다. 그렉 스티븐스 Greg Stephens 는 자신의 연구에 참가한 이들을 fMRI 기계에 넣은 뒤 다른 사람이 말하는 목소리를 녹음한 것을 들려줬다 Stephens 2010. 그는 어떤 사람이 다른 사람의 얘기를 듣고 있으면, 그동안 두 사람의 뇌 패턴이 서로 연관성을 보이거나 똑같아지기 시작한다는 것을 발견했다. 의사소통이 이뤄지기까지 걸리는 시간에 따라 청자의 뇌가 동조될 때까지 약간 시간이 지연되기는 했지만 뇌의 여러 부분이 동조했다. 스티븐스는 또 실험 참가자들이 모르는 언어로 얘기하는 소리를 들려주기도 했는데 이 경우에는 뇌가 동조하지 않았다.

스티븐스의 연구를 보면, 뇌가 많이 동조할수록 화자가 말하는 아이디어와 메시지를 청자가 잘 이해했다. 그리고 뇌의 어느 부위가 밝게 나타나는지 살펴본 스티븐스는 예측 및 기대와 관련된 뇌 부위가 활성화된다는 것을 알아냈다. 이 부위가 활성화될수록 더욱 성공적인 커뮤니케이션이 이뤄졌다.

또 뇌에서 사회적 상호작용과 관련된 부분도 동조됐다. 타인의 신념, 욕구, 목표를 알아차리는 능력을 비롯해 성공적인 커뮤니케이션에 중요한 역할을 하는 사회적 정보 처리에 관여하는 부위가 활성화된 것이다.

누군가의 목소리를 듣는 것은 메시지를 읽는 것보다 훨씬 효과가 크다. 따라서 다른 사람을 설득하고 싶다면 직접 만나지는 못하더라도 어쨌든 여러분의 목소리를 들려줘야 한다.

13번째 전략: 다른 사람을 설득하려면 여러분이 말하는 내용이 상대의 뇌와 직접 동조하게 해야 한다. 그러려면 여러분의 목소리를 들려줘야 한다.

경쟁이 효과를 발휘하는 때는 언제인가

우리는 사람들의 경쟁심을 자극하면 어떤 일을 하고자 하는 의욕이 생긴다는 것을 당연한 사실로 받아들이며, 실제로 그런 경우도 있다. 하지만 경쟁이 의욕을 고취시키는 상황이 있는가 하면 그렇지 않은 상황도 있다는 것이 연구를 통해 밝혀졌다.

경쟁은 남성을 자극하지만 여성에게는 자극제가 되지 못한다

소년과 소녀, 남성과 여성의 경쟁 방식에 성별 차가 존재한다는 것을 보여주는 몇 가지 연구 결과가 있다 Gneezy 2003. 소년과 남성들의 경우에는 경쟁을 통해 성과가 높아지는 경우가 많지만(단, 경쟁자가 너무 많지 않은 경우에 한해서. 자세한 내용은 다음 항목 참조), 소녀와 여성의 경우에는 반드시 성과가 높아진다고 할 수 없다. 여성이 다른 여성들과, 혹은 소녀가 다른 소녀들과 경쟁을 벌였을 때 성과가 개선되는 경우가 가끔 있기는 하지만 대개의 경우 그리 큰 차이는 없다. 그리고 여성이 남성을 상대로 경쟁하거나 소녀가 소년을 상대로 경쟁하는 경우에는 여성과 소녀들에게 경쟁을 통한 성과 개선 효과가 전혀 나타나지 않는 경우가 태반이다.

경쟁자가 적으면 경쟁적 행동을 많이 했을 때와 같은 효과가 난다

대학에 진학하려고 SAT나 ACT 같은 표준화된 입시를 치른 적이 있는가? 시험을 볼 때 교실에 사람이 몇 명이나 있었는가? 함께 시험을 치른 사람 수를 왜 묻느냐고? 스티븐 가르시아 Stephen Garcia 와 아비샬롬 토르 Avishalom Tor 의 연구에 따르면 이 문제가 매우 중요할 수도 있기 때문이다 Garcia 2009.

가르시아와 토르는 먼저 한 교실에서 많은 인원이 시험을 친 지역의 SAT 점수를 그보다 적은 인원이 시험을 친 지역의 점수와 비교했다. 이들은 각 지역별 교육 예산이나 기타 요소에 따른 차이가 상쇄되도록 점수를 조정했다. 그러자 적은 인원과 함께 SAT 시험을 치른 학생들의 점수가 더 높은 것으로 나타났다.

가르시아와 토르는 사람들은 주위에 경쟁자가 적으면 자기가 경쟁에서 이길 수도 있다고 생각하기 때문에(아마도 무의식적으로) 더 열심히 노력한다는 가설을 세웠다. 그리고 이들의 이론에 따르면 경쟁자가 더 많은 경우에는 자기가 어느 정도 위치를 차지하게 될지 가늠하기 어렵기 때문에 경쟁에서 이기고자 노력하려는 마음이 줄어든다는 것이다. 그들은 이것을 가리켜 N-효과라고 불렀는데, N은 수학 공식에서처럼 숫자를 가리킨다.

경쟁자가 10명일 때와 100명일 때의 차이

가르시아와 토르는 자신들이 세운 이론을 실험실에서 테스트해 보기로 결정했다. 두 사람은 학생들에게 짤막한 퀴즈를 내주면서 최대한 빠르고 정확하게 풀라고 말했다. 그러면서 상위 20퍼센트에 들면 상으로 5달러를 받을 수 있다고 했다.

A그룹에게는 같은 문제를 푸는 경쟁자가 10명 있다고 말하고, B그룹에게는 경쟁자가 100명 있다고 말했다. A그룹에 속한 참가자들은 B그룹보다 훨씬 빠른 속도로 퀴즈를 풀었다.

　흥미로운 점은 실제로 학생들이 퀴즈를 푼 방에는 본인 외에 다른 사람이 아무도 없었다는 사실이다. 학생들은 그저 다른 사람들도 이 시험에 참가한다는 얘기만 들었을 뿐이다.

　남성들을 설득하고자 할 때는 소수의 다른 남성들과 경쟁하는 상황을 만드는 것이 좋다. 반면 여성을 설득하고 싶다면 그들을 경쟁 상황에 몰아넣는 것을 피해야 하며 남성과 경쟁하게 해서도 안 된다.

14번째 전략: 경쟁을 이용해 설득할 때는 소수의 경쟁자(10명 이하)만 동원해야 한다.
15번째 전략: 남성과 여성이 함께 경쟁하게 해서는 안 된다.

사람들은 리더를 따른다

지난 15년 동안 심리학계에서 진행된 연구를 통해 사람들은 부지불식간에 정보를 처리하면서 다른 사람에 대해 매우 신속하고 _{1초 이내} 무의식적인 판단을 내린다는 사실이 밝혀졌다.

　다른 사람을 설득하고 싶다면 그들이 무의식중에 여러분을 리더로 임명하게 해야 한다. 여러분이 남들 눈에 리더로 비춰지기 위해 할 수 있는 여러 가지 일들이 있다.

사람들은 자신과 동일시할 수 있는 리더를 따른다

1960년대 초반에 스탠리 밀그램 Stanley Milgram 이 복종 심리에 대한 실험을 진행했다 Milgram 1963. 실험 참가자들은 자신이 학습과 체벌에 관한 실험에 참가한다고 생각했다. 그들은 다른 방에 있는 사람이 질문에 잘못된 대답을 하면 전기 충격을 가하라는 지시를 받았다. 그러나 사실 다른 방에 있는 사람은 실험 진행자 중 하나였고 전기 충격은 전혀 받지 않았다.

실험 참가자들은 '학습자'가 질문에 틀린 답을 할 때마다 충격 전압을 높이라는 지시를 받았다. 참가자들 눈에는 '학습자'가 보이지 않았지만 그들이 충격을 받을 때마다 내는 신음과 비명소리는 들을 수 있었다. 전압이 올라갈 때마다 '학습자'는 더 큰 소리로 비명을 질렀고 결국 "그만, 제발 그만해요!"라고 소리치는 지경에 이르렀다. 그리고 마침내 최고 전압까지 올라가자 '학습자'는 기절하거나 의식을 잃기라도 한 듯이 조용해졌다.

밀그램의 윤리 실험에 대한 격렬한 반발

스탠리 밀그램의 실험은 참가자들을 이런 식으로 실험에 끌어들이는 것의 윤리적 타당성과 관련해 격렬한 논쟁을 불러일으켰다. 그로부터 여러 해가 지난 뒤, 밀그램의 연구에 참가한 이들 가운데 일부는 이 실험 참가로 인해 장기적인 심리적 피해를 입었다고 보고했다("다른 사람에게 전기 충격을 가하다니 대체 내가 어떻게 된 걸까?"). 그 이후 대부분의 국가에서는 심리 실험을 진행할 때 참가자들에게 해를 끼쳐서는 안 된다는 지침을 준수하게 됐다.

밀그램은 권위 있는 사람이 명령했을 때 사람들이 자신의 도덕적 규범을 거스르고 다른 사람에게 어느 정도까지 고통을 가할 수 있는지 알아내고자 했다. 이 실험을 시작하기 전에 밀그램은 다른 동료들과 대학원생, 예일 대학교(이 실험이 진행된 장소)에서 심리학을 전공하는 학생들에게, 실험 가운을 입은 권위 있는 사람이 전압을 최대치(시작점에서 30단계 위)까지 올리라고 지시했을 때 실제로 그렇게 하는 사람이 몇 명이나 될지 예상해보라고 했다. 이들이 예상한 수치는 전체의 1~2퍼센트 정도였다. 하지만 실제 실험에서는 실험 대상의 3분의 2가 다른 방에 있는 (가짜) 참가자가 "제발 그만!"이라고 소리를 지르는데도 불구하고 전압을 최대치까지 올렸다.

1960년대 이후 대부분의 심리학자들이 권위에 대한 복종의 예로 이 연구를 언급한다. 그러나 알렉산더 해슬램 Alexander Haslam 과 스티븐 라이허 Stephen Reicher 는 2012년에 이 연구 데이터를 재분석했다. 이들은 이런 결과가 나온 이유는 권위에 대한 복종이라기보다는 집단과의 동일화 때문이라고 주장한다. 이 실험에서 학습자와 자신을 동일시한 사람들은 학습자에게 전기 충격을 가하는 것을 거부했다. 반면 자신을 실험자와 동일시한 이들은 전기 충격을 가할 확률이 높았다 Haslam 2012.

우리가 자신을 어떤 집단과 동일시하면 그 집단의 신념과 행동을 따르려는 마음이 훨씬 강해지며 해당 집단의 리더를 추종할 확률도 그만큼 커진다. 권위 있는 리더와 집단과의 동일화를 결합시키면 사람들을 설득하는 일이 훨씬 쉬워진다.

다른 사람에게 뭔가를 부탁하기 전에, 그를 여러분이 속해 있거나 이끄는 집단과 일체감을 느낄 수 있는 활동에 참여시키는 것이 좋다. 앞에서 살펴본 유대감 형성 기술 중 하나를 활용할 수도 있다. 그가 집단과 유대를 형성하고 자신도 그 집단의 일원이 된 듯한 일체감을 느끼면 다음에 소개하는 기술을 한두 가지 이용해 여러분을 리더의 위치에 자리매김할 수 있다.

신체언어를 통해 전달되는 리더십

한나는 팀원들에게 앞으로 새로운 업무 프로세스를 따라야 한다는 얘기를 할 계획이다. 그녀는 팀 전체를 소집해 회의를 열었다. 팀원들이 이 새로운 아이디어를 지지해주는 것이 중요하기 때문에 한나는 그들이 어떤 반응을 보일지 불안했다.

회의가 시작되자 한나는 어깨를 구부정하게 구부린 자세로 탁자 뒤에 서서 팀원들과 시선을 마주치려 하지 않았다. 얘기를 시작한 뒤로는 잠깐씩 천장으로 시선을 향하다가 다시 자기 노트북을 쳐다보나 했더니 이번에는 팔짱을 끼기도 했다. 그녀 자신은 깨닫지 못했을지도 모르지만 그 태도는 그녀가 지금 매우 긴장하고 있음을 알려준다. 한나는 팀원들에게 확신을 심어주지 못하고 있다.

여러분이 걷거나 서는 방식, 얼굴 표정, 시선을 맞추거나 맞추지 못하는 모습 등이 모두 긴장감이나 자신감, 흥분 등의 감정을 전한다. 사람들에게 어떤 인상을 주고 싶은지 결정한 뒤, 자신의 신체언어가 어떻게 그것을 전달할지 생각해보자. 사람들은 강력한 리더를 원한다. 여러분의 신체언어가 자신감을 발산한다면 청중들은 여러분을 따르고자 하는 마음이 들 것이다.

시간을 들여 자기 몸을 '세팅'하자

누군가에게 일을 부탁하기 전에 자기 자세부터 '세팅'해야 한다. 얘기하는 상대방을 향해 서서 양발에 똑같이 체중을 나눠 실어 자세를 똑바로 하고, 상대를 바라보면서 시선을 맞추고, 숨을 들이쉰 다음 말을 시작하는 것이다. 말 한마디 없이 너무 많은 시간을 보내는 것처럼 느껴지겠지만 상대의 시각에서는 그렇게 보이지 않는다.

처음 대면할 때의 첫인상도 중요하지만, 사람들은 대화하는 동안에도 계속 여러분의 자세나 태도를 무의식적으로 해석하고 그에 반응을 보인다.

- **서 있는 각도에 유의하라**

권위와 자신감을 나타내려면 사람들을 똑바로 마주봐야 한다. 협조적인 태도를 보이려면 지금 말을 거는 상대방을 향해 비스듬하게 선다. 여러분과 상대방 사이에 어떤 장애물도 있어서는 안 된다. 상대가 여러분을 신뢰하려면 여러분의 몸 전체를 볼 수 있어야 한다. 자기 몸을 드러내는 행동은 신뢰와 자신감, 권위를 나타낸다.

- **머리 위치를 고려하라**

누군가와 일대일로 대화를 나눌 때, 상대를 향해 머리를 기울이고 있는 모습은 그 사람이나 그가 말하는 내용에 관심이 있음을 나타낸다. 하지만 이런 모습이 항복의 징후로 비춰질 수도 있다. 권위와 자신감을 드러내고 싶다면 머리를 기울이는 것을 피해야 한다.

- **똑바로 서라**

체중을 양 다리에 고르게 분산시켜서 똑바로 선 자세는 확신과 자신감에 찬 사람임을 보여준다. 한쪽 다리에만 체중을 싣거나 테이블이나 의자에 기대선 모습은 여러분의 자신감과 권위를 손상시킨다.

- **산만하게 굴지 말라**

얼마 전에 훌륭한 발표자들이 많이 참석한 콘퍼런스에서 연설을 한 적이 있다. 참석자들 중에 내가 꼭 연설을 듣고 싶었던 한 남자가 자리에서 일어나 발표를 시작했다. 그는 자기 분야에서 꽤 유명한 인물이지만 나는 그때까지 그가 직접 발표하는 모습을 볼 기회가 없었다.

그가 들려준 이야기는 매우 훌륭했지만 나는 도통 이야기에 집중할 수가 없었다. 발언하는 내내 그가 계속 사소한 움직임을 반복했기 때문이다. 마치 은근슬쩍 춤이라도 추는 것처럼 한 발을 앞으로 내딛었다가 다시 다른 발을 뒤로 딛는 동작을 끝없이 되풀이하는 것이다. 덕분에 그는 계속 안절부절 못하는 듯 보였고 보는 사람의 정신까지 산만하게 만들었다.

이런 식의 산만한 동작은 매우 다양한 형태로 나타난다. 어떤 사람은 주머니에 들어 있는 열쇠를 짤그락거리기도 하고 발이나 손가락을 까닥거리기도 한다. 이렇게 안절부절 못하는 모습은 여러분이 잔뜩 긴장했거나 지루하거나 초조해한다는 것을 나타낸다. 이런 사람은 리더가 될 수 없다.

긴장감 다스리기

다른 사람을 설득할 때 긴장하는 경우가 있을 것이다. 약간의 긴장감은 정신을 맑게 유지하고 신체를 활성화하기 때문에 도움이 될 수 있다. 하지만 지나친 긴장은 좋지 않다. 긴장감은 주위에 전염된다. 여러분이 긴장하면 리더로서의 자신감과 위치가 흔들린다.

근육과 감정은 쌍방향 피드백 루프를 형성한다. 어떤 감정을 느끼면 우리 몸이 그 감정을 겉으로 드러낸다. 예를 들어, 슬픈 마음이 들면 어깨가 축 처지고 서 있는 자세가 흐트러지며 입 근육이 아래쪽으로 내려간다. 그런데 그 반대도 성립한다는 사실을 아는가? 바른 자세로 서서 미소를 지으면 기분이 한결 나아진다. 파블로 브리뇰 Pablo Brinol 의 연구 결과, 자신감 있는 자세를 취하면 실제로 자신감이 더 높아진다고 한다 Brinol 2009 .

타인을 설득하기 위한 대화를 시작하기 전에 다른 방이나 복도로 가서 자세를 교정하고 오자. 심호흡을 하고 바른 자세로 서서 머리를 똑바로 들자.

이렇게 당당한 자세를 취하면 자신감도 높아질 것이다.

16번째 전략: 사람들이 여러분을 리더로 여기면 여러분이 원하는 일을 할 확률이 높아진다. 남들 눈에 리더로 보이려면 자세와 태도를 통해 자신감을 보여줘야 한다.

내 손이 전하는 말

다른 사람과 대화를 나누는 자신의 모습을 동영상으로 촬영해 확인한 적이 있는가? 여러분이 자연스럽게 대화에 몰두하는 동안 누군가가 그 모습을 촬영한다면 그때 여러분의 손동작은 어떤 '말'을 하고 있을까?

사람들이 얘기를 하면서 이런저런 제스처를 취하는 모습을 지켜보자. 어떤 사람은 자기가 말하는 내용과 일치하는 손동작을 하기도 한다. 또 어떤 사람은 지나치게 과장된 제스처를 취해 주의를 산만하게 하는가 하면, 말하면서 손을 별로 움직이지 않는 사람도 있다. 여러분이 이 중 어느 부류에 해당되든 간에 자신의 손동작에 관심을 기울이면서 새로운 손동작을 몇 가지쯤 연습하는 것이 좋다.

대화 중에 손을 전혀 움직이지 않으면 대화 주제에 대한 관심이 부족하다는 느낌을 준다. 상대방이 여러분의 손을 볼 수 있게 해야 한다. 그쪽에서 여러분의 손을 전혀 볼 수 없다면 여러분을 신뢰하기가 힘들다.

- 손바닥을 위로 향한 채 손을 쫙 펴는 것은 청중들에게 뭔가를 부탁한다는 뜻이다.
- 손바닥을 45도 각도로 세운 채 손을 쫙 펴는 것은 여러분이 정직하게 모든 것을 털어놓고 있다는 뜻이다.
- 손바닥을 아래로 향한 채 손을 쫙 펴는 것은 자신이 하는 말에 확신이 있다는 뜻이다.
- 손가락을 모두 붙인 상태에서 손을 90도 각도로 세우는 것은 자신이 하는 말에 자신감과 전문적인 지식이 있음을 나타낸다.
- 손으로 얼굴이나 머리, 목 등을 만지면 불안하고 자신감이 없어 보이며, 양손을 몸 앞쪽에서 꼭 쥐고 있는 모습도 마찬가지다.
- 허리에 손을 올린 채 서 있으면 공격적으로 보인다. 물론 협상을 할 때처럼 이런 자세가 적절한 경우도 있기는 하지만, 그래도 이 자세를 취하기 전에 다시 한번 괜찮을지 생각해보자.

> **참고** · 신체언어에 관한 책 가운데 내가 가장 좋아하는 책은 캐롤 킨제이 고먼 Carol Kinsey Goman 이 쓴 『사일런트 리더십: 리더가 반드시 알아야 할 신체 언어 The Silent Language of Leaders: How Body Language Can Help--or Hurt--How You Lead 』 한국표준협회미디어, 2012 다.

문화적인 의미가 깃든 손동작

몇 년 전에 포르투갈 리스본에서 열린 한 콘퍼런스에 발표자로 참석한 적이 있다. 리스본은 그때 처음 가본 곳이었는데 나는 곧 리스본에서 유명한 커스터드 패스트리에 홀딱 반했다.

어느 날 아침 제과점에 가서 패스트리 2개를 주문하면서 미국에서 '승리'나 '평화'를 나타낼 때의 제스처와 비슷하게 손가락 2개를 들어 보였다. 그러자 제과점 카운터 뒤에 있던 사람이 상자에 패스트리 3개를 담는 것이 아닌가. 나중에 2개를 나타내려면 엄지와 검지를 들어야 한다는 것을 배웠다. 비록 주문할 때 내 엄지는 보이지 않았지만 카운터 뒤의 점원은 내가 3개를 표시했다고 생각한 것이다.

나는 실제 주문한 양보다 패스트리를 하나 더 받은 정도에 그쳤으니 운이 좋은 셈이다. 우리가 평소 사용하는 손동작 가운데 상당수는 전 세계인이 보편적으로 사용하는 것이 아니다. 따라서 여러분이 잘 모르는 다른 나라나 다른 문화권에서 온 사람과 얘기할 때는 어떤 손동작이 오해를 사거나 제대로 이해받지 못하거나 모욕적으로 받아들여질 수 있는지 사전에 알아봐야 한다.

때때로 뭔가 구체적인 것을 가리키기 위해 자기 몸 윤곽을 벗어나는 커다란 손동작을 사용하는 것은 괜찮다. 예컨대 여러분 조직에 발생한 새롭고 커다란 변화에 대해 얘기할 때면 손이 몸 바깥쪽을 향해 뻗어나갈 것이다. 하지만 하는 동작마다 다 그런 식이라면 혼란 상태에 빠지거나 통제력을 잃은 사람처럼 보일 뿐이다.

17번째 전략: 설득력을 발휘하려면 손동작과 말하는 내용이 서로 일치해야 한다.

얼굴과 눈도 말을 한다

우리 뇌에는 사람의 얼굴에 주의를 기울이는 특별한 부분이 있는데 이를 FFA fusiform facial area 라고 한다. FFA는 뇌에서 감정을 담당하는 부분이다. 우리 얼굴은 함께 대화를 나누는 이들에게 중요한 감정 정보를 전달한다. 얼굴과 눈의 움직임이 메시지에 영향을 미친다.

무의식적인 얼굴 표정

TV에 나오는 뉴스캐스터의 얼굴을 유심히 관찰한 적이 있는가? 그들은 나쁜 소식이나 슬픈 소식을 전할 때조차도 항상 가벼운 미소를 띠고 있다. 이것은 자연스럽게 생기는 현상이 아니라 미소가 자동적으로 몸에 밸 때까지 연습을 해야만 가능한 일이다.

이런 연습을 한번 해보자. 먼저 여러분이 어떤 일을 부탁할 사람과 나누게 될 대화 몇 문장을 준비한다. 적어놓은 종이를 보지 않고도 문장을 말할 수 있을 때까지 달달 외운다. 이제 거울 앞에 서서 마치 상대방과 대화를 나누는 것처럼 외운 문장들을 말한다. 이때 웃기는 농담을 하지 않는 한, 거울에 비친 자기 얼굴은 아마 상당히 음울한 표정을 띠고 있을 것이다.

우리는 얼굴을 통해 많은 표정을 드러내지만 평소 자기 표정을 의식하며 살지 않기 때문에 이런 사실을 자주 잊는다. 다른 사람을 설득할 때는 골똘히 생각에 잠기게 되므로 자기도 모르게 눈살을 찌푸리기 쉽고, 때로는 긴장한 나머지 하려던 말을 잊어버리고 당황한 표정을 짓기도 한다. 그러면 얘기를 나누던 상대방은 여러분의 얼굴 표정에 반응하게 된다.

다음과 같은 얼굴 표정과 안구 움직임은 주의해야 한다.

- 눈을 계속 깜박이는 것: 이런 모습은 조바심을 드러내는 징후일 수 있다. 눈을 계속 깜박이면 자신이 심적으로 불편한 상태라는 것을 상대에게 알리게 된다. 또 여러분이 바라보고 있는 사람에게 매력을 느낀다는 신호로 해석될 수도 있다.
- 상대의 눈을 똑바로 응시하는 것: 대화를 나누면서 상대방을 똑바로 바라보는 모습은 여러분이 관심을 가지고 주의를 기울이고 있음을 나타낸다. 하지만 한 사람을 너무 오랫동안 뚫어지게 바라보는 것은 상대방을 위협하는 태도로 비칠 수도 있다.
- 시선을 자꾸 옮기는 것: 불안해하거나 거짓말을 한다는 느낌을 준다.
- 아랫입술을 잘근잘근 씹거나 입술을 깨무는 것: 근심걱정, 불안, 두려움을 나타낸다.
- 눈을 크게 뜨고 눈썹을 살짝 올리는 것: 주의를 흩뜨리지 않고 관심을 기울이고 있음을 의미한다.

 **18번째 전략**: 상대방을 똑바로 쳐다보면서 가볍게 미소를 지으면 좀 더 설득력을 발휘할 수 있다.

어조를 통한 의미 전달

자기가 전혀 모르는 언어를 사용하는 나라를 여행하던 중에 다른 이들의 대화를 우연히 듣게 됐을 때, 말은 전혀 못 알아들어도 대화의 느낌은 대충 어림짐작으로나마 이해할 수 있다는 사실에 놀란 적이 있을지도 모른다. 준언어학 분야에서는 실제 입으로 내뱉는 단어와는 별개인 비언어적 의사소통에 대해 연구한다.

이 문제를 잠시 생각해보자. "새로운 팀 구성을 통해 멋진 결과를 얻을 것이다"라는 말은 다양한 방식으로 표현할 수 있다. 뜨거운 열정, 혹은 빈정거림이나 지루함을 담아서 이 말을 할 수도 있다. 문장을 말하는 방식은 단어 그 자체만큼이나, 아니 때로는 그보다 더 많은 의미를 전달한다. 여기 몇 가지 생각해볼 문제가 있다.

- 말하는 내용에 담긴 의미에 따라 목소리 높낮이와 성량에 변화를 준다. 말하는 내내 똑같은 높낮이와 성량을 유지하면 지루하게 들릴뿐더러 지금 말하는 주제에 대해 별다른 감정이나 열의가 없다는 느낌까지 준다.
- 어조, 표정, 동작 등을 전달하고자 하는 메시지와 일치시킨다. 어떤 아이디어에 열광하거나 열렬한 관심을 갖고 있다면, 목소리를 좀 더 크게 하고 말을 빠르게 하며 목소리의 높낮이에 다양한 변화를 줘서 그 열정을 나타내는 것이다.
- 청중들이 다 들을 수 있게 큰소리로 말한다. 너무 부드럽게 말하는 모습은 소심하거나 긴장한 듯한 인상을 준다.
- 단어 하나하나를 똑똑히 발음한다. 특히 단어 끝부분과 문장의 마지막 부분에 유의한다. 이 부분을 명확하게 발음하지 않는 이들이 많기 때문이다. 단어를 똑똑히 발음하면 자신감과 권위를 드러낼 수 있다.
- 적절한 부분에서 말을 멈춘다. 긴장한 상태에서 말을 하면 갈수록 말이 빨라지고 중간에 쉬는 부분이 없어진다. 중요한 부분을 말하거나 질문을 던질 때는 그 앞뒤에서 잠깐 말을 멈춰야 한다. 침묵도 때로는 말만큼 중요할 수 있다.

 **19번째 전략**: 다른 사람을 자극해서 어떤 일을 하게 하려면 열정과 에너지가 넘치는 태도로 대화를 해야 한다.

옷의 중요성

'옷이 날개다' 또는 '성공을 위한 옷차림' 같은 말을 들어본 적이 있을 것이다. 이런 말들이 사실임을 입증하는 연구 결과가 있다.

먼로 레프코비츠 Monroe Lefkowitz, 로버트 블레이크 Robert Blake, 제인 무턴 Jane Mouton 은 실험자에게 시내 도로에서 교통 신호등을 무시하고 길을 건너게 했다 Lefkowitz 1955. 이때 실험자가 양복을 입고 길을 건너는 경우 그를 따라 길을 건넌 사람의 수는 작업용 셔츠와 바지를 입었을 때에 비해 3.5배나 많았다. 신사용 정장이 주변 사람들에게 권위의 힘을 발휘한 것이다.

레너드 빅먼 Leonard Bickman 이 진행한 연구에서는 실험자가 거리를 지나던 사람을 멈춰 세우고 15미터쯤 떨어진 곳에 있는 공모자를 가리키며 이렇게 말했다 Bickman 1974. "주차 미터기 옆에 서 있는 저 남자 보이십니까? 정해진 주차 시간을 넘겼는데 잔돈이 없다고 하는군요. 저 사람에게 10센트만 주십시오!" 그러고는 자리를 떴다.

'저쪽에 있는 남자'도 실험의 일부였다. 그에게 10센트를 주라고 말한 사람이 제복, 예컨대 경비원 제복 같은 것을 입고 있는 경우에는 대부분의 사람이 그의 지시에 따라 주차 미터기에 넣을 돈을 주었다. 하지만 그가 일반적인 외출복을 입고 있는 경우에는 지시에 따르는 사람의 수가 반 이하로 줄었다.

여러분은 권위를 표현하는 옷을 입을지 아니면 청중들과 비슷한 옷을 입을지 선택해야 한다. 권위가 드러나도록 옷을 입는 한 가지 방법은 여러분 앞에 있는 상대방보다 최소 한 단계 정도 높은 수준의 옷을 입는 것이다. 반면 '무리의 일원'처럼 보이는 것이 더 중요한 경우에는 다른 이들과 비슷한 옷차림을 해야 한다.

 **20번째 전략**: 다른 사람을 설득하려면 그들과 비슷한 옷을 입어 동질감을 조성하거나 그보다 한 등급 높은 옷을 입어 권위를 드러내야 한다.

단 몇 초 만에 리더가 되는 방법

카메론 앤더슨 Cameron Anderson 과 개빈 킬더프 Gavin Kilduff 는 집단 의사결정에 대해 연구했다 Anderson 2009. 이들은 학생 4명으로 구성된 그룹을 여러 개 만든 뒤 각 그룹마다 GMAT(경영대학원 입학을 위한 표준화된 입학시험)에 나오는 수학문제를 풀게 했다. 연구자들은 표준화된 수학 문제를 사용한 덕분에 각 그룹이 주어진 문제를 얼마나 잘 해결하는지 평가할 수 있었다. 또 구성원들이 대학에 입학하면서 치른 SAT 수학 점수를 확인해서 각자의 수학적 역량도 비교할 수 있었다.

연구자들은 문제 해결 과정에서 각 그룹이 대화를 나누는 모습을 녹화한 뒤 나중에 검토해서 누가 각 그룹의 리더인지 판단했다. 연구자들은 여러 관찰자 팀에게 비디오를 보여준 뒤 누가 리더인지에 대해 의견이 일치되는지 알아봤다. 또 각 그룹에 속한 참가자들에게 자기 그룹의 리더를 밝혀달라는 요청도 했다. 그러자 모든 이들이 각 그룹의 리더가 누구인지에 대해 일치된 의견을 내놓았다.

앤더슨과 킬더프는 리더들이 어떻게 리더가 될 수 있었는지 그 이유에 관심을 가졌다. 그룹 활동을 시작하기 전에 실험 참가자들은 각자의 지배 성향을 측정하기 위한 설문지를 작성했다. 여러분도 짐작하겠지만 리더들은 모두 지배 성향 평가에서 높은 점수를 받았다. 그러나 이것만 가지고는 그들이 어떻게 리더가 됐는지 확실하게 설명할 수 없다. 이들의 SAT 수학 점수가 가장 높았는가? (아니다.) 자기가 리더가 되려고 다른 사람들을 못살게 굴었는가? (그렇지 않다.)

결국 얻어낸 답은 연구자들을 놀라움에 빠뜨렸다. 리더들은 다른 사람들보다 먼저 입을 열었다. 출제된 문제 중 94퍼센트 경우 그룹이 최종적으로 내놓은 답변은 처음 제안된 답변과 같았으며, 지배적인 성향을 지닌 이들이 늘 가장 먼저 답을 말했다.

다른 사람들은 리더의 말에 귀를 기울이고 리더가 제안하는 일을 할 가능성이 높다. 리더가 되고 싶다면, 또 사람들을 설득하고 싶다면 남들보다 먼저 말을 꺼내야 한다는 점을 명심하자.

21번째 전략: 남들보다 먼저 말을 꺼내면 리더로 간주될 수 있다. 그리고 리더가 되면 사람들을 설득할 가능성이 높아진다.

03

습관

스스로 깨닫든 깨닫지 못하든 간에 우리가 일상적으로 하는 행동의 상당수는 습관으로 이뤄져 있다. 습관은 아무 생각 없이 자동적으로 하는 행동이다. 우리는 날마다 똑같은 방식으로 그 일을 한다.

지금껏 이런저런 습관을 고치려고 의식적인 노력을 기울였지만 큰 성공을 거두지 못했을 수도 있다. 담배를 끊거나 운동을 더 많이 하려고 노력해봤는가? 새로운 습관을 들이거나 옛 습관에서 벗어나는 일이 힘들게 느껴지는가? 그렇다면 내가 습관을 이용해 사람들을 설득하라고 제안하는 이유가 뭔지 의아할 것이다.

습관은 들이기도 힘들고 바꾸기도 힘들어 보이지만 습관이 형성되는 방법과 관련된 과학적 원리를 깨우치면 매우 쉽게 습관을 들이고 또 비교적 쉽게 습관을 바꿀 수 있는 간단한 방법이 있다는 것을 알게 될 것이다.

사실 사람들을 설득하고 싶을 때 습관을 제대로 이해하고 이용하는 것이 중요한 이유가 두 가지 있다.

1. 습관은 매우 자동적으로 우러나는 행동이기 때문에 여러분이 다른 사람에게 바라는 일을 그들의 새로운 습관으로 정착시킬 수만 있다면 그 이후로는 여러분이 손 하나 까딱 안 해도 오랫동안 그 행동을 자동으로 반복하게 된다.
2. 누군가의 현재 습관을 알면 기존 습관에 새로운 습관을 덧붙일 수도 있다.

습관의 과학

찰스 두히그 Charles Duhigg 는 『습관의 힘 The Power of Habit 』갤리온, 2012 이라는 책에서 습관에 관한 최신 과학 연구 결과를 소개한다. 그는 습관이 어떻게 형성되는지 설명하고 신호와 반복행동, 그리고 보상을을 서로 연결시킨다.

누군가에게 어떤 습관이 생겼다면 거기에는 그 습관을 유발하는 신호가 있고 자동적인 습관의 반복이 존재하며 습관이 발생한 목적과 관련된 보상이 그 뒤를 따른다.

보상은 습관을 강화하고 다음에 똑같은 신호가 나타났을 때 다시 그 행동을 하게 만든다.

신호 → 반복행동 → 보상

사실 두히그는 그의 책에서 이를 원 모양으로 표현했다. 보상이 다시 신호와 연결되기 때문이다.

간단한 예를 하나 살펴보자. 우리 대부분은 아침에 일어났을 때 하는 여러 가지 반복행동이나 습관이 있다. 내가 아침마다 되풀이하는 행동은 이런 것들이다.

- 양치를 한다.
- 구강 세정기를 사용한다.
- 머리를 빗는다.

매일 아침 이른 시간에 하는 다른 반복행동도 있다.

- 이메일을 확인한다.
- 그날의 일정을 확인한다.

그리고 아침을 먹을 때는 날마다 이런 행동을 한다.

- 커피를 마시려고 물을 끓인다(나는 커피머신 대신 여과지를 사용해 드립 커피를 만들어 마신다).
- 달걀 요리를 시작한다.
- 토스트를 굽기 시작한다.

여러분의 반복행동은 이와 좀 다를 수도 있겠지만 다른 모든 사람과 마찬가지로 여러분도 하루를 보내면서 수백 가지의 반복행동을 할 것이다.

- 출근하기 위해 집을 나서는 방식
- 직장까지 차를 운전하거나 걸어가는 방식

- 직장에 출근해 일을 시작하는 방식
- 집이나 아파트를 청소하는 방식
- 빨래하는 방식
- 친척에게 줄 선물을 구입하는 방식
- 운동 방법과 장소
- 머리를 감는 방식
- 실내에서 기르는 화초에 물을 주는 방식과 시기
- 개를 산책시키는 시간과 장소
- 고양이에게 먹이는 사료와 먹이 주는 시간
- 밤에 아이를 재울 때 하는 일들

누구나 자기만의 습관을 가지고 있다. 대부분의 사람들은 자기도 모르는 새에 생긴 습관을 자동적으로 수행하는 경우가 많다. 습관은 살면서 우리가 해야 하는 일, 하고 싶은 많은 일들을 할 수 있게 도와준다. 습관이 된 일을 할 때는 굳이 주의를 집중하지 않아도 되기 때문에 그 사이에 우리의 사고 프로세스는 다른 일을 처리할 수 있다. 좀 더 효율적인 일 처리가 가능한 방향으로 뇌가 진화했기 때문이다.

 22번째 전략: 사람들이 어떤 일을 오랫동안 자동으로 하게 하려면 새로운 습관을 들이거나 기존 습관을 바꾸게 해야 한다.

습관이 형성되는 방식

습관이 어떻게 형성되는지 알면, 여러분이 바라는 일을 사람들이 새로운 습관으로 정착시키게 하는 방법도 알아낼 수 있다. 습관은 자기도 모르는 새에 자동으로 하는 일인데 그런 습관이 생기는 과정도 무의식적으로 진행된다고 한다. 우리는 자신이 그런 일을 한다는 사실조차 모르는 상태에서 대부분의 습관을 만들어간다.

일례로 매일 아침 집에서 토스트와 커피로 간단하게 아침을 먹는 것이 여러분의 습관 가운데 하나라고 하자. 어느 날 알람시계가 울리지 않는 바람에 지각을 할 처지가 되어 평소 늘 하던 일 가운데 몇 가지를 대충하거나 건너뛰었다. 그날 건너뛴 반복행동 중 하나가 아침식사였다. 시간이 없었기 때문이다. 그래서 출근길에 카페에 들러 커피와 패스트리를 사서 회사에 들고 가거나 차 안에서 먹었다.

며칠 뒤에 또 똑같은 상황이 벌어졌다. 이제는 정말 새 알람시계를 사야 할 것 같다! 하지만 문제없다. 지난번과 똑같은 카페에 들러 또 커피와 패스트리를 사면 되니까.

다음날에는 제시간에 일어났다. 오늘은 지각할 염려가 없지만 집에서 아침을 먹지 말고 대신 카페에 들러 커피와 패스트리를 사 가야겠다고 결심했다. 이제 새로운 습관이 생긴 것이다. 여러분이 한 일이 낡은 습관을 중단시켰다. 두히그의 습관 고리를 떠올려보자.

신호 → 반복행동 → 보상

예전 습관은 이랬다.

아래층으로 내려온다 → 아침을 만든다 → 먹는다

그리고 이제 새로운 습관이 생겼다.

실눈 뜨다가 카페를 본다 → 커피와 패스트리를 산다 → 먹는다

사람들이 어떤 일을 하도록 설득하고 싶은데 그들에게 이미 몸에 배인 습관이 있다면 새로운 습관을 만들어서 이것이 옛 습관을 대신하게 할 수 있는지 알아봐야 한다. 좀 더 구체적으로 말하자면, 무의식적으로 생겨난 습관의 경우 새로운 신호 → 반복행동 → 보상 주기를 만들어 기존의 신호 → 반복행동 → 보상 주기를 대체해야 한다는 얘기다.

여러분이 작은 법률 회사에서 일하는 변호사라고 가정해보자. 이 회사에는 조이라는 접수계원이 있는데 그녀는 하루 일과를 마친 뒤에 늘 책상을 잔뜩 어질러둔 채로 놔두고 퇴근을 한다. 퇴근하기 직전까지 일을 계속하다가 서둘러서 자리에서 일어나는 것이 그녀의 습관인 것이다.

변호사 보조원인 조디는 매일 퇴근길에 조이의 책상 옆을 지나가면서 "안녕, 조이. 내일 만나요."라고 인사를 한다. 그러면 조이는 그제야 자기가 타야 할 통근기차 시간에 늦었다는 사실을 깨닫는다. 그래서 하던 일을 마구 어질러놓은 채로 쏜살같이 회사 문을 나서는 것이다.

때로는 조이가 다음날 아침 출근해서 어질러진 책상을 치우기도 전에 아침 일찍부터 열리는 회의에 참석하려고 고객이 찾아올 때도 있다. 여러분은 고객이 그녀의 지저분한 책상을 보는 것이 영 내키지 않는다. 조이의 책상을 복도 아래쪽에 있는 문 달린 사무실로 옮길까 하는 생각도 해봤지만 그녀의 업무상 조이는 회사 출입문 근처에 앉아서 사람이 드나드는 모습을 항상 지켜볼 수 있어야만 한다. 거꾸로 말하면 문으로 들어오는 사람은 누구나 그녀의 책상 상태를 볼 수 있다는 얘기도 된다.

여러분은 조이에게 시계를 주의 깊게 확인하다가 퇴근 시간이 되기 전에 짬을 내서 책상을 정리하고 가라고 말했지만 아무리 주의를 줘도 변하는 게 없어 보인다.

조이는 무의식적으로 습관 고리 habit loop 를 만들어둔 상태다.

신호 → 반복행동 → 보상

그녀의 습관은 이렇다.

"안녕, 조이"라는 인사를 듣는다 → 가방과 코트를 챙겨 문을 나선다 → 일찍 오는 기차를 타고 남편보다 먼저 집에 도착한다

여러분은 이 습관을 중단시키고 새로운 습관으로 대체하고 싶다. 여러분이 원하는 조이의 새로운 습관은 그녀가 퇴근하기 전에 몇 분 정도 시간을 내서 책상을 말끔히 정리하고 가는 것이다.

신호 → 책상을 정리한다 → 보상

그러자면 새로운 신호와 새로운 보상이 필요하다.

먼저 보상 문제부터 살펴보자.

조이는 예전에 여러분과 함께 서류와 판결 내용을 검토할 시간이 부족하다는 얘기를 한 적이 있으니, 함께 서류 검토할 시간을 늘려주는 것이 보상이 될 수 있다. 또 남들보다 먼저 통근기차를 타는 것을 좋아하니 그것 또한 보상으로 적합하다. 이 중 앞의 보상만 사용할 수도 있고 두 가지를 함께 사용해도 괜찮다.

신호 → 책상을 정리한다 → 30분간 상사와 함께 서류를 검토한다

또는

신호 → 책상을 정리한다 → 30분간 상사와 함께 서류를 검토한 뒤 15분 일찍 퇴근해서 빨리 오는 기차를 탄다

이제 어떤 신호를 사용할지 정해야 하는데, 처음에는 여러분 자신을 신호로 사용하는 것이 좋다. 조이가 퇴근하기 1시간쯤 전에 이렇게 말하는 것이나. "조이, 지금이 4시인가요?" 조이는 자기 시계를 보고는 그렇다고 말한다. "책상을 정리하고 내 사무실로 와서 전에 물어봤던 서류를 같이 살펴보는 게 어떨까요?" 이때 정리를 제대로 하는지 확인하기 위해 조이가 책상을 정리하는 동안 지키고 서 있어야 하는 경우도 있다.

그리고 조이와 30분 정도 시간을 보낸 다음에 이렇게 말한다. "오늘은 이 정도로 하죠. 조금 이르기는 하지만 책상도 모두 정리한 상태니까 조금

일찍 퇴근해서 빨리 오는 기차를 타세요."

아직 퇴근 시간이 되기 전이므로 조디가 지나가면서 "안녕, 조이"라고 말할 기회가 없었다는 사실이 중요하다. 이 말은 곧 낡은 습관을 유발하는 신호를 차단했다는 뜻이다.

이제 새로운 습관을 만들 수 있는 가능성이 생겼다.

신호 → 반복행동 → 보상

상사가 "조이, 지금이 → 책상을 → 30분간 상사와 함께 신경 쓰이는
4시인가요?"라고   정리한다   미결 상태의 일거리들을 처리한 뒤
묻는다   몇 분 일찍 퇴근한다

이렇게 무의식중에 생긴 낡은 습관을 의식적으로 시작한 습관으로 대체했다. 새로운 습관도 결국 무의식 속에 자리 잡게 될 것이다.

위에서 설명한 것과 같은 습관 고리를 1주일 정도 유지한 다음 신호를 바꾸는 것이 좋다. 1주일 동안은 여러분이 직접 "조이, 지금이 4시인가요?"라고 말하는 것을 신호로 사용하다가 그 이후에는 조이의 컴퓨터 알람이 매일 오후 4시에 울리도록 맞춰놓게 해서 그 알람을 신호로 사용하는 것이다. 그러면 여러분이 항상 신호가 될 필요가 없어진다. 하지만 회의를 이용한 습관 고리를 종료하기 전에 조이가 계속 책상 정리를 잘하는지 한두 주 정도 더 지켜봐야 한다.

 **23번째 전략**: 어떤 사람이 새로운 습관을 들이게 하려면 그에게 적합한 신호와 보상이 무엇인지 알아내야 한다.

의도적으로 무의식을 이용하는 방법

앞서 살펴본 사례에서 조이는 의도적으로 자신의 습관을 바꾸려는 노력을

시작한 것이 아니다. 습관은 자기도 모르게 무의식적으로 하는 일이며 어느 사이엔가 쉽게 생기기도 한다.

그렇다면 의도적인 습관은 어떨까? 사람들이 의도적으로 습관을 바꾸게 할 수 있을까? 물론 할 수 있지만 이때도 무의식을 개입시켜야만 한다.

다들 알다시피 습관은 대부분 무의식적으로 나타난다. 따라서 의도적이고 의식적인 사고를 통해 습관을 바꾸려고 한다면 매우 힘들 것이다. 우리는 모두 의식적이고 의도적인 방법으로 습관을 고치려고 시도했다가 이도 저도 아닌 결과만 얻은 경험이 있다. 습관이 자연스럽게 몸에 배려면 무의식을 동원해야 한다.

내 개인적인 경험을 통해 이것이 어떻게 작동하는지 보여주겠다. 나는 건강 유지와 스트레스 해소를 위해 규칙적으로 적당한 양의 운동을 한다. 하지만 운동을 진정으로 즐기는 사람은 결코 아니다.

그런 내가 최근에 조깅을 시작한 것을 보고 친구와 가족들이 모두 깜짝 놀랐다. 조깅을 시작했을 뿐만 아니라 이틀에 한 번씩 달리기로 마음먹은 뒤로 빠진 날도 거의 없다. 그리고 단순히 이틀에 한 번씩 조깅을 하는 데서 끝나는 것이 아니라 그 시간을 손꼽아 기다리고 조깅할 때의 느낌을 즐기기까지 한다. 대체 어떻게 된 일일까?

운동은 꼭 해야 하는 것이라는 의무감에 슬렁슬렁 적당히 하던 사람이 어떻게 일주일에 몇 번씩 조깅을 하고 또 그것을 좋아하기까지 하는 사람이 됐을까? 운동을 더 열심히 하겠다는 새해 계획을 세웠기 때문일까? 아니면 "나는 조깅을 좋아한다." 같은 자기 암시를 수백 번 되뇌었기 때문일까?

아니, 나는 그런 방법을 쓰지 않았다. 이 변화와 관련된 대부분의 일들은 일부러 의도한 것이 아니었다.

얼마 전 영국에 사는 친구를 만나러 갔는데, 그 친구가 자기가 사용하는 "소파에서 일어나 5킬로미터를 달리자 Couch to 5K"라는 아이폰 iPhone 용 애플리케이션에 대해 얘기해주었다. 꽤 흥미로운 프로그램이라는 생각이 들어서 그 애플리케이션을 내려받아 사용해봤다. 나는 언제나 신기술을 이용한 새로운 장치에 열광하는 사람이니까 말이다.

그 애플리케이션은 사용자에게 '말을 걸면서' 해야 할 일들을 차례대로 알려준다. 처음에는 아주 쉬운 것부터 시작하기 때문에 주로 걷기만 하다가 중간 중간 1분씩 달리게 한다. 이 목소리는 사용자가 해야 할 일과 지금 진행되고 있는 일들을 정확하게 알려준다("달리기 시작하세요."라든가 "속도를 늦추고 걸으세요."라든가 "이제 중간 기점에 도착했습니다." 등).

운동을 할 때마다 달리는 양이 걷는 양보다 조금씩 늘어나다가 마침내 9주 과정이 끝날 무렵이 되면 한 번에 5킬로미터를 달리게 되는 것이다.

애플리케이션을 사용하는 동안 자신의 달리기 진도를 작은 도표와 그래프로 확인할 수 있다. 운동 중에도 현재 진행되는 상황을 볼 수 있고 전체적인 진도도 확인 가능하다.

이 애플리케이션은 사람들이 의식적으로 새로운 습관을 들이는 데 꼭 필요한 3가지 요소를 사용한다. 이는 더할 나위 없이 중요한 요소이기 때문에 나는 이를 가리켜 '비법'이라고 부른다.

- 1번 비법은 사람들이 점진적인 과정을 거치게 해야 한다는 것이다.
- 2번 비법은 어떤 일을 시도해 보겠다는 결정을 내리고 나면 그 외에는 결정해야 할 다른 사항이 없어야 한다. 다른 의사결정에서 모두 벗어나야 한다는 얘기다. '소파에서 일어나 5킬로미터를 달리자'라는 애플리케이션의 경우 애플리케이션 사용을 시작하는 것이 여러분이 내리는 유일한 결정이다. 그 밖의 모든 것(달리는 시간, 달리는 거리, 언제 달리고 언제 걸을 것인지, 준비운동과 마무리운동은 몇 분이나 할 것인지 등)은 애플리케이션이 결정한다. 애플리케이션이 사용자를 대신해 모든 결정을 내리는 것이다.
- 3번 비법은 목표를 향해 차근차근 진행되고 있는 상황을 확인할 수 있다는 것이다. 목적지까지 얼마나 남았는지 볼 수 있다는 점이 특히 중요하다(이 개념에 대한 자세한 내용은 5장, '당근과 채찍'을 참조하라).

이 세 가지 비법을 적재적소에 활용하면 별다른 노력 없이도 쉽게 습관을 들여서 꾸준히 계속할 수 있다.

'소파에서 일어나 5킬로미터를 달리자'가 습관 고리를 형성한다.

신호 → 반복행동 → 보상

애플리케이션에서 나오는 목소리가 "준비운동 삼아 5분간 걷기부터 시작하겠습니다."라고 말한다 → 목소리가 시키는 일을 전부 한다 → 도표를 통해 내 진척 상황을 확인한다

'소파에서 일어나 5킬로미터를 달리자' 프로그램의 9주 과정을 모두 마치자 아쉬운 기분이 들었다. 그래서 '소파에서 일어나 10킬로미터를 달리자'라는 애플리케이션을 내려받아 처음부터 다시 시작했다!

사실 우리가 다른 사람을 위해 습관을 대신 만들어줄 수는 없다. 본인이 직접 반복행동을 시작해야 한다. 하지만 시작 신호를 제공하는 것은 얼마든지 가능하다. 예를 들어, 반복행동을 여러 개의 작은 단계로 나눠놓은 애플리케이션이나 소프트웨어, 미디어, 워크시트, 도표 같은 틀을 제공하는 것이다. 반복행동을 자동화해서 일일이 결정을 내리지 않아도 되게 만들 수도 있다. 그리고 진척 상황에 대한 중요한 피드백을 제공하고 신호 → 반복행동 → 보상으로 이뤄진 습관 주기에서 반복행동을 마치고 보상에 도달하기까지 얼마나 남았는지 알려주는 것이다.

24번째 전략: 새로운 습관 형성을 독려하려면 여러분이 바라는 행동을 여러 개의 작은 단계로 나눈다.

25번째 전략: 남들이 새로운 습관을 들이게 하려면 그 과정을 최대한 간단하게 만들고, 반복행동을 시작하겠다는 결정을 제외한 모든 의사결정을 배제시킨다. 그 외의 다른 단계는 가급적 자동으로 진행돼야 한다.

26번째 전략: 새로운 반복행동과 습관이 유지되려면 행동의 결과와 진척 상황을 보여줘야 한다. 습관을 유지하려면 현재 진행 중인 일에 대한 피드백이 많이 필요하다.

1주일 안에 새로운 습관 만들기

나도 예전에는 새로운 습관을 들이기란 정말 어려운 일이라고 생각했다. 사실 내가 예전에 쓴 몇몇 책에는 새로운 습관이 형성되기까지 얼마나 오랜 시간이 걸리는지 설명한 내용도 들어 있다. 우리가 습관을 형성하는 데 걸리는 시간은 간단한 습관의 경우 18일, 좀 더 복잡한 습관은 254일 정도라서 평균 약 66일이 걸린다고 하는 필리파 랠리 Phillippa Lally 의 연구 결과를 인용한 적도 있다 Lally 2010.

하지만 최근의 경험을 통해, 습관이 작동하는 방식을 알고 그 지식을 제대로 적용하기만 하면 습관을 형성하는 데 시간이 그리 오래 걸리지 않는다는 결론에 도달했다. 무엇이 내 생각을 바꿔놓았을까? B. J. 포그 B. J. Fogg 의 '3가지 작은 습관' 프로그램에 등록한 덕분이다.

포그는 사람들을 설득하는 요소가 무엇인지 알아내는 것을 업으로 하는 사람이다. 이 책을 집필하는 현재, 포그는 자신의 웹사이트 tinyhabits.com에서 여러분이 시도해볼 수 있는 간단한 체험 방법을 제공하고 있다.

내가 예전에 그랬던 것처럼 여러분도 새로운 습관을 들이는 일이 어렵다고 생각할지 모르지만, 단 1주일 만에 손쉽게 3가지 새로운 습관을 만들 수 있다. 한번 시도해보라. 포그의 웹사이트를 방문해 가입만 하면 된다. 안내문을 읽는 데 5~10분 정도가 걸리고 앞으로 만들어갈 3가지 습관을 결정하는 데 5분 정도가 걸린다. 그다음에는 매일 1~2분씩 정해놓은 습관을 '연습'하기만 하면 된다.

포그는 1주일의 시간을 주지만 나는 3일만 지나도 습관이 완전히 몸에 밴다는 사실을 발견했다. 이 글을 쓰는 지금은 포그의 프로그램을 시작한 지 벌써 몇 달이 지난 상태지만 나는 아직도 그 3가지 습관을 날마다 순조롭게 지키고 있다.

어떻게 이런 일이 가능할까? 이것은 습관에 관한 일반적인 통념에 정면으로 반하는 얘기 아닌가? 그 비밀은 바로 기점화 anchoring 에 있다. 우리는 기존에 가지고 있는 습관이 무의식적이고 강력하다는 사실을 알고 있다. 그렇다면 그것을 이용하면 어떨까? 기존 습관에 편승하고 몇 가지 요소를 추가해서 새로운 습관을 만들어내는 것도 괜찮지 않은가?

포그는 먼저 여러분이 들이고 싶은 작은 습관을 하나 정하라고 한다. 아주 사소하고 쉬운 것이어야 한다고 강조한다. 내가 고른 습관 중 하나는 아침에 일어나자마자 물 반잔을 마시는 것이었다. 나는 평소 물을 충분히 마시지 않기 때문에 출발점으로 삼기에 아주 좋은 습관이라고 생각했다. 내가 앞으로 하게 될 구체적인 반복행동은 다음과 같다.

물 반잔을 마시고 컵에 다시 물을 따라놓는 것

이 일을 손쉽게 할 수 있게 침실에 항상 물컵을 놔뒀다.

다음 단계는 기준점을 정하는 것이다. 기준점이란 자기가 이미 가지고 있는 습관에 존재하는 신호다. 나는 매일 아침 일어나면 갑상선 질환 치료제를 복용하는데 이것은 이미 완전히 몸에 배인 습관이다.

그래서 이것을 내가 새로 들이고자 하는 습관을 위한 기준점으로 삼았다. 1주일 동안 매일 아침 약을 먹은 뒤 물 반잔을 마시고는, 다음날에 대비해 컵에 다시 물을 채워서 침실 탁자 위에 도로 갖다 놓았다.

기존 신호	→	기존의 반복행동이 새로운 신호가 됨	→	새로운 반복행동
잠자리에서 일어난다	→	약을 먹는 것이 새로운 신호가 됨: 약을 먹는다	→	물 반잔을 마시고 컵에 다시 물을 채워놓는다

이렇게 새로운 습관을 기존 습관과 연결시키는 것이다. 그러면 모든 일이 자동적으로 이뤄지므로 별다른 노력을 기울일 필요가 없다. 지금 나는 예전에 없던 새로운 습관 3가지를 가지고 있는데, 이 습관들을 정착시키는 데 3일이 걸렸다.

포그는 새로운 습관을 3가지 만들라고 한다. 나는 물을 마시는 게 그중 하나였다. 그리고 내가 고른 나머지 두 가지 습관은 다음과 같다.

- 매일 아침 손과 얼굴에 보습제를 바른다.
- 그날 완수하고 싶은 일 3가지를 정해서, 일에 정신을 빼앗겨 잊어버리기 전인 아침 이른 시간에 목록을 만들어둔다.

물론 이 3가지 습관이 인생을 바꿔놓을 만한 대단한 습관처럼 보이지는 않겠지만, 여기서 중요한 것은 기준점을 이용하는 법을 배우고 기존 습관에서 새로운 습관을 만들어내는 것이 얼마나 쉬운지 깨닫는 것이다.

이 두 가지 습관을 새로 추가하기 위해서는 이것들을 연결시킬 수 있는 기존 습관을 찾아야 했다. 보습제의 경우에는 양치를 이용했다. 나는 매일 아침 양치를 하는데 이것은 별생각 없이도 할 수 있는 고정된 습관이다.

기존 신호 → 기존의 반복행동이 새 → 새로운 반복행동
 로운 신호가 됨

아침에 일어난다 → 양치하는 것이 새로운 → 보습제를 바른다
 신호가 됨: 양치를 한다

그날 완수하고 싶은 3가지 일을 적은 목록의 경우에는 이메일을 확인하는 습관을 기준점으로 이용했다. 나는 매일 아침 이메일을 확인하는데 이것은 오래전부터 확실하게 정착된 습관이다.

기존 신호	→	기존의 반복행동이 새로운 신호가 됨	→	새로운 반복행동
아침에 책상 앞에 앉는다	→	이메일 확인이 새로운 신호가 됨: 이메일을 확인한다	→	그날 완수하고 싶은 가장 중요한 일 3가지를 목록으로 만든다

이 방법을 써보고는 정말 놀랐다. 새로운 습관을 익히려면 몇 달씩 걸린다고 오랫동안 생각해왔는데, 단 며칠 만에 새로운 습관 3가지를 손쉽게 내 삶에 추가한 것이다. 물론 하나같이 하기 쉽고 사소한 습관이지만 그것이 바로 중요한 점이다. 쉽고 별다른 노력 없이도 할 수 있는 사소한 습관이어야만 자기 몸과 마음에 이미 깊게 뿌리내리고 있는 습관과 연결시킬 수 있는 것이다.

기준점을 사용해 다른 사람이 새로운 습관을 만들게 하려면

원치 않는 사람에게 새로운 습관을 들이게 하는 것은 불가능하지만, 기준점을 사용해서 새로운 습관을 만들도록 독려하는 것은 얼마든지 가능하다. 그 사람이 처한 상황과 기존에 가지고 있는 습관 및 신호를 분석한 뒤 다음과 같은 사항들을 제안한다.

- 어떤 것을 새롭게 습관화하면 좋을지
- 이것을 기존의 어떤 습관과 연결시킬 것인지
- 새로운 신호와 반복행동으로는 무엇이 좋을지

다른 사람이 새로운 습관을 형성하도록 돕는 것은 그가 하는 특정 행동 가운데 비교적 사소한 것을 고치고 싶을 때 가장 큰 효과를 발휘하는 방법이다. 그보다 중요한 행동이나 구체적이지 않은 대상을 바꾸고 싶을 때는

(예를 들어 특정 행동이 아닌 의견을 바꾸고자 할 때) 이 책에 소개돼 있는 다른 동기부여 요소를 사용해야 한다.

하지만 사람들이 사소하면서도 구체적인 어떤 행동을 하길 바란다면 습관과 무의식적인 행동이 그 목표를 이뤄줄 수도 있다.

27번째 전략: 새로운 습관을 들이려면 그것을 기존 습관과 연결시키는 것이 좋다.
28번째 전략: 사람들이 비교적 사소한 일을 무의식적으로 되풀이하기를 바란다면 새로운 습관을 들이게 하자.

04
이야기에 담긴 힘

이야기를 이용해 행동에 영향을 미친다는 개념은 이 책에서 소개하는 그 어떤 아이디어보다 강력한 힘을 가지고 있다. 우리가 하는 모든 일은 내가 누구고 또 다른 이들과 어떤 관계를 맺고 있는지에 대한 이야기와 관련이 있다. 이런 이야기 대부분은 우리의 무의식 속에 담겨 있다. 나 자신에 대한 이야기는 의식적으로든 무의식적으로든 우리의 사고방식과 행동에 심오한 영향을 미친다. 여러분이 다른 누군가의 이야기를 변화시킬 수 있다면 그의 행동에도 변화를 불러올 수 있다.

내가 여러 가지 안 좋은 일을 겪었던 예전 일이 생각난다. 당시 나는 30살이었다. 오랫동안 이어져온 관계가 힘들게 막을 내린 참이었다. 그래서 아는 사람이 아무도 없는 낯선 도시로 이사를 갔다. 그리고 정말 내 마음에 드는 곳인지 확신이 서지 않는 직장에서 일을 시작했다. 그 도시에서 내가 빌린 집은 사실 집세를 감당하기 힘들 만큼 비싼 곳이었기 때문에 가구를 살 돈조차 없어 바닥에 매트리스를 깔고 잠을 잤다. 그러던 중 새로 이사 온 집에 벼룩이 득실거린다는 사실을 발견했다.

집에 있던 내 옷을 모두 꺼내 새 직장에서 몇 블록 떨어진 곳에 있는 빨래방에 가져가서 세탁기에 몽땅 집어넣었다. 그리고 1시간 뒤에 사무실에서 달려 나와 빨래가 끝난 옷을 건조기에 넣고 다시 사무실로 달려갔다. 그리고 건조가 끝난 옷을 꺼내려고 다시 1시간 뒤에 세탁소에 갔을 때 누가 내 옷을 훔쳐간 것을 알았다.

여러 해가 지난 지금도 그날 회사로 다시 돌아올 때의 기분이 생생하게 기억난다. 입사한 지 1주일도 안 된 회사의 내 사무실에서 양손으로 머리를 감싸 쥐고 조용히 앉아 있었다. 친구와 가족은 모두 수백 킬로미터 떨어진 곳에 있다. 너무나 막막하고 외로운 심정이었다. 왜 이런 일이 벌어졌는지, 그리고 이 문제를 어떻게 해결해야 하는지 혼자 힘으로 알아내야만 했다. 왜 나는 계속 잘못된 결정만 내리는 걸까? 이 일자리를 꼭 받아들여야 했을까? 친구나 가족들과 멀리 떨어진 곳으로 꼭 이사를 해야 했던 걸까? 돈도 없으면서 왜 그렇게 비싼 집을 빌렸을까?

그러다가 깨달음의 순간이 찾아왔다.

현재의 위기가 발생하기 10년 전, 부모님 두 분이 모두 돌아가시는 등 힘겨운 시기를 겪었다. 나는 강인하고 독립적인 자세로 스스로를 돌봐야만 했다. 당시 내게는 "나는 강한 사람이다. 어떤 위기든 이겨낼 능력이 있다."는 신념이 있었다. 하지만 (무의식중에) 결과적으로 더 많은 위기를 가져오는 결정을 내렸다는 사실을 깨달았다. 아마 그런 위기를 극복함으로써 자신이 강인한 사람임을 스스로에게 입증하려는 마음 때문이었을지도 모른다. 나는 어떤 장애물도 극복할 수 있는 강한 사람이라는 믿음이 있었다. 강하고 독립적인 사람의 페르소나를 가지고 있었던 것이다. 이 페르소나는 유익하고 유용했다. 당시 여러 가지 어려움을 겪고 있었기에 이를 헤쳐 나가기 위해서는 스스로를 강한 존재로 여겨야 했던 것이다.

하지만 페르소나와 이것을 둘러싼 이야기의 유용성이 사라지고 말았다. 이야기와 페르소나가 문제를 일으킨 것이다. 나는 이야기부터 바꿔야 페르소나를 바꿀 수 있다는 사실을 깨달았다. 이야기와 페르소나를 모두 바꿀 수 있다면 지금까지와는 다른 결정을 내리게 될 것이다. 그리고 이번에는 그런 결정을 통해 장애물이 적은 안락한 삶을 누리게 될 것이다. 좀 더 쉽고 만족스러운 결과를 낳는 결정을 내리게 될 테니 말이다.

나는 큰 소리로 "내 삶은 안락하고 우아하다."고 말했다. 그리고 앞으로 내 삶이 어떻게 달라질 것인지, 내 삶이 안락하고 우아해지려면 어떤 사람이 돼야 하는지, 안락하고 우아한 삶을 사는 사람이라면 일을 어떻게 처리할지 등에 대해서 종이에 적었다. 아마 그런 사람은 친구나 가족뿐 아니라 잘 모르는 사람에게도 도움을 청할 것이다. 그렇게 나는 새로운 페르소나를 위한 새로운 이야기를 썼다.

그때 새 직장 동료 중 한 명이 내 사무실 앞을 지나가다가 안을 들여다보면서 "잘 돼가요?"라고 물었다. 예전의 페르소나 같으면 용감한 체하는 가면을 쓰고는 "좋아요, 모든 게 다 좋네요!"라고 말했을 것이다. 하지만 새로운 페르소나는 "글쎄요, 사실 상황이 별로 좋지가 않아요."라고 대답했다.

그러고는 벼룩과 빨래방 이야기를 그녀에게 털어놓았다. 그러자 동료는 자기 아파트에 빈 방이 있다면서 일이 다 해결될 때까지 자기 집에 와서 묵으라고 초대해줬다. 나는 집주인에게 전화를 걸었다. 집주인은 내가 동료의 집에 묵는 동안 내 집을 구석구석 소독하려고 애썼다. 하지만 결국 벼룩을 모두 없애는 데 실패하자 나는 임대 계약을 해지해 달라고 했다. 그때쯤 동료와 절친한 친구가 돼 있었기에 그녀는 다른 집을 구하느니 차라리 자기 집에 들어와 사는 게 어떻겠느냐고 제안했다. 나는 돈도 아끼고 새 친구도 얻었다. 그녀는 내가 새로운 도시에서 적응할 수 있게 도와줬고 자기 친구들도 소개시켜줬다. 나는 삶을 안락하게 만드는 결정을 내리기 시작했다. 그리고 실제로 내 삶은 전보다 많이 나아지고 훨씬 안락해졌다. 도움을 청하고 다른 이들에게 의지하는 법을 배운 것이다. 내 이야기를 변화시켰다. 내 페르소나도 변화시켰다. 나는 더 이상 '위기를 감당할 준비가 된 강인한 사람'이 아니었다. 나는 '도움을 받아들이고 친구들에게 의지할 준비가 된 사람'이었다.

개인적인 이야기와 페르소나를 만들어낼 뿐만 아니라 한 걸음 더 나아가 신념과 행동, 삶을 바꿔주기까지 하는 이야기의 힘을 증명하는 연구 결과들이 있다. 티모시 윌슨은 『스토리 – 행동의 방향을 바꾸는 강력한 심리 처방 Redirect: The Surprising New Science of Psychological Change』웅진지식하우스 2012 이라는 책에서 '이야기 편집'에 관한 연구 내용을 들려준다. 그의 책에서 발췌한 이야기 편집법의 정의는 다음과 같다.

> 사람들이 자기 자신과 세상에 대해 품고 있는 내러티브의 방향을 영구적인 행동 변화를 가져오는 쪽으로 돌리도록 고안된 각종 기술

벼룩과 빨래방 사건을 겪을 당시, 나는 스스로도 깨닫지 못하는 사이에 이야기 편집을 이용해 내 행동을 변화시키고 있었다. 자신에게 이 기술을 적용한 것이다.

그렇다면 다른 사람에게도 이 방법이 통할까? 다른 사람에게 이야기 편집법을 적용해 그들을 설득할 수 있을까? 물론 가능하다.

본 장에서는 이야기 편집법과 이야기 단서 제공이라는 또 하나의 기술을 이용해 사람들을 설득하는 방법에 대해 살펴볼 예정이다. 이야기를 사용해 사람들에게 영향을 미치는 방법과 이야기가 그렇게 강력한 힘을 발휘하는 이유를 배우게 될 것이다. 또한 페르소나, 즉 자신과 타인에게 들려주는 자신의 이야기와 밀접한 관련이 있는 자아상에 대해서도 이야기할 것이다. 기존 페르소나를 이용해 사람들을 설득하는 방법과 사람들이 자기 페르소나를 바꾸게 하는 법도 배운다.

사람들이 기존에 가지고 있는 페르소나를 거스르려고 하면 그의 행동을 변화시키기 어렵다. 이 책의 다른 장에서 소개하는 방법은 상대의 자아상에 변화를 주지 않으면서 상대를 설득하는 방법들이다. 하지만 이 장에서 배우는 전략을 활용하면 기존 페르소나를 활성화하거나 변화시켜서 사람들이 특정한 행동을 취하게 할 수 있다. 타인을 설득하는 가장 손쉬운 방법은 그가 사신의 이야기를 바꾸게끔 하는 것이다. 사람들이 자기 이야기를 바꾸고 그것에 맞춰 페르소나까지 바꾸게 하는 것이야말로 가장 강력하고 오래 지속되는 설득 방법이다.

나도 당신의 고통을 그대로 느낄 수 있어요(진짜!)

책을 읽거나 이야기를 들을 때면 우리의 뇌 일부가 마치 본인이 직접 그 이야기를 체험하는 것처럼 반응한다.

이야기 속에는 다량의 정보가 이해하기 쉬운 분량만큼씩 나뉘어서 담겨 있다. 이야기는 사건을 작은 단위로 쪼개놓기 때문에 여기서 전달되는 정보를 좀 더 확실하게 이해할 수 있다.

'이야기꾼'이라는 말을 들으면 아마 극적인 몸짓과 다양한 목소리를 이용해 아이들에게 이야기를 들려주는 사람을 떠올릴 것이다. 하지만 사실은 우리 모두가 다 이야기꾼들이다.

여러분이 평범한 하루를 보내면서 다른 이들과 나누는 대화를 생각해보자. 아침에 일어나면 가족들에게 밤사이에 꾼 꿈 '이야기'를 한다. 직장에서는 동료에게 어제 신제품 기획 회의에서 있었던 일을 '이야기'한다. 점심시간에 만난 친구에게는 곧 있을 오랜만의 가족 모임과 이 모임에 참석하기 위해 신청할 휴가계획에 대해 '이야기'한다. 그리고 퇴근한 뒤에는 이웃사람에게 저녁 산책길에서 마주친 개 '이야기'를 한다.

이렇듯 일상생활 속에서 이뤄지는 소통의 대부분은 이야기의 형태를 띤다. 하지만 우리가 이야기나 스토리텔링에 대해 진지하게 생각하는 일은 드물다. 스토리텔링은 어디서나 이뤄지기 때문에 우리는 자기가 스토리텔링을 하고 있다는 사실조차 깨닫지 못한다. 직장 동료가 여러분에게 직장에서의 명확한 의사소통 방법에 대한 워크숍에 참가해 보라고 권한다면 흥미를 느낄 수도 있다. 하지만 스토리텔링에 관한 워크숍에 참가하라는 제안을 받는다면 그 제안을 비웃을지도 모른다. 대부분의 사람들이 자기가 의사소통을 하는 주된 방식에 대해 의식도 못하고 인정하지도 않는다니 참으로 재미있는 일이 아닐 수 없다.

우리 뇌의 많은 부분이 이야기와 관련이 있다. 이야기를 읽거나 남의 이야기에 귀 기울일 때 활성화되는 뇌 부위가 많다는 얘기다.

- 소리를 해독하는 신뇌^{new brain}의 청각 담당 부위(이야기를 듣는 경우)
- 화상 및 텍스트 처리 부위(이야기를 읽는 경우)
- 뇌의 모든 시각 담당 부위(이야기의 등장인물을 상상할 때)
- 그리고 중뇌의 감정 담당 부위가 관련되는 경우도 많음

이야기는 정보를 전달할 뿐 아니라 이야기의 등장인물이 느끼는 감정을 우리도 직접 느끼게 해준다. 타니아 싱어^{Tania Singer}는 공감에 대해 연구하면서 고통에 반응하는 뇌 부위가 어디인지 조사했다.^{Singer 2004}.

싱어는 먼저 fMRI 스캔을 이용해 실험 참가자들이 고통을 느낄 때 활성화되는 뇌 부위가 어디인지 살폈다. 이를 통해 고통의 시발점과 고통의 실제 강도에 대한 정보를 처리하는 뇌 부위가 있다는 사실을 발견했다. 그리고 그 고통이 얼마나 불쾌하고 사람을 얼마나 괴롭히는지를 처리하는 뇌 부위도 따로 있었다.

그런 다음 싱어는 실험 참가자들에게 고통을 겪는 사람들에 대한 이야기를 읽게 했다. 그러자 참가자들이 고통에 빠진 사람에 관한 이야기를 읽는 동안, 고통의 시발점과 강도를 처리하는 뇌 부위는 활성화되지 않았지만 그 고통이 얼마나 불쾌한지를 알려주는 부위는 활성화됐다.

고통에 관한 이야기를 들으면 최소한 다른 사람이 겪는 고통의 일부라도 실제 느끼게 되는 것이다. 타인이 느끼는 기쁨과 슬픔, 혼란, 지식의 경우에도 마찬가지로 그런 부분적인 체험이 가능하다.

이야기는 우리가 서로의 경험을 이해하는 방법인 셈이다.

일화 vs. 이야기

우리 뇌가 이야기에 반응하는 방식 때문에 이야기는 정보를 전달하는 데 가장 좋은 방법이다. 우리가 어떤 일을 구체적으로 체험할 경우 그것을 위해 노력하거나 행동을 취하거나 결단을 내릴 가능성이 더 커진다. 이야기는 실제 경험을 흉내 낸다. 사람들에게 이야기를 들려주면 단순히 데이터만 제시했을 때에 비해 그 정보를 바탕으로 행동을 취하려는 의지가 높아진다.

회사 부서장들 앞에서 여러분이 최근에 고객과 나눈 대화를 주제로 프레젠테이션을 한다고 가정해보자. 여러분은 부서장들이 제시된 데이터를 보고 새로운 프로젝트에 대한 자금 지원에 찬성해주기를 바란다. 이를 위해 고객 25명을 면담하고 100명에게 설문 조사를 실시해 부서장들에게 알릴 중요한 데이터를 많이 확보했다. 그리고 이제 이것을 이용해 자금 지원을 요청할 생각이다.

처음에는 다음과 같이 숫자/통계/데이터 중심으로 정리한 데이터를 부서장들에게 제시할 생각이었다.

- 우리가 면담한 고객의 75퍼센트가…
- 설문에 응답한 고객 가운데 단 15퍼센트만이…

하지만 데이터를 바탕으로 한 이런 방식은 이야기나 일화보다 설득력이 떨어진다.

데이터도 제시하고 싶겠지만 그래도 데이터보다 한두 가지 일화를 중심으로 이야기를 전개한다면 프레젠테이션의 설득력이 훨씬 높아질 것이다. 예를 들어, "샌프란시스코에 사는 메리 M이라는 고객이 우리 회사 제품 사용과 관련해 다음과 같은 이야기를 들려주었습니다."라고 하면서 메리의 이야기를 풀어놓는 식이다.

 **29번째 전략**: 여러분의 주장을 뒷받침하는 정보와 데이터를 이야기 형식으로 전달할 경우 사람들이 여러분의 부탁을 들어줄 가능성이 높아진다.

우리 내면의 이야기가 행동을 조종한다

우리의 사고는 이야기의 형식으로 진행된다. 그리고 스스로에게 들려주는 자기 자신에 대한 이야기가 우리 행동에 영향을 미친다.

예를 하나 살펴보자.

누군가가 집에 찾아와 문을 두드린다. 나가보니 이웃에 사는 어떤 아이였다. 그 아이는 자기가 속한 학교 동아리에 필요한 자금을 마련하려고 팝콘을 팔러 다니는 중이었다. 그 동아리는 주 경진대회에 참가하려는 목표를 가지고 있었다. 여러분은 이에 어떤 반응을 보이겠는가?

학교나 모금 행사, 이웃과의 관계 같은 주제와 맞닥뜨리게 되면 여러분이 자신에 대해 어떤 이야기, 어떤 페르소나를 가지고 있느냐에 따라서 반응이 달라진다. 여러분은 다음과 같은 이야기를 떠올릴지도 모른다.

> 나는 정말 바쁜 사람이다. 집에 있을 때만큼은 집집마다 돌아다니며 물건을 파는 사람들의 공세에 시달리지 않고 느긋하게 쉬고 싶다. 이런 모금 행사를 앞세워 남의 집까지 찾아와서 귀찮게 하는 건 정말 싫다. 그리고 사람들한테 이런 말도 안 되게 비싼 팝콘을 강매할 게 아니라 애들 경진대회 참가비용은 당연히 학교 측에서 대야지. 이 불쌍한 아이를 나무랄 생각은 없지만, 팝콘을 사주면 앞으로도 이런 행동을 계속할 테니 난 팝콘을 사지 않을 것이다 누군가 이런 관행을 바로잡아야 한다. 나는 원칙에 따라 옳은 행동을 하는 사람이니 친절하면서도 단호한 태도로 거절할 것이다.

아니면 다음과 같은 이야기에 동질감을 느낄 수도 있다.

> 이 아이들이 주 경진대회에 출전하다니 정말 대단하네. 나도 고등학교 때 애들과 비슷한 목적으로 여행을 갔던 적이 있지. 정말 재미있었어. 그렇게 교육적인 여행은 아니었을지 몰라도 재미 면에서는 최고였지! 나는 학생들이 이 비좁은 동네에서 벗어나 넓은 세상으로 나가

많은 경험을 쌓도록 격려해주고 싶어. 또 평소에도 늘 학교 일을 후원하고 있지. 그러니 팝콘을 좀 사서 이 아이를 도와줄 거야.

아니면 이런 이야기라든가.

시도 때도 없이 이런 애들이 돌아다니면서 물건을 팔아대니 정말 짜증나는군. 하지만 좋은 이웃 행세를 하려면 이런 일에도 동참해야 하는 법이지. 난 이 지역사회의 일원이고 이 근방에서 마음 좋은 사람으로 통하고 있으니까 말이야. 그러니 훌륭한 지역사회의 일원답게 팝콘을 사야겠어.

다중 인격

우리는 자신이 누구고 나에게 중요한 것이 무엇인지 알고 있다. 본질적으로 우리는 언제나 자신에게 영향을 미치는 '이야기'를 가지고 있다. 이런 자아의 이야기, 즉 페르소나는 우리가 내리는 결정과 하는 행동에 강력한 영향력을 행사한다.

사실 우리는 하나 이상의 페르소나를 가지고 있다. 살면서 타인과 맺는 다양한 관계의 측면에 따라 다양한 페르소나가 존재하는 것이다. 예를 들어 남편이나 아내로서의 페르소나, 부모로서의 페르소나, 직장에서의 페르소나, 그리고 자기가 사는 동네 이웃들과의 관계를 규정하는 페르소나도 존재한다.

일관성을 유지하려는 욕구

우리는 자신의 페르소나와 일치하는 결정을 내린다. 페르소나에 근거한 이런 의사결정은 대부분 무의식적으로 진행된다. 평소 우리는 일관성을 유지하려고 노력하며, 자신의 자아상과 일치하는 결정을 내리고 싶어 한다. 본인의 페르소나 중 하나와 어울리는 방향으로 결정을 내리거나 행동을 하면 그 결정이나 행동이 옳다고 느껴진다. 반대로 자신의 페르소나와 어울리지 않는 결정을 내리거나 행동을 하면 마음이 불편하다.

페르소나 가운데 하나와 일치하는 결정을 내리고 나면 그 페르소나와의 일관성을 유지하려고 애쓴다. 그리고 이후에 어떤 결정을 내리거나 행동을 하려 할 때 그것이 기존의 이야기나 페르소나와 일치한다면 그런 결정을 하거나 행동을 취할 가능성이 높아진다.

아래에서는 이런 일관성에 대한 욕구를 이용해 사람들을 설득하는 방법을 알아본다.

 **30번째 전략:** 사람들이 각자 가지고 있는 페르소나에 대한 이야기가 바뀌면 그들의 행동에도 변화가 생긴다.

페르소나를 자극하는 방법

페르소나는 우리의 결정과 행동을 관할하는 강력한 힘을 지니고 있기 때문에 기존에 가지고 있는 페르소나를 활성화시키면 다른 사람이 어떤 일을 하게 하거나 그가 하는 일의 세부적인 부분에까지 영향을 미칠 수 있다. 페르소나를 활성화시킨 뒤 그 페르소나를 특정 행동과 연결시킬 수 있는 것이다. 이것이야말로 사람들이 행동을 취하게 만드는 매우 확실한 방법이다. 예를 하나 살펴보자.

제프리는 자기가 좋아하는 자선단체인 렌드어핸드포잡스 Lend a Hand for Jobs를 위한 지역 모금 행사를 담당하고 있다. 이곳은 일자리를 구하지 못해 곤란을 겪는 이들을 도와주는 단체다. 이 단체에서는 구직 면접 훈련을 실시하거나 면접에 필요한 의상을 빌려주거나 직접 직장을 알선해주기도 한다. 제프리는 그 지역의 비즈니스 단체를 대상으로 프레젠테이션을 할 예정인데, 그들이 프레젠테이션을 보고 자선단체에 돈을 기부해줬으면 하는 바람이다.

제프리는 자선단체가 하는 여러 가지 놀라운 일들과 이곳을 통해 도움을 받은 사람들의 사례를 소개하는 프레젠테이션을 준비했다. 그는 이 단체가 도운 사람들의 모습을 담은 멋진 사진을 구해뒀고 그것을 보여주면서 이들의 성공담을 이야기하면 지역 비즈니스 단체가 기부에 찬성해줬으면 한다. 그는 과연 성공할 수 있을까? 그들이 돈을 기부할까? 얼마나 기부할까?

이때 제프리가 페르소나를 활성화시킨다면 지역 비즈니스 단체가 기부를 하도록 설득하고 또 기부금 액수도 더 많아질 가능성이 높다. 그렇다면 지역 비즈니스 단체의 의사결정자들이 지닌 페르소나 가운데 기부를 결정하고 액수도 더 늘리게 할 수 있는 페르소나는 무엇일까? 다음과 같은 몇 가지 가능성이 있다.

1. "나는 어려운 처지에 놓인 이들을 늘 도와주는 사람이다. 내가 이 지역 비즈니스 단체에 가입한 이유도 바로 그 때문이다. 이 단체는 우리 지역의 어려운 이들을 기꺼이 도와주니까 말이다."
2. "나는 성공한 사업가다. 상당한 성공을 거둔 덕분에 이제 지역사회에 그것을 환원할 여유가 생겼다. 내가 가입한 이 지역 비즈니스 단체에는 나처럼 성공한 사업가들이 많다. 우리는 이 지역에서 최고다."
3. "나는 지금 이 자리에 오기까지 갖은 노력을 다하며 분투했다. 결코 쉽지 않은 길이었다. 한때는 하던 일이 실패해 곤경에 처하기도 했다. 하지만 다른 사람들이 기꺼이 도와준 덕분에 다시 기운을 차리고 성공할 수 있었다. 내가 가입한 이 지역 비즈니스 단체에는 나처럼 한때 어려운 상황에 처했던 이들이 많다."
4. "나는 지금 이 자리에 오기까지 갖은 노력을 다하며 분투했다. 결코 쉽지 않은 길이었다. 한때는 하던 일이 실패해 곤경에 처하기도 했다. 당시 아무도 나를 도와주려 하지 않았기 때문에 혼자 힘으로 다시 일어서야만 했다. 그러나 어쨌든 지금은 성공을 거뒀고 그 힘들었던 시기를 다시 떠올리고 싶지 않다. 내가 가입한 이 지역 비즈니스 단체에는 나처럼 힘겹게 고투한 적이 없는 성공한 사업가들이 많다. 나는 지난 시절을 잊고 싶다. 지금 나는 정상에 서 있고 그게 가장 중요하다."

이런 각양각색의 페르소나를 모두 상대하려다 보면 제프리의 프레젠테이션 계획과 기부 요청이 성공을 거두지 못할 수도 있다. 그의 계획이 각 페르소나에 어떻게 작용하는지, 그리고 그의 계획에서 수정해야 할 점은 무엇인지 살펴보자.

첫 번째 페르소나의 경우에는 제프리의 계획이 상당한 효과를 발휘할 것이다. 하지만 먼저 이 지역 비즈니스 단체가 기존에 다른 유사한 자선단체에 했던 기부 사례를 언급하면 프레젠테이션의 효과를 더 높일 수 있다. 이런 언급이 첫 번째 페르소나를 떠올리게 하기 때문이다. 유사한 기부 사례를 언급한 뒤 곤경에 처한 이들의 이야기를 들려주면 '남을 돕고자 하는' 페르소나가 활성화된다. 이때 기부를 부탁하면 승낙할 가능성이 커지고 기부금 액수도 더 많아질 것이다.

곤경에 처한 사람들의 이야기를 들어도 부분적으로만 활성화되는 두 번째 페르소나의 경우에는 제프리의 계획이 성공을 거둘 가능성이 비교적 낮다. 이때 제프리는 지역 비즈니스 단체가 과거에 곤경에 처한 이들을 도왔던 멋진 사례를 강조하는 것이 아니라, 단체 회원들 각자가 성공적인 기업을 일구는 과정에서 거둔 놀라운 업적들에 대해 먼저 말해야 한다. 그런 다음 사업적 성공을 거둔 뒤에 그 부를 사회에 환원한 전 세계 유명인사들에 대한 이야기를 들려줘야 한다. 이런 식으로 "내가 최고다"라는 페르소나를 활성화시키면 기부금, 특히 많은 액수의 기부금을 얻을 확률이 높아진다.

세 번째 페르소나의 경우 제프리가 세운 계획은 이야기의 출발점으로는 괜찮지만, 여기에 프로그램에 참여한 각 개인에게 어떤 일이 생겼는지에 대한 구체적인 사례를 집어넣는 것이 중요하다. 한때 곤경에 처했던 이들이 어떻게 성공했는지 보여주는 이야기가 필요한 것이다. 이런 이야기를 들려줘야 '자기 힘으로 인생을 개척한' 페르소나가 활성화된다.

설득하기 가장 까다로운 대상이 바로 네 번째 페르소나다. 사실 대하기가 너무 어렵기 때문에 제프리가 이 페르소나를 상대로 기부 설득에 성공할 가능성은 거의 없을 듯하다. 그가 긍정적인 결과를 기대하려면 이 장 뒷부분에 소개하는 이야기 편집 같은 기술을 이용해 이 페르소나를 다른 페르소나로 변화시켜야 한다.

제프리가 전달하는 메시지를 페르소나 가운데 하나를 활성화시키는 데 적합한 형태로 잘 재단할수록 성공 가능성이 더 커진다. 가장 좋은 방법은 그가 잘 아는 사람들과 1대 1로 이야기를 나누는 것이다. 그러면 상대방의 페르소나에 딱 맞는 메시지를 맞춤형으로 만들 수 있기 때문이다.

하지만 지금 그는 비즈니스 단체 회원 전체를 상대로 프레젠테이션을 해야 한다. 그가 이 단체에 아는 사람이 많으면 많을수록 가능성 있는 페르소나를 미리 예상해서 자신의 메시지와 이야기, 프레젠테이션 내용을 그에 맞춰 변경할 수 있다. 반대로 이 단체의 사람들에 대해 잘 모른다면 존재 가능한 페르소나를 어떻게든 추측해야 하는 상황이 된다. 제프리가 4개 이상의 다양한 페르소나를 모두 활성화시킬 수 있는 프레젠테이션을 준비하는 것은 힘들지만 그래도 최소한 2개, 많으면 3개 정도의 페르소나에 적합한 프레젠테이션은 준비할 수 있다. 그리고 자기가 후원하는 자선단체를 위한 기부 가능성과 기부 금액을 최대한 높이려면 이 방법을 써야만 한다.

사람들이 현재 갖고 있는 페르소나를 활성화하고 전달하려는 메시지를 그 페르소나에 맞추는 것은 사람들을 설득할 수 있는 확실하면서도 비교적 쉬운 방법이다. 하지만 다른 이의 페르소나를 바꾸는 문제는 좀 더 복잡하다. 우리는 자신의 페르소나를 일관되게 유지하려는 속성이 있기 때문에 기존의 페르소나를 바꾸게 하기란 어렵다. 하지만 방법이 없는 것은 아니다. 다음 항목에서는 현재의 페르소나를 변화시키는 방법을 알려주겠다.

 **31번째 전략**: 사람들에게 어떤 일을 부탁하기 전에, 그 일과 관련된 상대방의 페르소나를 활성화시키자.

'균열' 전략

앞에서 사람들은 자신의 페르소나와 일관성을 유지하고 싶어 하며, 타인을 설득하는 가장 쉬운 방법 중 하나는 여러분이 상대방에게 원하는 행동을 자연스럽게 이끌어낼 수 있는 페르소나를 활성화시키는 것이라고 배웠다.

하지만 때로는 여러분이 원하는 행동과 일치하는 페르소나를 상대방이 가지고 있지 않은 경우도 있다는 사실도 알았다. 확고하게 자리 잡은 기존 페르소나에 맞서 싸우려고 한다면 설득에 큰 성과를 거둘 수 없다. 그러나 그런 고집스러운 페르소나를 바꾸는 것도 가능하다.

나는 이 책을 2013년에 애플 맥북 프로 노트북으로 썼다. 별로 놀랄 만한 일도 아니라고 생각하겠지만 실은 놀라운 일이다. 왜 그런지 털어놓겠다.

내가 처음 컴퓨터를 사용하기 시작한 것은 1970년대에 대학원에 다니던 무렵이었다. 거대한 '메인프레임' 컴퓨터와 그보다 작은 '미니' 컴퓨터(절대 미니 사이즈가 아닌!)를 프로그래밍하는 법을 배웠다. 개인용 컴퓨터 혁명이 시작된 1980년대에 나도 그 혁명의 한가운데에 있었다. 심지어 어떤 해에는 PC를 판매하는 일을 하기도 했다. 그러다가 결국 포춘 Fortune 1000대 기업을 대상으로 인터페이스 디자인과 사용성 개선 작업을 해주는 컨설팅 일을 시작하게 됐다.

1980년대와 90년대에는 포춘 1000대 기업들이 주로 마이크로소프트 윈도우 기반의 컴퓨터를 사용했는데 이 글을 쓰는 지금도 상황은 마찬가지다. 내 고객 가운데 애플 컴퓨터를 사용하는 기업은 극히 일부다. '진지한'

컴퓨터 사용자들은 윈도우 기반(그 가운데서도 특히 진지한 이들은 유닉스 기반)의 컴퓨터를 사용한다. 애플 컴퓨터는 예술가를 위한 것이다. 여러분이 '기술 전문가'라면 여러분도 물론 윈도우 기반 PC를 사용할 것이다. 나도 컴퓨터 전문가다. 나는 PC족族이다. 하지만 내 남편은 애플족이다. 그는 신문 편집자이기 때문에 회사에서 애플 컴퓨터를 사용해 신문의 각 면에 기사를 배치한다.

남편도 나도 자기가 선택한 기술을 장난스럽게 옹호하곤 했다. 그래도 나는 윈도우 PC가 얼마나 끔찍한지, 또 자기가 사용하는 맥이 얼마나 멋진 제품인지 늘어놓는 남편의 말을 그냥 무시하는 법을 배우게 됐다. 그리고 우리 집에서는 내 사무실에서 쓰던 낡은 컴퓨터를 사용했기 때문에 결국 남편도 윈도우 기반 PC 사용법을 배웠다. 우리 집 컴퓨터는 전부 윈도우 기반이기 때문에 이 기계들을 관리하는 일은 내 담당이다. 우리는 '최고의 컴퓨터는 무엇인가'라는 문제에 부딪힐 때마다 둘 다 전혀 양보할 마음이 없다는 것을 알기 때문에 더는 상대방을 설득하려고 노력하지 않는다. '박식한 기술 사용자'라는 내 페르소나는 이렇듯 견고하게 뿌리를 내리고 있었다.

그러다가 애플이 아이팟을 출시했다. 우리 아이들은 아이팟을 사달라며 졸랐고 우리 부부는 그 청을 들어줬다. 우리 집안의 '박식한 기술 사용자'인 나는 MP3 플레이어를 구입했지만 아이팟은 사지 않았다. 아이팟은 애플에서 만든 제품이니까 말이다. 당시의 내 페르소나는 애플 팬이 되기에 적합하지 않았다. 그러나 내 MP3 플레이어는 사용법이 어려운 반면 아이팟은 근사해 보였다. 내 MP3 플레이어는 모양새도 별로고 사용하기도 나빴다.

그래서 나도 아이팟을 샀다. 애플을 멀리하고 PC만 선호하던 원래의 페르소나에서 벗어나 애플 제품을 구입하자 뭔가 찌릿한 불협화음이 느껴지기도 했다. 하지만 아이팟도 결국은 그냥 MP3 플레이어의 일종이지 않은가? 따라서 아이팟을 구입한 것은 극단적인 일탈이라기보다는 평소의 페르소나에서 아주 약간 벗어난 행동일 뿐이다.

하지만 여기서부터 균열이 시작됐다.

내 PC 페르소나에 균열이 생긴 것이다. 이제 나는 애플 제품을 사용하는 PC족이 됐다. 아이팟은 내 마음에 쏙 들었다. 그리고 시간이 흐르면서 내 PC 페르소나가 항복하기 시작했다. 나는 점점 애플 제품을 신뢰하는 사람이 되어갔다. 내 페르소나가 변하기 시작했고, 몇 년이 지나 윈도우 기반 노트북의 성능이 저하되어 새 컴퓨터를 사야 할 때가 되자 맥 노트북을 구입했다. 그리고 그로부터 1년도 안 되어 완벽한 애플족이 되고 말았다.

흥미로운 점은 남편이 내 서재에 들어와서 내가 사용하는 제품들을 말똥말똥 쳐다보기 전까지는 이런 전체적인 변화를 스스로 의식하지 못했다는 것이다. 나는 아이폰으로 전화통화를 하면서 애플 노트북으로 타이핑을 하는 중이었다. 내 옆에는 아이패드가 놓여 있고 방 한쪽에는 애플 TV가 켜져 있었다. 그야말로 애플 제품으로의 완벽한 전환이 이뤄진 상태였다. 기술적인 면에서도 이제 나는 애플 페르소나를 가지고 있다.

> **참고** • 이 장의 뒷부분에 나오는 '작은 일부터 시작하라' 항목에서 이런 작은 변화가 그토록 큰 힘을 발휘하는 이유를 알아볼 것이다.

애플이 아이팟 같은 컴퓨터 이외의 제품을 출시해 사람들의 윈도우 PC 페르소나에 균열을 일으키려는 치밀한 계획을 미리 세워뒀었는지는 알 수 없다. 하지만 어쨌든 내게는 이 방법이 확실한 효과를 발휘했고 나 이외에도 그런 이들이 많은 듯하다.

일단 페르소나가 확립되고 활성화되면 사람들이 그 페르소나와 일치하는 행동을 하거나 결정을 내리게 하는 일이 쉬워진다. 하지만 활성화된 페르소나가 여러분이 상대방에게 원하는 행동과 일치하지 않는다면, 그 페르소나를 변화시킬 방법을 궁리해야 한다. 어떤 사람의 근원적인 부분을 철저하게 바꾸기 위해 외부(여러분이 바로 외부다)에서 그 사람의 페르소나에 전면적인 공세를 취한다면 성공하지 못할 것이다. 그러나 기존 페르소나에 작은 균열을 일으킬 수 있다면 새로운 페르소나가 비집고 들어가 그 자리를 차지할 기회를 얻게 된다.

곧이어 소개할 전념, 이야기 편집, 이야기 단서 제공 항목에서 페르소나 변화를 촉진하는 방법을 배우게 될 것이다.

32번째 전략: 기존 페르소나에 작은 균열이 생기면 시간이 지나면서 페르소나가 변하게 된다. 그리고 페르소나가 변하면 행동에도 변화가 생긴다.

'페르소나 연결' 전략

사람들을 설득하고 싶은데 그들의 기존 페르소나 가운데 균열을 일으킬 만한 것이 없다면 어떻게 해야 할까? 새로운 페르소나를 창조할 수 있을까?

상대방의 기존 페르소나 중에 기준점으로 사용할 수 있는 페르소나가 있다면 이것을 이용해 좀 더 쉽게 새 페르소나를 만들 수 있다.

어떤 사람이 여러분 집을 찾아와 굵고 큰 글씨로 '안전 운전'이라고 새겨진 거대하고 보기 흉한 광고판을 앞마당에 세워도 괜찮겠느냐고 물으면 어떻게 하겠는가?

그러라고 할 것 같은가? 1966년에 진행된 연구에서 이런 요청을 받은 캘리포니아 주 팔로알토의 주민들 대부분은 이 부탁을 거절했다.

조나단 프리드먼 Jonathan Freedman 과 스코트 프레이저 Scott Fraser 는 자원봉사자로 가장한 연구원을 시켜 집집마다 돌아다니면서 집주인에게 이런 광고판을 앞마당에 설치해도 괜찮겠냐고 물어보게 했다 Freedman 1996. 그러면서 집주인에게 설치될 광고판의 사진을 보여줬다. 그 광고판은 크기도 상당히 컸고(기본적으로 앞마당 너머까지 뒤덮을 정도의 크기였다) 꽤 보기 싫은 모양새를 하고 있었다. 자기 앞마당에 놔두고 싶어 할 만한 매력적인 물건이 아니었던 것이다! 결국 앞마당에 광고판을 설치해도 좋다고 동의한 집주인은 20퍼센트도 안 됐다. 당연한 일이다. (사실 이런 일에 동의한 사람이 20퍼센트나 된다는 사실이 더 놀랍다.) 이들이 이 실험의 대조군[A그룹] 역할을 한다.

실험의 나머지 부분은 다음과 같이 진행됐다.

B그룹은 실험자가 무작위로 접촉해 자동차 뒤창에 '안전 운전'이라고 적힌 작은 스티커(3센티미터 정도 크기의)를 부착해도 되겠냐고 물어본 이들로 구성됐다. 그리고 3주 뒤, 다른 실험자가 이들을 찾아가 앞마당에 커다란 안전 운전 광고판을 설치해도 괜찮겠는지 의향을 물었다.

C그룹은 실험자가 "아름다운 캘리포니아 주를 지키자"라는 탄원서에 서명해달라며 접근한 이들로 구성됐다. 그리고 3주 뒤, 다른 실험자가 이들을 찾아가 앞마당에 커다란 안전 운전 광고판을 설치해도 되겠는지 물었다.

대조군[A그룹] 의 경우에는 앞마당에 안전 운전을 호소하는 대형 광고판을 설치하는 데 동의한 비율이 20퍼센트밖에 안 됐다. 그렇다면 B그룹과 C그룹은 어떨까?

자동차 뒤창에 작은 '안전 운전' 표지판을 부착해 달라는 요청을 먼저 받고 나중에 마당에 대형 광고판 설치를 부탁받은 B그룹의 경우에는 76퍼센트가 대형 광고판 설치에 동의했다.

그리고 '아름다운 캘리포니아를 지키자'('안전 운전'과는 완전히 다른 주장)라는 탄원서 서명을 먼저 부탁받은 C그룹에서는 46퍼센트가 크고 보기 흉한 광고판 설치에 동의했다.

B그룹과 C그룹 모두 두 번째 요청을 할 때 첫 번째와는 다른 실험자가 찾아갔다는 사실이 중요하다. 다시 말해 요청을 한 사람과 안면이 있기 때문에 요청에 응한 것이 아니라는 뜻이다.

20퍼센트 대 46퍼센트. 20퍼센트 대 76퍼센트. 위와 같은 두 가지 다른 조건이 주어졌을 때, 자기 집 마당에 크고 보기 흉한 광고판을 기꺼이 세우겠다고 동의한 사람이 훨씬 많아진 까닭은 무엇일까?

첫 번째 이유는 앞부분에서 얘기한 것처럼 사람들이 기존에 갖고 있는 페르소나를 활성화시킨 것과 관련이 있다. B그룹의 경우 자동차 뒤창에 작은 '안전 운전' 표지판을 부착해 달라는 요청에 동의한 결과 페르소나가 활성화됐다. 이들은 자기가 지역사회 전체를 생각하고 또 안전을 중요시하는 사람이라는 이야기를 스스로에게 들려준 셈이 됐다. 그래서 나중에 커다랗고 보기 싫은 광고판을 마당에 설치하게 해달라는 요청을 받았을 때, 그것이 대부분의 사람들이 가지고 있던 페르소나에 딱 들어맞았던 것이다.

그렇다면 C그룹의 경우는 어떨까? C그룹에 속한 사람들은 먼저 "아름다운 캘리포니아 주를 지키자"는 탄원서에 서명해 달라는 요청을 받은 뒤 나중에 안전 운전 표지판 설치를 부탁받았다. 그리고 이 부탁을 수락한 비율이 A그룹의 2배46퍼센트 대 20퍼센트였지만 그래도 B그룹76퍼센트만큼 높지는 않았다.

이는 그 탄원서가 "나는 지역사회를 생각하는 사람이다"라는 페르소나는 활성화시켰지만 "나는 안전을 중요시하는 사람이다"라는 페르소나까지 완벽하게 활성화시키지는 않았기 때문이다. "나는 안전을 중요시하는 사람이다"는 기준점이 된 원래의 페르소나에서 만들어진 새 페르소나다. 새로 생긴 페르소나이기 때문에 그리 강력하지는 않지만 어쨌든 출발점이 마련된 것이다.

기존에 있던 페르소나를 활성화하면 새로우면서도 어느 정도 관련이 있는 페르소나를 선보일 수 있는 틈을 만들게 된다. 그래서 나중에 약간 다른 일을 해달라는 요청을 받으면(앞마당에 커다란 안전 운전 광고판을 세워달라는) 그 요청이 기존 페르소나와 연관된 새로운 페르소나를 활성화시키는 것이다. "나는 지역사회를 생각하는 사람이다"라는 원래 페르소나는 "나는 안전을 중요시하는 사람이다"와 다르다. 하지만 두 개의 페르소나는 일관성이 있기 때문에 서로 쉽게 연결된다.

다른 사람이 기존에 갖고 있는 페르소나를 기준점으로 삼으면 이것을 통해 손쉽게 새 페르소나를 창조할 수 있다. 먼저 기존 페르소나를 활성화하는 요청을 한다. 상대방이 그 요청을 수락하면 이번에는 여러분이 만들고자 하는 페르소나에 어울리는 요청을 하는 것이다. 서로 짝을 짓기에 알맞은 페르소나를 몇 가지 살펴보겠다.

- 기존 페르소나: "나는 내 몸을 잘 돌보는 사람이다."
- 만들기 쉬운 새 페르소나: "나는 자녀들의 건강을 생각하는 사람이다."

- 기존 페르소나: "나는 돈을 절약하는 사람이다."
- 만들기 쉬운 새 페르소나: "나는 정부 부채를 줄이는 쪽에 표를 던지는 사람이다."

- 기존 페르소나: "나는 창의적인 사람이다."
- 만들기 쉬운 새 페르소나: "나는 새로운 시도를 좋아하는 사람이다."

다음 항목에서는 이 아이디어를 좀 더 발전시켜서, 기존 페르소나와 일치하시 않는 행농에도 동의하게 만드는 법을 설명하겠다.

33번째 전략: 타인을 설득하려면 그가 기존에 갖고 있는 페르소나를 이용하고, 새로우면서도 연관성 있는 페르소나를 여기에 연결시킨다.

작은 일부터 시작하자

작은 행동이 오랫동안 반복되면 페르소나를 상당히 변화시킬 수 있다. 앞서 기존 페르소나와 결부시켜 새로운 페르소나를 만드는 방법을 살펴봤다. 이때는 기존 페르소나를 기준점으로 사용했다.

그런데 사람들이 어떤 결정을 내리거나 행동을 취해줬으면 하는데, 이를 위한 기준점으로 사용할 만한 관련 페르소나가 존재하지 않는다면 어떻게 해야 할까? 기존 페르소나와 일치하지 않는 행동을 하게 할 수 있을까?

물론 가능하다. 하지만 먼저 작은 일부터 시작해야 한다. 앞에서 내가 윈도우 기반의 PC 페르소나에서 애플 페르소나로 바뀐 경험에 대해 이야기한 것을 기억하는가? 예전에는 '나는 윈도우 제품만 사용한다.'라는 페르소나를 가지고 있었다. 당시에 어떤 사람이 내게 애플 제품 애용자가 되라고 제안했다면 나는 말도 안 된다며 웃어넘겼을 것이다. 또 누군가 내게 애플 노트북을 사라고 권했다면 싫다고 대답했을 것이다. 이런 요청은 너무 큰 변화를 야기하기 때문이다. "나는 윈도우 제품만 사용한다."가 당시의 내 페르소나였다. "나는 윈도우 제품만 사용한다."에서 단번에 "나는 애플 제품만 사용한다."로 대대적인 변화를 이루는 것은 가망 없는 일이다. 사람들이 장차 이런 큰 변화를 이루게 하고 싶다면 먼저 작은 일부터 시작해야 한다.

여기서 '작은 일'이란 어떤 종류의 일을 말하는 걸까? 이는 기존 페르소나와 일치하지 않더라도 머릿속 경보가 울리지 않을 만큼 사소한 행동을 말한다. 이렇게 사소한 행동을 요청받으면 기존 페르소나에 거스른다는 느낌이 들지 않는다.

별로 중요치 않은 행동인 경우에는 확고하게 자리 잡은 기존 페르소나와 일치하지 않더라도 그 행동을 할 가능성이 있다. 그리고 일단 그 행동을 하게 되면 자신의 페르소나를 방금 한 행동에 맞춰 약간 조정하게 되는 것이 사실이다. 자신의 기존 페르소나와 불일치하는 사소한 행동을 하는 것은 결국 새로운 페르소나를 만드는 것과 마찬가지다. 우리는 아마 이런 일이 벌어졌다는 사실을 깨닫지는 못할 것이다. 하지만 이제 새로운 페르소나가 존재하기 때문에 다음에 또 비슷한 요청을 받는다면 그 일은 새로운 페르소나에 적합한 행동이 되며, 이 새롭게 수정된 페르소나와 일치하는 행동을 계속하는 일이 점점 쉬워지는 것이다.

사람들에게 작은 일을 부탁한 뒤, 방금 설명한 사소한 노력/계단 방식을 이용해 새로운 페르소나를 만들 수 있다. 누군가가 중요한 행동을 취해주길 바란다면 먼저 사소한 일을 부탁해서 그 일을 하겠다는 약속부터 받아야 한다. 그것은 상대방의 기존 페르소나와 일치하는 일일 수도 있고 그렇지 않을 수도 있다. 페르소나와의 불일치가 클수록 최대한 사소하고 힘들지 않은 일부터 부탁해야 한다.

예를 들어, 코린이 스스로를 '자선활동에 너그러운 사람'이라고 생각한다면 여러분이 홍보하는 자선단체를 위해 돈을 기부하고 봉사 활동도 두어 시간 해달라고 부탁할 수 있을 것이다. 하지만 코린이 자신을 '다들 마땅히 그래야 하는 것처럼 남의 도움을 빌리지 않고 스스로 자립하는 사람'이라고 생각하는 경우에는 그녀를 설득하기 위해 정말 작은 일부터 시작해야 한다. 기부와 자원봉사를 모두 부탁하는 것이 아니라 둘 중 하나에 대한 부탁부터 시작하는 것이다.

여러분이 부탁하는 일이 기존의 페르소나와 일치하는 일이건 아니건 간에, 아무리 사소한 일이라도 일단 행동을 취하게 하면 그 작은 행동이 훗날 더 큰 행동으로 이어질 수 있다.

34번째 전략: 페르소나를 변화시키려면 사람들이 현재 지니고 있는 페르소나와 일치하지 않는 사소한 행동 한 가지를 하게 한다.

공개적으로 진행하라

위에서 얘기한 프리드먼과 프레이저의 실험에서, 실험 참가자 가운데 일부는 자기 차 뒤창에 표지판을 부착했다. 이들의 참여(안전 운전을 위한)는 공개적인 참여다. 사람들의 참여가 공개적으로 이루어질수록 그 행동이 훗날 하는 행동에 미치는 영향력이 강해진다. 또 참여가 공개적일수록 페르소나 변화도 확실하게 진행된다.

자기만 아는 어떤 행동을 하는 경우에는 자신이 그 일을 했다는 사실을 남들이 모른다. 그렇게 자신의 참여 사실을 드러내지 않는 경우에는 남들이 보는 앞에서 행동했을 때에 비해 페르소나 변화가 장기적으로 지속되지 않는다.

프리드먼의 실험에 참가한 이들이 자기 집 마당에 광고판을 세우거나 차창에 스티커를 부착한 것은 곧 공개적인 참여를 의미한다. 공개적인 참여는 좀 더 강력하고 신속한 페르소나 변화를 이끈다.

공개 참여를 유도하는 방법

앞마당에 광고판을 세우게 해달라고 요청하는 것 외에 또 어떻게 해야 사람들의 공개적인 참여를 유도하고 그것을 통해 더 많은 행동을 취하게 할 수 있을까?

어떤 사람이 여러분의 조직, 회사, 제품, 서비스와 관련된 활동에 참여한 적이 있다면 그에게 좀 더 공개적인 지지를 보여 달라고 부탁해 참여 정도를 강화할 수 있다.

일례로 여러분이 호텔 체인을 운영한다고 가정해보자. 여러분은 호텔에 묵은 고객들에게 설문지를 보내 작성해 달라고 부탁한다. 이 설문지 작성은 공개 참여의 한 형태다. 이들이 호텔에 대해 좋은 평가를 내린다면 공개적인 참여를 한 셈이 된다. 설문지에는 여러분이 경영하는 호텔에 다시 묵을 의향이 어느 정도나 되는지 묻는 질문을 반드시 집어넣어야 한다. 설문조사는 여러분이 판매하는 제품과 서비스에 대한 데이터와 피드백을 얻는 방법인 동시에 공개 참여를 유도하는 방법이기도 하다.

심지어 여러분의 고객이 아니거나 여러분 조직과 관련이 없는 사람들에게도 설문지를 발송할 수 있다. 설문지를 통해 여러분의 조직, 제품, 서비스에 대한 인식을 물었을 때 긍정적인 반응을 나타낸다면 이 또한 공개적인 참여라고 볼 수 있으며, 이 사람들은 앞으로 여러분과의 거래를 좀 더 열린 자세로 받아들일 것이다.

참여가 공개적으로 이뤄질수록 그 기분이 오래 유지되고 그가 지금이나 앞으로 하는 행동에 많은 영향을 미치게 된다. 사람들에게서 아무런 참여도 이끌어내지 못하는 것보다는 무기명 설문지라도 작성해달라고 부탁하는 편이 낫지만, 이왕이면 품질 보증 또는 추천을 부탁하거나 사용 후기를 써서 인터넷에 올려달라고 하면 더욱 확실한 참여의 증거를 얻을 수 있다.

뭔가를 추천 또는 보증하거나 사용 후기를 쓰는 것은 곧 "나는 이 제품을 신뢰하는 사람이다"라거나 "나는 이 조직에 기부하는 사람이다" 혹은 "이 회사 제품을 구입하는 사람이다"라고 말하는 것과 마찬가지다.

사용 후기는 남들이 볼 때는 사회적 인정(2장, '소속 욕구' 참조)을 의미하지만 본인에게는 적극적인 참여를 뜻한다. 긍정적인 사용 후기를 쓰고 나면 그 마음을 일관되게 유지하고 싶어져서 결국 해당 사이트나 회사, 조직과 다양한 방식으로 교류하게 된다. 고객들이 여러분의 브랜드, 회사, 제품에 헌신적으로 참여하게 하고 싶다면 방문객들이 사용 후기를 쓸 수 있는 기회를 줘야 한다.

참여에 대한 대가를 지불해서는 안 된다

로버트 치알디니는 공개적인 참여가 '자발'적으로 이뤄진 것이 아니라 중요한 보상을 얻기 위한 것이라면 그것은 진정한 참여가 아니며 그 사람의 이후 행동에서 깊은 헌신이 드러나지도 않을 것이라고 말했다 Cialdini 2006. 외부의 강한 압력 때문이 아니라 자기 내면의 신념 때문에 특정한 방식으로 행동하겠다고 스스로 결정한 경우에는 그 일에 더욱 전념하게 된다. 커다란 보상은 우리를 행동으로 이끌지는 몰라도 그 행동에 대한 내적 책임감을 불러일으키거나 전념하게 할 수는 없다.

35번째 전략: 공개적인 참여를 유도하면 설득하기가 쉬워진다.
36번째 전략: 참여에 대한 대가를 지불해서는 안 된다.

참여도를 높이는 글쓰기

어떤 일을 글로 적으면, 특히 자필로 직접 적으면 그 일에 더 전념하게 된다. 어떤 일에 대한 글을 쓰면 그것을 생각하거나 말로만 떠들 때에 비해 해당 계획이나 행동에 좀 더 적극적으로 임하게 되는 것이다.

　모튼 도이치 Morton Deutsch 와 해럴드 제라드 Harold Gerard 는 사람들에게 종이에 그어진 선의 길이를 맞춰보라고 했다 Deutsch 1955. 이들은 타인의 의견이 의사결정에 미치는 영향을 살펴보려고 했던 것이다. 그래서 실험의 일부인 공모자들을 시켜서 일부러 선 길이를 부정확하게 예상하게 했다.

　이때 실험 참가자들은 다른 사람이 말한 부정확한 추정치에 동의할까, 아니면 자기가 옳다고 여기는 답을 고수(그 답에 전념)할까?

　실험 결과 사람들은 다른 이들이 말한 추정치에 따라 자기가 생각한 선 길이를 수정한다는 사실이 밝혀졌다. 이것은 2장, '소속 욕구'에서 말한 사회적 인정의 개념과 일맥상통하는 모습이다.

도이치와 제라드는 다른 때에 비해 자기가 내린 결정을 고수하려는 경향이 강하게 나타나는 상황은 없는지 알아봤다. 그래서 선 길이에 대한 다른 사람의 답변을 듣기 전에 다음과 같은 작업을 하게 했다.

- 1그룹은 자기가 예상한 선 길이를 종이에 적었다. 이때 종이에 자기 이름을 적지도 말고 실험자에게 종이를 제출할 필요도 없다고 했다.
- 2그룹은 예상 답안을 '매직 패드'에 적었다가 아무도 보지 못하게 지웠다.
- 3그룹은 예상 답안을 종이에 적은 뒤 거기에 서명하라는 지시를 받았다. 그리고 실험이 끝나면 답안을 적은 종이를 걷을 것이라는 얘기도 들었다.

그렇다면 선 길이에 대한 자신의 답안을 고수하려는 경향이 그룹마다 다르게 나타났을까?

2그룹의 경우 자기가 내린 결정을 바꿔서 부정확한 추정치를 말하는 확률이 가장 높았다. 1그룹과 3그룹은 2그룹에 비해 자기 답안을 바꿀 확률이 5배나 낮았다. 이들은 다른 사람이 어떤 답을 말하든 상관없이 자기가 처음에 예상한 답안을 고수하려고 했다.

종이에 이름을 적거나 자기가 쓴 예상 답안을 제출해야 한다는 말은 아무런 영향도 미치지 않는 듯했다. 비교적 변치 않고 유지되는 어떤 대상 위에 답을 적는 것만으로도 자기 생각을 충실히 지키게 만들기에 충분했다.

손으로 글을 쓰면 뇌에 변화가 생긴다

예전에 대학원에서 박사 논문을 쓸 당시 나는 초안을 손으로 썼다(그렇다, 나는 그렇게 나이든 세대임을 솔직히 인정한다!). 요즘에는 대부분의 글을 키보드로 타이핑해서 작성한다. 이 책도 노트북을 이용해 쓰고 있고, 친구나 가족들과 주고받는 연락도 대부분 이메일을 통해 이뤄지는데 이것도 물론 노트북 키보드로 작성한다. 하지만 여전히 손으로 쓰는 것들이 몇 가지 있는데, 날마다 해야 하는 가장 중요한 일 목록이라든가 업무 계획표가 그렇다. 자기가 어떤 글은 손으로 쓰고 또 어떤 글은 키보드로 작성하는지 곰곰이 생각해보면 꽤 흥미롭다. 그런데 이게 중요한 일일까?

레자 섀드머 Reza Shadmehr 와 헨리 할컴 Henry Holcomb 은 키보드로 타이핑을 할 때에 비해 손으로 글을 쓸 때(펜이나 연필을 사용해서) 뇌가 어떤 활동을 보이는지 관찰했다 Shadmehr 1997. 손으로 글을 쓸 때는 타이핑을 할 때와 다른 근육을 사용하며, 섀드머와 할컴은 손으로 글을 쓸 경우 기억 응고화가 더 많이 진행된다는 사실을 알아냈다.

 **37번째 전략**: 자기가 약속한 내용을 손으로 직접 적으면 그 일에 더 전념하게 된다.

새로운 이야기 단서 제공

본 장 첫머리에서 내가 '강인한 생존자'에서 '편안하고 우아한' 삶을 사는 사람으로 인생 스토리를 바꾼 경험을 이야기한 바 있다. 티모시 윌슨은 『스토리 – 행동의 방향을 바꾸는 강력한 심리 처방』에서 이야기가 장기적으로 행동을 변화시키는 방식과 관련된 놀랍고 방대한 연구 결과를 설명한다. 윌슨은 이 기법을 가리켜 '이야기 편집'이라 한다.

여러분이 사람들에게 바라는 일과 관련된 이야기를 다시 쓰게 할 수만 있다면 중요하고 장기적인 변화를 일으킬 가능성이 있다. 이야기 편집 기법은 외상 후 스트레스 장애 환자나 위기에 처한 청소년들을 돕는 데 많이 이용된다. 하지만 직원들이 제시간에 출근하게 하거나 혼자만 튀려고 하는 사람을 단체 업무에 협조적인 팀원으로 변모시키는 데도 효과적이다.

이야기 편집 기법은 매우 간단하기 때문에 그렇게 깊고 심오한 변화를 이끌어낼 수 있을 것처럼 보이지 않는다. 이 책의 다른 장에서는 비교적 간단한 태도 변화를 위해서도 많은 노력이 필요한 설득 전략들을 소개하고 있다. 간단한 행동 변화에도 그렇게 많은 노력이 필요한 법인데, 어떻게 이 방법을 이용하면 단 몇 분 만에 손쉽게 인생 전체를 변화시킬 수 있는 것일까?

이야기 편집법은 너무나 강력한 효과를 발휘하기 때문에 마치 마법처럼 보일 정도지만 결코 마법은 아니다. 나는 누구이고 왜 지금 같은 행동을 하며 타인과의 관계는 어떠한지 설명하는 새로운 이야기를 쓰면 그 이야기가 우리의 페르소나를 바꾸고, 앞으로는 알게 모르게 그 이야기와 일치하는 방식으로 결정을 내리고 행동하기 시작하는 것이다. 또한 그 이야기를 손으로 직접 쓰게 하면 그 효과가 더욱 강해진다는 사실도 우리는 알고 있다.

그러나 만약 다른 사람이 하던 일을 멈추고 자기 인생을 곰곰이 되돌아본 뒤 새로운 이야기를 쓰도록 설득할 수 없다면 어떻게 할까? 그렇다면 이야기의 강력한 효과를 활용할 수 없는 것일까? 다행스럽게도 이런 상황에서도 우리는 이야기를 이용해 행동에 변화를 가져올 수 있다. 상대방을 자리에 앉히고 새로운 이야기를 쓰게 할 수 없더라도 여러분이 직접 그를 위한 이야기를 제공할 수 있으며 그 효과도 거의 비슷하다.

대학생들을 대상으로 진행한 윌슨의 연구를 예로 들어보겠다.

여기 1학년 성적이 그리 좋지 못한 대학생들이 있다. 한 과목 이상의 시험에서 낮은 점수를 받은 이들은 "이건 내 능력 밖의 일이야." "나는 이 학교에 어울리지 않는 것 같아." "난 대학에 다닐 만큼 똑똑하지 않아." 등의 생각을 하기 시작했다.

학생들이 스스로에 대한 자멸적인 이야기에 빠져들고 있었던 것이다. 이들은 좋은 학점을 받는 것은 자기 능력 밖의 일이라고 생각했기 때문에 행동도 그런 식으로 하기 시작했다. 공부를 중단하고 수업을 빠지기 시작한 것이다. 이런 행동으로 인해 다음 시험에서는 당연히 더 낮은 점수를 받았고 자기들은 결코 성공할 수 없다는 확신만 깊어갔다.

하지만 문제가 생겼을 때 학생들 모두가 이런 식으로 반응하는 것은 아니다. 일부 학생들은 "이 과목이 내가 생각했던 것보다 어려웠어." "고등학교 때 배운 수준으로는 이 과목을 수강하기에 충분하지 않았던 것 같아." "앞으로 더 노력하고 공부도 더 많이 하고, 아마 개인교습도 받아야 할 것 같아." 등의 다른 이야기를 만들어내기도 한다. 이 학생들은 이런 이야기를 바탕으로 공부를 더 열심히 하고 주위의 도움도 받아서 결국 향상된 점수를 받게 된다.

하지만 여기서 한 가지 의문이 있다. 학생들에게 자신을 위한 새 이야기를 쓰라고 하지 않고도, '자멸적인' 생각에 빠진 이들에게 힘과 희망을 안겨주는 이야기의 단서를 신속하게 제공할 수 있다는 말인가?

윌슨은 자멸적인 이야기를 지닌 학생들을 실험에 참가시켰다. 이 학생들은 자기가 대학 생활에 대한 1학년 학생들의 사고방식을 알아보기 위한 설문조사에 참여하게 됐다고 생각했다. 윌슨은 이들에게 예전에 선배들이 작성한 설문조사 결과를 먼저 보여줄 것이므로 그들이 앞으로 작성할 설문지에 어떤 유형의 질문들이 나올지 알게 될 것이라고 말했다. 그러나 사실 윌슨이 학생들에게 이전 설문조사 결과를 보여준 것은 새 이야기를 위한 단서를 제공하기 위해서였다.

그리고 학생 참가자들은 1학년 때는 성적이 안 나와 고민하는 사람이 많지만 시간이 지나면 차차 성적이 나아진다는 것을 보여주는 선배들의 설문조사 결과를 확인했다. 또 자기들이 처음에 생각했던 것보다 과제를 해결하기 어렵다는 사실을 깨닫고는 그 후 더 열심히 노력하고 공부도 많이 하고 주변의 도움도 얻었다고 말하는 선배 4명의 인터뷰 동영상도 봤다.

동영상에 등장한 학생들은 시간이 지나면서 성적이 꾸준히 올랐다고 말했다.

실험 참가자들은 처음에는 성적이 낮게 나와 고민했지만 노력하니 차차 나아졌다고 말하는 다른 학생들의 이야기를 총 30분 동안 들었다. 이들이 한 일은 그것뿐이었다. 상담을 받지도 않았고 더 나은 공부 습관을 익히지도 않았다. 그냥 다른 이야기를 들은 것뿐이다.

참가자들은 이 연구의 목적이 그들의 성적을 향상시키는 것이라는 사실을 몰랐다. 윌슨이 바란 것은 참가자들이 의식하지 못하는 사이에 새로운 이야기의 단서를 제공하는 것이었다. "어쩌면 그렇게 절망적인 상황은 아닌지도 몰라. 나도 저 학생들과 비슷할지도 모르지. 저들이 더 열심히 노력한 끝에 점수를 올릴 수 있었다니까 아마 나도 할 수 있을 거야." 같은 이야기가 그들 머릿속에 심어지기를 바란 것이다.

새 이야기의 단서를 제공하는 이 작전은 효과가 있었다. 윌슨은 이 실험 참가자들이 이듬해에 이야기 단서를 제공받지 않은 무작위 대조군에 비해 더 좋은 성적을 올렸다고 말한다. 또 대학을 중퇴할 확률도 낮아졌다.

30분간 설문지를 읽고 동영상을 본 덕분에 학생들은 더 열심히 노력해 성적을 올리고 학교에 계속 남게 된 것이다.

다음과 같은 일들을 꽤 잘 해낼 수만 있다면 여러분도 작은 노력으로 사람들의 행동에 큰 변화를 일으킬 수 있다.

- 현재 활발히 작동하면서 상대방의 행동에 영향을 미치는 이야기가 무엇인지 알아낸다.
- 그것을 대체할 이야기를 생각해낸다.
- 사람들을 새로운 이야기에 노출시킬 방법을 찾는다.

이야기 단서 제공과 관련해 윌슨은 사람들에게 새 이야기를 들려줬을 때와 그들이 직접 이야기를 '발견'하게 했을 때 어떤 차이가 있는지에 대해서는 말하지 않았다. 하지만 내 생각으로는 두 번째 방법이 더 나은 듯하다. 여기서 핵심은 사람들이 자신의 이야기를 바꿔야 한다는 것이다. 여러분이 다른 이야기를 들려주면서 "이것이 지금 여러분이 갖고 있는 이야기이고 이것은 앞으로 지녀야 하는 이야기입니다."라고 말한다면, 자기가 직접 새 이야기를 발견해서 가지고 있는지도 몰랐던 기존 이야기와 비교했을 때보다 효과가 낮을 것이다. 이런 단서 제공 기법을 사용할 때는 다른 사람에 대한 이야기를 들려준 뒤 거기에서 자신과 유사한 점을 찾게 하는 편이 더 효과적이다. 때로는 개입을 줄이는 편이 더 나을 수도 있는 법이다!

 **38번째 전략**: 다른 이들의 사례를 들려주면 스스로 새 이야기를 만들어낼 계기를 얻게 된다.

05

당근과 채찍

개의 침 얘기부터 해보자.

이반 파블로프 Ivan Pavlov 는 1849년에 러시아의 한 마을에서 태어났다. 그의 아버지는 성직자였고 이반도 신학교에 다녔지만 곧 그만두고 대학에 들어가 자연과학을 공부했다. 그는 동물을 이용해 소화에 관한 연구를 시작했다. 파블로프는 다양한 분야에 관심을 가진 진지한 과학자였다. 파블로프의 모습이 담긴 사진을 보면 언제나 크고 텁수룩한 턱수염을 달고 엄격한 표정을 짓고 있다. 그는 1904년에 노벨 의학상을 받았다.

파블로프는 소화에 대한 연구를 하던 중 놀라운 사실을 발견했다. 그는 소화 과정의 일부로 개가 분비한 침의 양을 측정했다. 그러다가 개들이 먹이를 먹기도 전부터 침을 흘리기 시작한다는 사실을 알아차렸다. 실제로 먹이가 눈에 보이자마자 침을 흘렸던 것이다.

그러다가 파블로프는 심지어 먹이가 도착하기도 전, 그러니까 연구자들이 먹이를 가지고 올 때 건물 문에 달린 종이 울리는 소리가 들리면서부터 개들이 침을 흘리기 시작한다는 사실을 깨달았다. 또 먹이를 주러 다가오는 사람의 발자국 소리가 들려도 침을 흘리기 시작했다. 먹이가 발자국 소리나 종소리 등의 다른 대상과 짝지어진 것이다. 파블로프는 이런 자극에 대한 자동 반응과 관련된 일련의 실험을 개시했다. 그는 이런 자동 반응을 가리켜 '고전적 조건형성'이라고 불렀다. 이것이 기능하는 방식은 다음과 같다.

먼저 자극 먹이 과 반응 침 흘리기 , 이 두 가지를 짝짓는다.

자극(먹이) → 반응(침 흘리기)

그런 다음 여기에 추가적인 자극을 더한다.

자극 1(먹이) + 자극 2(종소리) → 반응(침 흘리기)

시간이 지나면 원래의 자극을 제거하더라도 추가된 자극만으로 똑같은 반응을 유도할 수 있게 된다.

자극 2(종소리) → 반응(침 흘리기)

하지만 이것이 사람들을 설득하는 일과 무슨 관계가 있는 걸까? 어쨌든 살면서 누군가가 침을 흘리도록 유도할 일은 별로 없지 않은가?

어떤 일을 자동으로 하게 하는 방법

고전적 조건형성은 자동 행위를 이해하는 출발점이다. 사람들이 어떤 일을 하게 만드는 한 가지 방법은 그 '일'을 자동화하는 것이다. 어떤 일을 자동으로 할 수 있다면 그 일을 시키기가 훨씬 쉬워진다. 우리가 하는 행동의 상당수는 사실상 파블로프의 고전적 조건형성과 동일하다.

나는 학생들을 가르칠 때 고전적 조건형성을 사용한다. 평소 포춘 1000대 기업과 비영리단체를 상대로 하루 이틀 정도 강의를 하거나 대학에서 학생들을 가르치는데, 강의를 할 때 중간에 짧은 휴식시간을 여러 번 끼워 넣는 것을 좋아한다.

휴식시간에 사람들은 강의실 밖에서 서로 얘기를 나누기도 하고 안에서 이메일을 확인하거나 문자 메시지를 보내기도 한다. 하지만 휴식시간이 끝나면 다들 강의실로 돌아와 다시 공부할 준비가 되어 있기를 바랐다. 이런 분위기를 조성하기 위해 고전적 조건형성을 이용했다. 먼저 휴식시간이 되면 음악을 틀고 강의실 문을 열었다.

그리고 휴식시간이 끝나면 음악을 끄고 문 쪽으로 가서 열려 있는 문을 닫았다.

자극 1(강사가 "자, 아까 중단한 부분부터 다시 시작합시다."라고 말한다) → 반응 (사람들이 자리에 앉아 조용히 귀를 기울인다)

그리고 여기에 새로운 자극을 추가한다.

자극 1(강사가 "자, 아까 중단한 부분부터 다시 시작합시다."라고 말한다) → 자극 2(음악을 끄고 강사가 문으로 걸어가 열려 있던 문을 닫는다) → 반응(사람들이 자리에 앉아 조용히 귀를 기울인다)

이런 과정을 다음과 같은 상황이 될 때까지 반복한다.

자극 2(음악을 끄고 강사가 문으로 걸어가 열려 있던 문을 닫는다) → 반응(사람들이 자리에 앉아 조용히 귀를 기울인다)

또 다른 조건형성도 있다. 나는 내가 플립차트나 화이트보드 쪽으로 걸어가 질문을 던지면 사람들이 토론에 참여해 자기 의견을 말하기를 바랐다.

자극 1(강사가 "어떻게 생각하세요? 여기에 대해 의견을 말해볼 사람 있나요?"라고 말한다) → 반응(사람들이 자기 의견을 말한다)

여기에 새로운 자극을 추가한다.

자극 1(강사가 "어떻게 생각하세요? 여기에 대해 의견을 말해볼 사람 있나요?"라고 말한다) → 자극 2(강사가 플립차트나 화이트보드 쪽으로 걸어가 펜 뚜껑을 열고 묻는 듯한 표정으로 교실을 둘러본다) → 반응(사람들이 자기 의견을 말한다)

이런 과정을 다음과 같은 상황이 될 때까지 반복한다.

자극 2(강사가 플립차트나 화이트보드 쪽으로 걸어가 펜 뚜껑을 열고는 묻는 듯한 표정으로 교실을 둘러본다) → 반응(사람들이 자기 의견을 말한다)

이제 여러분은 내가 강의실을 이끌어가는 두 가지 비결을 알게 됐다!

 **39번째 전략**: 사람들이 어떤 일을 하기 위한 조건이 일단 형성되면 여러분이 원하는 행동과 새로운 자극을 짝지어서 자동적으로 반응을 보이게 할 수 있다.

카지노가 아는 비밀

아래에 열거된 이들의 공통점은 무엇일까?

- 시험에서 A를 받을 때마다 용돈을 받는 고등학생
- 해마다 봉급이 인상되는 직장인
- 커피를 10잔 살 때마다 무료 커피를 한 잔씩 받는 고객
- 라스베이거스에서 슬롯머신에 계속 동전을 집어넣는 여행객

이들의 행동은 B. F. 스키너^{Skinner} 의 원칙에 따라 형성됐다.

사람들이 카지노에 앉아 슬롯머신에 돈을 넣고 버튼을 누르는 모습을 보면 머릿속에 온통 스키너의 실험 생각만 떠오른다. 이 책의 독자들 중에는 카지노와 도박, 라스베이거스를 좋아해서 "라스베이거스에는 슬롯머신만 있는 게 아니다."라고 강변할 분들도 있을 것이다. 따라서 그런 분들이 책의 이 부분을 읽으면서 감정을 상하지 않도록 노력하겠다.

그래도 1950년대부터 존재해 온 행동 분석이라는 유력한 이론과 여러분이 타인을 설득하기 위해서는 행동 분석이 효과를 발휘하는 방식을 알아야만 하는 이유를 설명하고자 한다.

스키너는 1950년대에 파블로프의 고전적 조건형성 개념에 새로운 측면을 추가했다. 그는 자극과 반응에만 집중하는 것이 아니라 보상이 행동에 미치는 영향을 연구하기 위해 쥐와 비둘기를 이용한 실험을 시작했다. 그는 이를 기리켜 '조작적' 조건형성이라고 불렀다(파블로프의 '고전적' 조건형성에 대립되는 개념).

스키너는 '보상'이라는 말을 사용하지 않았다. 그는 보상보다는 '강화'라고 부르는 쪽을 선호했다. 여기에는 이유가 있는데 여러분도 곧 알게 될 것이다.

스키너의 생각은 이런 것이다. 특정한 행동의 빈도를 증가시키려면 그 행동을 강화^{보상}해야 한다. 반대로 특정 행동을 감소시키고 싶다면 그 행동을 강화해서는 안 된다. 당연한 얘기처럼 들리지만 스키너는 상식의 선을 뛰어넘어 그 밑에 숨겨진 과학적 원리를 찾아냈다. 스키너의 기본 개념은 다음과 같다.

행동 → 강화 → 행동 빈도 증가

예:

학교 성적표에 A를 하나 받음 → 용돈을 5달러 받음 → A를 더 많이 받음

또는

버튼을 누름 → 기계에서 돈이 나옴 → 버튼을 더 많이 누름

또는

보고서를 제때 제출함 → "기한에 맞추다니 대단하군!"이라고 칭찬을 받음 → 이후에도 계속해서 보고서를 제때 제출함

스키너는 여기서 한 걸음 더 나아가 어떤 종류의 강화물을 언제, 어떤 빈도로, 얼마나 많이 줘야 하는가, 라는 의문을 연구했다. 다른 사람을 설득하려면 인간의 행동과 관련된 이런 미묘하면서도 결정적인 세부사항을 알아야 한다.

이렇게 한번 생각해보자. 여러분은 사람들이 어떤 일을 하도록, 그러니까 쓰레기를 밖에 내다버린다든가 보고서를 작성한다든가 투표를 하러 가도록 설득하려고 한다. 그래서 어떻게 하면 설득에 성공할 수 있을지 몰라 머리를 쥐어짜고 있다. "마음이 동할 만한 뭔가를 줘야 할지도 몰라."라고 생각한다. "현금이나 뭐 그런 것을 줘야 할까?"

여러분이 그런 고민에 빠져 있는 지금 이 순간에도 수천 명의 사람들이 카지노에 앉아 아무런 대가도 받지 않은 채 자발적으로 버튼을 누르고 있다. 사실 그들은 버튼을 누르는(그리고 대개의 경우 돈을 잃는) 특권을 얻는 대가로 다른 이에게 돈을 지불하고 있는 셈이다. 문제를 이런 식으로 바라보다 보면, 카지노가 여러분도 알아야만 하는 어떤 비밀을 알고 있는 것은 아닌가 하는 호기심이 생기지 않는가?

카지노 얘기는 나중에 다시 하기로 하고 먼저 쥐 얘기부터 해보자.

5가지 기본 강화 계획 중에서 선택하기

지렛대가 달린 우리에 쥐를 넣어뒀다고 하자. 쥐가 지렛대를 누르면 먹이를 준다. 먹이가 강화물인 것이다.

행동 → 강화 → 행동 빈도 증가

이 경우에는 이런 식이 된다.

버튼을 누름 → 먹이를 받음 → 버튼을 자주 누름

그러나 쥐가 지렛대를 누를 때마다 먹이를 주지 않는 식으로 실험 방식을 바꾼다면 어떻게 될까?

스키너는 계속해서 다양한 시나리오를 시험한 결과, 쥐가 먹이를 얻기 위해 지렛대를 누르는 빈도와 속도를 예측하거나 통제할 수 있다는 사실을 발견했다. 먹이를 주는 빈도와 시간 경과를 기준으로 먹이를 주는지 아니면 지렛대를 누르는 횟수를 기준으로 주는지에 따라 쥐가 지렛대를 누르는 횟수와 속도가 달라지는 것이다.

스키너는 이런 차이를 '계획'이라고 불렀으며 5가지 기본 계획이 있다.

- **지속적 강화**. 쥐가 지렛대를 누를 때마다 먹이를 준다.
- **고정 간격**. 일정한 시간이 경과된 뒤에^{예: 5분} 먹이를 준다. 쥐는 처음 지렛대를 누른 때로부터 5분이 지나면 먹이를 얻게 된다.
- **변동 간격**. 일정한 시간이 경과된 뒤에 먹이를 주되 시간 간격이 계속 변한다. 때로는 1분 간격으로 주기도 하고 5분이나 3분 간격 등으로 변하기도 하는 것이다.
- **고정 비율**. 시간을 기준으로 강화물을 제공하는 것이 아니라 지렛대를 누르는 횟수에 따라 제공한다. 쥐가 지렛대를 10번 혹은 5번 누를 때마다 먹이를 얻는 것이다. 지렛대를 누르는 횟수를 기준으로 강화물을 제공하며 그 횟수는 항상 똑같다.
- **변동 비율**. 지렛대를 누르는 횟수를 기준으로 강화물을 제공하되 먹이를 얻기 위해 필요한 횟수가 계속 변한다. 때로는 5번을 누르면 먹이를 주고 때로는 10번 혹은 3번을 눌러야 하기도 한다.

쥐(그리고 사람도)는 실험에 사용된 계획에 따라 예측 가능한 방식으로 행동한다는 사실이 밝혀졌다. 다음 항목에서는 이런 계획을 사용해 행동에 영향을 미치는 방법을 배우게 된다.

 **40번째 전략**: 단순히 보상을 해주는 것만으로는 충분치 않다. 사람들을 설득할 때 보상을 통해 효과를 얻으려면 어떤 유형의 계획을 사용할지 정해야 한다.

지속적 강화: 새로운 일을 시작하게 할 때

딸이 학기말 성적표에 A를 받아올 때마다 용돈을 준다면 지속적인 강화 계획을 사용하는 것이다. 딸은 A를 받을 때마다(바람직한 행동을 할 때마다) 용돈을 받는다(용돈이 강화물이다).

직원이 보고서를 기한 내에 제출할 때마다 그를 칭찬한다면 이 또한 지속적인 강화 계획을 사용하는 것이다. 보고서를 제시간에 작성하면 (바람직한 행동을 하면) 칭찬이 돌아오는 것이다(칭찬이 강화물).

지속적인 강화는 새로운 행동을 확립할 때 가장 적합한 방법이다. 하지만 행동이 이미 자리 잡은 뒤에는 다른 계획으로 바꿔야 한다.

지속적인 강화를 사용하면 처음에는 사람이(혹은 쥐나 개가) 어떤 행동을 자주 하면서 그것을 학습해가는 과정을 보게 될 것이다. 그러나 시간이 지나면 바람직한 행동이 점점 단속적으로 변해간다. 이 방식의 단점은 강화물을 제거하면(즉 A학점을 받을 때마다 용돈을 주던 것을 중단하거나 어떤 행동을 할 때마다 칭찬해주지 않으면) 바람직한 행동도 중단될 수 있다는 것이다.

41번째 전략: 새로운 행동이 자리 잡게 하려면 상대방이 그 행동을 할 때마다 보상을 해줘야 한다(지속적 강화).

42번째 전략: 지속적인 강화를 통해 행동이 자리 잡으면 다른 보상 계획으로 전환해 그 행동이 계속 이어지게 한다.

변동 비율: 어떤 일을 계속하게 하려면

직원이 똑같은 일을 해도 어떤 경우에는 칭찬을 받고 어떤 경우에는 칭찬을 받지 못한다면 이것이 바로 변동 비율 계획이다.

도박꾼이 슬롯머신 게임을 56번 한 뒤에 한 번 이겼다면 이것 또한 변동 비율 계획이다. 대부분의 카지노 게임은 변동 비율 계획을 바탕으로 진행된다. 도박꾼이 처음에는 슬롯머신 레버를 10번 당기고 보상을 얻었는데 그다음에는 보상을 얻기까지 52번을 더 당겨야 하는 식이다.

직원이나 도박꾼의 관점에서 보면 변동 비율 계획은 예측이 불가능하다. 이 강화 계획은 해당 행동을 몇 번 하느냐에 달려 있는데 그 횟수가 매번 달라진다. 따라서 다음번에 그 행동을 했을 때 보상을 얻을 수 있는지, 아니면 30번이나 5번, 혹은 10번 더 한 뒤에 얻을 수 있는지 알 길이 없다.

이렇게 다음 강화가 언제 주어질지 모르기 때문에 그 행동을 계속 되풀이하게 되는 것이다.

다시 말해 변동 비율 계획에 계속 매달린다는 뜻이다. 그래서 강화를 제거해도 행동이 오랫동안 지속된다. 심리학자들은 변동 비율 계획상에서는 행동이 '소거에 저항'한다고 말한다.

43번째 전략: 행동이 계속 지속되기를 바란다면 변동 비율 계획에 따라 보상을 제공하라.

변동 간격: 꾸준한 행동을 유도하고자 할 때

조지는 정기적으로 정부 시찰을 받는 연구실을 운영하고 있다. 그는 시찰관이 방문하리라는 사실은 알고 있지만 언제 오는지는 모른다. 이번 달에 찾아올 수도 있고 3달 후나 6달 후에 올 수도 있다. 시찰관은 기습적인 시찰을 좋아한다.

그래서 조지는 시찰관이 언제 들러도 '훌륭하다'는 평가를 받을 수 있도록 연구실 내에서 항상 모든 요구조건을 준수하기로 결심했다. 이 경우 규정과 요건을 일일이 따르는 것이 바람직한 행동이고 '훌륭한' 평가를 받는 것이 강화다.

시찰관은 정기적으로(시간을 기준으로) 방문하지만 그의 방문 시기는 예측 가능한 고정 간격이 아니므로 변동 간격 계획이 된다. 조지는 변동 간격 계획을 따르니까 대개의 경우 시찰에 통과하는 데 필요한 요건을 잘 준수할 테고 오랫동안 바람직한 행동을 계속할 것이라고 기대할 수 있다(다시 말해 변동 간격 계획이 소거된 뒤에도 행동이 유지된다는 뜻이다).

사람들이 어떤 일을 정기적으로 하게 하되 그 일을 별로 많이 할 필요는 없다면 변동 간격 계획을 활용하는 것이 좋다.

조지는 연구실 업무 절차를 검토하고 한 달에 한 번 정도 직접 상태를 점검해서 언제 시찰관이 들러도 괜찮도록 만반의 준비를 해두겠지만 이런 일을 날마다 하지는 않을 것이다. 장기적으로 볼 때 내부 점검을 자주 한다고 해서 더 큰 보상이 돌아오지는 않기 때문이다(변동 비율 계획이 다 그렇듯이). 따라서 이런 행동을 많이 보지는 못해도 정기적으로 꾸준히 하는 모습을 보게 될 것이다.

하지만 변동 간격 계획은 행동과 보상 간의 관계가 확립될 만큼 보상이 자주 주어지지 않기 때문에 새로운 행동을 확립하기에 좋은 방법은 아니다. 지속적인 강화를 먼저 사용하다가 행동이 자리를 잡으면 변동 간격 계획으로 바꾸는 것이 좋다.

 **44번째 전략**: 특정 행동을 많이 할 필요는 없고 규칙적으로 꾸준히 하면 된다고 할 때 변동 간격 계획을 사용한다.

고정 비율: 단시간에 빈번한 행동을 원할 때

여러분이 커피숍을 운영하는데 고객을 위한 단골 카드 제도가 있다고 하자. 고객은 커피 10잔을 살 때마다 1잔을 무료로 받을 수 있고, 커피 1잔을 살 때마다 카드에 도장을 찍어준다. 이것이 고정 비율 계획이다.

연구에 따르면 이 방법은 갑작스럽게 많은 행동을 불러일으키지만(고객은 카드에 도장을 다 채우려고 단시간 내에 많은 커피를 구입하게 된다) 무료 커피를 받은 뒤에는 소강상태가 찾아와 행동이 감소한다(그 커피숍에서 커피를 구입하는 일이 줄어든다).

목표에 다가갈수록 의욕이 솟는다

목표를 달성한 뒤에 찾아오는 소강상태를 막을 방법은 많지 않다. 처음부터 다시 시작하게 하거나(커피 도장을 찍을 다른 카드를 발급) 더 훌륭한 보상이 기다리는 다음 단계를 만들 수도 있다. 하지만 행동을 촉진할 방법이 분명히 있기는 하다.

란 키베츠 Ran Kivetz 는 커피숍의 단골 카드를 이용한 실험을 실시했다 Kivetz 2006. 먼저 어떤 사람들에게는 A카드를 주고 다른 사람들에게는 B카드를 줬다.

- A카드에는 도장을 찍는 칸이 10개 있는데, 참가자들이 카드를 받았을 때 칸이 모두 비어 있었다.
- B카드에는 도장을 찍는 칸이 12개 있는데, 참가자들이 카드를 받았을 때 맨 앞의 두 칸에 벌써 도장이 찍혀 있었다.

이들이 카드에 도장을 다 찍기까지 시간이 얼마나 걸릴까? A카드가 B카드에 비해 시간이 더 오래 걸릴까, 아니면 적게 걸릴까? 어느 쪽 카드를 받았든 간에 참가자들이 무료 커피를 받으려면 커피 10잔을 구입해야 한다. 그렇다면 두 카드 가운데 하나는 나머지 하나와 완전히 다른 행동 양상을 낳을까?

대답은 확실히 그렇다, 이다. 양쪽 모두 목표에 도달하려면 커피 10잔을 구입해야 한다는 조건은 똑같음에도 B카드를 지급받은 이들이 A카드를 가진 사람들보다 도장을 빨리 채웠다.

이런 현상이 나타난 원인은 목표 가속화 효과 때문이다. 목표 가속화 효과는 1934년에 클라크 헐 Clark Hull 이 쥐를 이용해 처음 연구한 내용이다 Hull 1934. 그는 쥐들이 미로 끝에 있는 먹이를 먹으러 달려갈 때 미로 끝부분에 가까워질수록 달리는 속도가 빨라진다는 사실을 발견했다.

목표 가속화 효과는 목표에 가까워질수록 행동이 가속화됨을 의미한다.

그래서 벌써부터 목표를 향해 어느 정도 나아가고 있는 B카드를 본 고객들은 자기가 그 커피 두 잔을 마시지 않았어도 카드의 빈 칸을 마저 채우기 위해 빠르게 일을 진행시키는 것이다.

또한 키베츠는 사람들이 이런 보상 프로그램을 이용하는 것을 좋아한다는 사실도 밝혀냈다. 보상 프로그램을 이용하지 않은 고객들과 비교해본 결과, 키베츠는 보상 카드를 갖고 있는 고객은 더 많이 웃고 카페 종업원과 길게 이야기를 나누며, 고맙다는 말을 자주 하고 팁도 후하게 준다는 사실을 알아냈다.

사람들은 끝난 일보다 남은 일에 더 집중한다

고정 비율 계획의 사용과 관련해 미묘하면서도 상당히 중요한 사항이 하나 있다. 구민정은 목표 달성과 관련해 사람들의 의욕을 더 높이는 쪽은 어느 쪽인지 알아보기 위한 연구를 진행했다 Koo 2010.

a. 이미 끝난 일에 집중한다.
b. 아직 남은 일에 집중한다.

답은 b다. 사람들이 아직 남아 있는 일에 집중하는 경우에 일을 계속하려는 의지가 더 높아졌다.

이 말은 곧 고정 비율 계획을 사용하는 경우에는 목표에 도달하기까지 남아 있는 단계를 자세하게 알려주는 것이 중요하다는 뜻이다.

45번째 전략: 고정 비율 계획을 사용하면 단시간에 빈번한 행동을 보이지만 보상을 받은 뒤에는 그 횟수가 크게 줄어든다.

46번째 전략: 고정 비율 계획을 사용할 때는 지금까지의 진척 상황뿐만 아니라 목표에 도달하기까지 얼마나 남았는지를 보여줘야 의욕이 더 높아진다.

고정 간격 계획이 효과적이지 않은 이유

직원 봉급을 1년에 한 번씩 인상하는 경우에는 고정 간격 계획을 사용하는 것이다. 고정 간격 계획의 문제점은 강화물을 받을 때가 가까워지기 전까지는 일을 별로 많이 하지 않는 경향이 있다는 것이다. 예컨대 연례 성과 검토 때 직원과 만나면 두 사람은 앞으로 어느 정도 성과를 개선하는 문제에 합의하게 될 것이다.

그러면 직원은 처음에는 몇 가지 변화를 시도하지만 곧 예전 업무 습관으로 되돌아갈 가능성이 매우 크다. 그리고 11개월이 지나 다음 성과 검토와 봉급 인상 시기가 다가올 즈음이 되어서야 비로소 직원은 업무 개선을 위해 노력하기 시작한다. 결국 고정 간격 계획은 지속적인 행동을 유도하기에 좋은 계획은 아니라는 얘기다.

그보다는 먼저 지속적인 강화를 통해 여러분이 원하는 행동을 확립한 뒤에 성과 개선에 효과적인 변동 비율이나 변동 간격 같은 다른 계획으로 바꾸는 편이 낫다.

 **47번째 전략**: 고정된 시간 간격을 기준으로 보상을 제공하는 것은 피해야 한다. 이런 강화 계획은 다른 계획에 비해 효과가 떨어진다.

슬롯머신: 파블로프와 스키너

파블로프의 고전적 조건형성과 스키너의 조작적 조건형성이 결합돼 있는 슬롯머신 얘기로 다시 돌아가 보자.

자극(밝은 빛과 소리) → 행동(돈을 넣고 버튼을 누른다) → 가끔 강화물 A(돈)를 얻는다

자극(밝은 빛과 소리) → 행동(돈을 넣고 버튼을 누른다) → 항상 강화물 B(밝은 빛과 소리)를 얻는다

카지노가 어떤 사람에게 강화물로 사용하는 것(밝은 빛과 소리)이 다른 사람에게는 자극이 된다. 이것이 중독성 있는 고리를 형성한다.

> 자극(밝은 빛과 소리) → 행동(돈을 넣고 버튼을 누른다) → 항상 강화물 B (밝은 빛과 소리, 이제 이것이 다음 자극이 된다)를 얻는다 → 행동(돈을 넣고 버튼을 누른다) → 가끔 강화물 A (돈)를 얻고 항상 강화물 B (밝은 빛과 소리)를 얻는다

이런 효과적인 방법을 고안해 내다니 카지노 경영자들은 정말 똑똑하다.

시작 단계부터 보상하라

심리학도들 사이에 도는 이야기 중에 대학생들이 '조성'이라는 자발적인 개념을 사용해 강의 중이던 교수를 강의실에서 내보낸 방법에 관한 이야기가 있다. 학생들은 수업 시작 전에 미리 자기들끼리 작전을 다 짜놓은 상태였다.

이들은 연속해서 강화를 제공하기로 계획을 세웠다. 먼저 교수가 강의실에 들어와 수업을 시작하려 하자 학생들은 처음에는 그를 무시하다가(강화 없음) 교수가 문 쪽을 쳐다보자 그제야 관심을 보였다. 교수는 수업을 하면서 가끔씩 문 쪽을 바라봤고 학생들은 그 순간에만 교수에게 잠시 집중했다.

교수가 문을 바라볼 때마다 학생들은 주의 깊게 그 모습을 바라봤다. 교수에게 집중하는 것이 곧 강화였던 것이다. 교수는 학생들이 이렇게 수업에 관심을 보이면서 집중하는 모습이 마음에 들었다.

머지않아 교수가 문을 바라보는 횟수가 크게 늘어났다. 그러자 강의실에 있던 한 학생의 비밀 신호에 따라 학생 모두가 교수가 문을 바라보는 행동을 강화하던 것을 중단했다. 대신 이번에는 교수가 문 쪽으로 한 걸음 걸어가는 경우에만 교수에게 집중하는 모습을 보였다. 강의를 하던 교수가 어느 순간 문 쪽으로 걸음을 내딛자 학생들이 그에게 집중한 것이다.

이런 식으로 교수의 행동을 '조성'하는 과정이 계속되다가(교수가 문 쪽으로 점점 가까이 다가가고, 팔을 들어 문을 가리키고, 문에 손을 대고, 문손잡이를 돌리고 등) 결국 교수는 정말 강의실 밖으로 나가게 된 것이다.

이 이야기는 그저 조성에 대해 설명하려던 심리학 교수가 만들어낸 도시 전설일 뿐이라고 확신하지만, 이런 일이 실제로 벌어질 가능성도 있다!

조성에 대한 공식적인 설명을 보면 '계속적 접근의 차별 강화'라고 돼 있다. 우리는 어떤 행동이든 강화하면 그 발생 빈도가 증가한다는 조작적 조건형성의 원칙을 알고 있다. 하지만 새로운 행동을 확립하고자 할 때는 아직 그 행동을 강화할 수 없기 때문에 여러분이 원하는 행동을 일으킬 수 있는 이전 행동을 먼저 강화해야 한다.

강화를 통해 앞선 행동이 자리를 잡고 나면 그 행동을 강화하는 것을 멈추고 최종적으로 원하는 행동에 가까이 다가갈 수 있게 해주는 행동만 골라서 강화하는 것이다.

사례: '손 씻기' 습관 조성

케이티는 병원에서 간호사들을 관리하는 일을 한다. 그녀는 조안이라는 간호사가 좀 더 자주 손을 씻기를 원했다. 손 씻기는 환자를 돌보는 일에 있어서 매우 중요한 부분이지만 병원에 근무하는 직원 모두가 그 규칙을 성실하게 지키지는 않는다.

케이티는 틈날 때마다 조안에게 이 문제를 얘기했지만 아직까지 조안의 행동에는 별다른 변화가 없다. 사실 케이티는 자기가 이 문제를 언급하면 할수록 조안의 손 씻는 횟수가 더 줄어드는 것 같다는 생각까지 들었다. 케이티는 조안에게 조성 기법을 써보기로 했다.

케이티는 조안의 습관을 조성하기 위한 계획을 세웠다.

1. 케이티는 조안이 손을 씻을 때 자기가 그 주변에 있는 상황이 생기기를 기다렸다.

    그녀는 조안이 개수대로 다가가는 모습을 목격할 때까지 기다렸다. 조안이 개수대 쪽으로 발걸음을 향하자마자, 케이티는 미소를 지으며 조안에게 말을 걸기 시작했다. 처음에는 말을 걸면서 조금씩 개수대를 향해 움직이는 정도였기에 그 움직임은 눈에 잘 띄지 않았다. 조안이 개수대 쪽으로 전혀 움직이지 않으면 케이티는 미소를 지으면서 조안의 어떤 행동, 예를 들어 최근 환자를 대하던 태도 등을 칭찬하는 말을 했다. 케이티는 조안이 칭찬과 대화를 좋아하므로 이 두 가지가 조안에게 효과적인 강화 수단이 될 것이라는 사실을 알고 있었다. 케이티는 개수대 쪽으로 움직이는 행동이 확실히 자리 잡을 때까지 며칠 동안 이런 일을 반복했다.

2. 케이티는 연속적인 행동 조성의 다음 고리를 찾다가, 단순히 개수대 쪽으로 움직이는 데서 그치는 것이 아니라 실제로 수도꼭지를 만지는 행동을 하게 해야겠다고 결심했다.

    새로운 행동 조성이 시작된 첫날, 케이티는 조안이 개수대 쪽으로 다가가도 아무 말도 하지 않았다. 그러다가 조안의 손이 개수대에 닿은 순간, 케이티는 미소를 지으며 조안을 칭찬했다. 그 후로도 며칠 동안 케이티는 개수대를 만지는 행동에 반응을 보였다.

3. 연속적인 행동 조성의 마지막 단계는 조안이 실제로 손을 씻게 하는 것이다. 그래서 케이티는 조안이 개수대를 만지는 행동에 반응해 그녀를 칭찬하고 대화를 나누던 것을 중단했다.

    케이티는 조안이 실제로 물을 틀고 손에 비누칠을 하는 순간이 오기를 조용히 기다렸다. 조안이 비누를 집어 들자마자 케이티는 미소 띤 얼굴로 칭찬이 섞인 대화를 시작했다. 케이티는 며칠 동안 이런 행동을 반복해 조안의 손 씻는 습관이 확실히 자리 잡게 했다.

이쯤 되면 여러분은, "휴! 사소한 행동 하나에 이르는 데 이렇게 엄청난 노력을 들여야 하다니."라고 생각할지도 모른다. 조성에는 많은 노력이 필요하다. 그리고 이것이 효과를 발휘하기 위해서는 반드시 갖춰야 하는 몇 가지 핵심 요소들이 있다.

- **주의를 기울여라.** 여러분이 원하는 행동이 겉으로 드러나는 때를 유심히 살펴야 상대방이 바람직한 행동을 하는 순간을 모두 파악할 수 있다.
- **(처음에는) 매번 적절한 강화 수단을 제시해야 한다.** 처음에는 상대방이 적절한 행동을 할 때마다 강화 조치를 취해야 한다. 조안의 경우에는 칭찬과 대화를 결합시킨 것이 강화 수단이었다. 조작적 조건형성(조성은 조작적 조건형성의 한 형태다)을 사용할 때는 강화 수단을 신

중하게 골라야 한다. 상대방이 강화 수단으로 여기지 않는 것을 선택하면 아무 효과도 거둘 수 없다. 예컨대 대화를 나누는 것을 강화 수단으로 택했는데 상대방이 여러분을 별로 좋아하지 않는다면, 여러분과의 대화는 상대방의 행동을 강화하지 못한다!

- **강화물을 즉시 제공해야 한다.** 행동과 강화 사이에 시간이 너무 경과되면 다른 행동을 강화하는 결과가 될 수도 있다. 사람들은 강화에 무의식적으로 반응한다. 케이티가 2시간 뒤에 대화를 시작한다면 조안은 강화와 자신의 행동을 연결시킬 수 없다.
- **많은 노력과 시간이 필요하다.** 조성은 많은 시간이 필요한 방법이다. 항상 현장에서 상대방의 행동을 지켜보면서 현재 조성 중인 행동이 나타나기를 기다려야 한다.

조성은 대개 무의식중에 나타나거나 저도 모르게 하게 되는 새로운 행동을 확립할 때 가장 효과적인 방법이다. 조성 기법은 생리학적 근거가 있는 간단하고 사소한 행동에 가장 적합하다.

 **48번째 전략**: 여러분이 바라는 행동이 존재하지 않아서 보상을 할 수 없는 경우에는 조성 기법을 사용해 그 행동을 촉진한다.

적절한 보상 선택

스키너의 조작적 조건형성의 열쇠 가운데 하나는 적절한 강화^{보상}를 선택하는 것이다. 스키너가 실험을 하면서 쥐가 지렛대를 누를 때마다 동전을 강화물로 주었다면 쥐들이 그렇게 열심히 지렛대를 누르지 않았을 것이다. 쥐에게는 돈이 강화물이 아니기 때문이다.

반대로 사람의 경우에는 쥐 먹이가 효과적인 강화물이 아닐 것이다. 특정한 상대방이 원하는 적절한 강화물을 골라야 한다. 때로는 알맞은 강화물을 찾기가 어려울 때도 있다.

일례로 여러분이 구입한 고객관계관리^{CRM} 소프트웨어를 영업사원들이 사용해주기를 바란다고 가정하자. 그래서 앞으로 30일 안에 최소 30번 이상 CRM 소프트웨어를 사용하는 영업사원은 모두 라스베이거스로 여행을 보내주겠다고 제안한다.

　이 제안의 어떤 부분이 문제일까? 이 방법은 효과가 있을 수도 있고 없을 수도 있다. 이것이 효과를 발휘하지 못한다면 그것은 다음과 같은 이유 때문일 수 있다.

- 이 제안은 일종의 고정 비율 계획을 이용한 것이다(CRM을 30번 사용하면 강화물을 받을 수 있는). '일종의'라고 말한 까닭은 30일이라는 조건이 추가됐기 때문이다. 하지만 직원들의 행동을 확립하기 위한 조치는 아무것도 취하지 않았다. 이런 상황에서는 영업사원이 CRM을 사용할 때마다 작은 강화물을 제공한 뒤, 계획해둔 고정 비율 계획을 후속 조치로 이용하는 것이 더 낫다. 직원의 이름과 그가 한 주 동안 CRM을 사용한 횟수를 점수판에 표시하거나 누군가 CRM을 사용할 때마다 칭찬을 해주는 것 등도 작은 강화 방법으로 이용할 수 있다.
- 특정 개인에게는 라스베이거스 여행이 강화가 아닐 수도 있다. 영업사원들 중에는 라스베이거스를 좋아하지 않는 사람도 있을 수 있고 또 자기들은 평소 출장을 많이 다녀서 가족들과 떨어져 지내는 시간이 너무 많다고 생각할 수도 있다. 이런 경우에는 라스베이거스 여행이 효과적인 강화물이 될 수 없다.

　강화물로 이용할 수 있는 대상은 다양하다. 몇 가지 예를 살펴보자(전부 직장에서 사용하기에 적합한 것은 아니다).

돈	음식
콘서트 티켓이나 스포츠 경기 관람권	보석
옷	칭찬
감사의 말	자율권
사회적 상호작용	섹스

　상대방이 원하는 것이 바로 강화물이다.

금전적 보상에 대한 약속이 도파민을 분비한다

브라이언 넛슨 Brian Knutson 은 기업의 급여 인센티브 정책을 연구한 결과 직원들에게 업무에 대한 금전적 보상을 약속할 경우 측좌핵 nucleus accumbens 활동이 증가한다는 사실을 발견했다 Knutson 2001. 사람들이 코카인이나 담배 같은 중독성 물질을 기대할 때도 이 부위에서 똑같은 활동이 벌어진다. 도파민이 분비되는 것이다. 또 도파민이 분비되고 측좌핵 활동이 증가한 뒤에는 위험한 행동을 하는 경향이 높아진다(다른 중독성 물질을 기대할 때 나타나는 것과 같은 반응).

49번째 전략: 상대방이 진정으로 원하는 보상을 택해야 한다. 그렇지 않으면 보상이 효과를 발휘하지 못한다.

보상 제공 시기

보상과 이용할 계획(지속적 강화, 변동 계획 등)을 정했으면 곧바로 보상을 제공해야 한다. 보상이 행동에 최대한의 효과를 미치게 하려면 사람들이 자기가 실제로 한 행동을 보상과 연결시킬 수 있어야 한다.

예를 들어, 여러분 팀에 속한 누군가에게 새로운 행동이 자리 잡게끔 지속적인 강화를 이용한다고 가정해보자. 그가 제시간에 회의에 참석할 때마다 "회의에 일찍 참석해줘서 고마워요, 짐."이라고 칭찬을 한다.

그가 회의실에 들어서는 순간 이 말을 해야 한다. 그로부터 이틀이나 지난 뒤에 "월요일 회의에 늦지 않고 참석하다니 훌륭해요."라고 말한다면 칭찬의 효과가 감소할 수밖에 없다.

또한 여러분이 기대하는 행동에 대해 미리 보상을 해서도 안 된다("봉급을 올려줄 생각인데, 단 앞으로 업무 기한을 잘 지켜야 합니다"). 보상은 바람직한 행동을 한 후에 제공해야만 효과가 있다.

50번째 전략: 보상을 제공할 때는 (이용하는 계획에 따른) 행동을 한 직후에 줘야 한다.

51번째 전략: 보상을 제공할 때는 행동을 하기 전이 아니라 하고 난 뒤에 줘야 한다.

부정적 강화

지금까지 살펴본 사례는 모두 긍정적인 강화에 관한 것이었다. 사람들이 원하는 것을 주자 행동 빈도가 증가하는 예를 살펴봤던 것이다.

행동 → 강화 → 행동 빈도 증가

보고서를 제때 제출함 → "기한에 맞추다니 대단하군!"이라고 칭찬을 받음 → 이후에도 계속해서 보고서를 제때 제출함

학교 성적표에 A를 하나 받음 → 용돈을 5달러 받음 → A를 더 많이 받음

하지만 부정적 강화에 대한 얘기는 아직 하지 않았다. 부정적 강화와 처벌을 혼동하는 일이 많지만 이들은 전혀 같은 것이 아니다. 부정적 강화는 행동 변화에 강력한 효과를 발휘하지만 처벌은 그만큼 효과적이지 않다.

다시 쥐 얘기부터 시작한 뒤에 인간들의 예를 살펴보자. 쥐를 우리에 넣고 전기 충격을 가한다. 그리고 지렛대를 누르면 충격을 멈출 수 있다는 사실을 가르친다. 이때 가해지는 전기 충격이 부정적 강화다.

이것이 강화인 이유는 이 방법을 사용하면 행동 빈도가 증가하기 때문이다. 그리고 이것이 부정적인 이유는 쥐가 지렛대를 누르면(행동을 취하면) 충격이 사라지기 때문이다.

행동 → 강화 → 행동 빈도 증가

버튼을 누름 → 전기 충격이 사라짐 → 버튼을 자주 누름

이제 인간의 예를 살펴보자. 조는 케빈이라는 직원이 자기 작업 구역을 늘 깔끔하게 정리해놓기를 바란다.

행동 → 강화 → 행동 빈도 증가

작업 구역 정리 → 강화 → 또다시 작업 구역 정리

조는 처음에는 긍정적 강화를 사용했다. 케빈이 자기 작업 구역을 정리할 때마다 "케빈, 주변이 이렇게 깨끗하니 보기 좋군!" 같은 말을 하는 것이다.

작업 구역 정리 → 칭찬 → 또다시 작업 구역 정리

그러나 이 방법은 효과가 없었다. 케빈은 자기 작업 구역을 치우지 않았다. 조는 케빈에게는 칭찬이 효과적인 강화물이 아니라는 것이 문제점 가운데 하나라고 생각했다. 케빈은 칭찬에는 별 관심이 없었다. 어쨌든 조의 칭찬에는 그런 듯했다.

조는 다른 긍정적 강화물을 찾는 대신 부정적 강화를 시도해보기로 했다. 조는 자기가 주변을 어슬렁거리면서 케빈이 하는 일을 들여다보거나 이런저런 지시를 내리는 것을 케빈이 싫어한다는 사실을 알고 있었다. 따라서 조가 케빈의 작업 구역 주위를 돌아다니면서 정리 좀 하라며 잔소리를 시작하는 것이 부정적 강화가 될 것이라고 생각했다.

조는 자기가 부정적 강화를 사용하면 케빈이 작업 구역 정리를 좀 더 자주 할 것이라고 여겼다.

행동 → 강화 → 행동 빈도 증가

작업 구역 정리 → 강화(조가 케빈 주위를 돌아다니면서 잔소리하는 행동을 그만둠) → 또다시 작업 구역 정리

부정적 강화에서는 상대방이 좋아하지 않는 일을 그만두거나 피할 경우 상대방의 행동이 강화된다. 긍정적 강화의 경우와 마찬가지로 상대방이 중단되기를 바라는 일이 뭔지 알아내야만 하다.

스키너가 '보상'이라는 용어를 사용하고 싶어 하지 않았던 것도 부정적 강화 때문이다. 보상이라는 말에는 상대방이 원하는 것을 준다는 의미가 내

포돼 있다. 스키너는 '강화'라는 용어를 사용한 덕분에 행동 빈도를 증가시키는 일이라면 그것이 긍정적인 방법이든 부정적인 방법이든 상관없이 다 얘기할 수 있었다. 강화는 부정적 강화의 가능성까지 포함된 좀 더 중립적인 용어이기 때문이다.

 52번째 전략: 사람들이 어떤 일을 하게 할 때 부정적 강화를 이용할 수도 있다. 상대방이 원치 않는 일이 무엇인지 알아내 그것을 제거하는 일을 일종의 '보상'으로 사용하는 것이다.

처벌

그렇다면 처벌은 어떨까? 이것도 똑같을까, 아니면 다를까? 효과가 더 좋을까? 아니면 적을까?

지금까지는 누군가가 원하는 것을 적용하거나(긍정적 강화) 그가 원치 않는 것을 제거하는(부정적 강화) 방식에 대해 살펴봤다. 처벌은 긍정적 강화와도 부정적 강화와도 다르다. 우리가 누군가를 처벌할 때는 그의 행동이 감소하기를 바라는 마음에서 하기 때문이다.

행동의 빈도를 늘리려는 것이 아니다(긍정적 강화와 부정적 강화의 경우처럼). 반대로 상대방이 원치 않는 것을 이용해 행동 빈도를 감소시키는 것이 목적이다.

> **처벌이 엉뚱한 결과를 낳을 수도 있다**
>
> 처벌을 이용하면 역효과가 생길 가능성도 있다. 다니엘 핑크 Daniel Pink 는 『드라이브 Drive』 청림출판 2011 라는 책에서 처벌을 이용하자 원치 않는 행동의 빈도가 증가한 그니지의 연구 Gneezy 2000 에 대해 설명한다.
>
> 한 탁아소에서 정해진 시간보다 늦게 아이를 데리러오는 부모들을 제재하기 위해 벌금 제도를 도입하기로 결정했다. 부모가 예정보다 늦게 올 경우 1분 늦을 때마다 일정 액수의 벌금을 내게 한 것이다. 탁아소 측에서는 이런 처벌 방식의 도입을 통해 부모들이 제시간에 오게 되기를 바랐다.

그러나 예상과 반대되는 일이 벌어졌다. 벌금 제도가 도입되자 아이를 늦게 데리러 오는 부모가 크게 늘어난 것이다. 그 이유는 관계가 변했기 때문이다. 전에는 부모가 늦게 오면 탁아소 직원들에게 폐를 끼치게 된다는 마음의 부담이 있었다. "내가 늦게 가면 직원들이 제시간에 퇴근을 할 수 없어." 하지만 순전히 금전 거래와 관련된 문제가 되어버리자(늦게 올 경우 = 돈을 더 내면 된다) 부모들은 늦게 오는 일에 대해 죄책감을 느끼지 않게 됐던 것이다. 그들은 기꺼이 가외 비용을 지불했다.

처벌도 물론 효과를 발휘할 수 있지만 긍정적 강화나 부정적 강화만큼의 효과는 없다. 처벌은 대안이 될 만한 행동을 찾거나 그런 행동을 하게 하기보다는 어떤 일을 중단하게 만드는 효과가 더 크다.

강화는 확실하고 오래도록 지속되는 행동을 불러올 수 있는 반면 처벌은 대개 처벌이 가해지는 동안에만 효과를 보인다. 행동에 대한 처벌을 중단하면 그 행동이 바로 다시 나타나는 것이다.

 **53번째 전략**: 여러분이 바라는 행동은 보상을 해주고 원치 않는 행동은 무시하자. 처벌은 보상보다 효과가 적다.

본능

숲 속에 난 길을 따라 걸어가다가 갑자기 앞쪽에 뱀이 있는 것을 봤다고 상상해보자. 여러분은 공포에 질려 뒤로 펄쩍 뛰어 물러나고 심장은 마구 두방망이질을 칠 것이다. 이때 나타나는 반응은 강렬하고 무의식적이다. 생존 본능이 발휘됐기 때문이다.

우리는 위험에 대비하기 위해 끊임없이 주위를 살핀다. 이것은 생존을 위한 우리의 본능 중 하나다. 새로운 것이나 위험, 음식, 섹스에 대한 반응도 본능에 포함된다. 본능적인 반응은 강하고 빠르며 대부분 무의식중에 나타난다.

본능은 자기 주변의 어떤 것에는 관심을 집중하고 어떤 것은 무시하게 만든다. 그뿐 아니라 우리는 무의식적이고 본능적인 반응에 따라서 대부분의 결정을 내리거나 최소한 여기에서 많은 영향을 받는다.

우리의 반응과 결정이 대부분 본능에 의한 것이라는 사실을 알면 이를 이용해 다른 사람들을 설득할 수 있다.

두려움, 관심, 그리고 기억

우리의 구뇌는 항상 위험을 경계하기 때문에 두려움은 강력한 행동 동기가 된다. 무의식은 의식적인 생각이 주변에서 벌어지는 일들을 알아차리기 훨씬 전부터 두려움을 감지하고 그에 반응한다. 사람들은 두려움에 기초한 의견을 갖고 있다. 그리고 두려움에 근거해 행동한다. 자신을 두렵게 만드는 대상을 피하려는 충동은 매우 강하다.

이 말이 사람들을 겁줘서 여러분이 원하는 일을 하게 만들라는 뜻 같은가? 결코 그렇지 않다. 사람들을 지나치게 겁먹게 하면 여러분과의 교류를 피할 것이다. 그러나 약간의 두려움은 관심을 사로잡고 행동을 취하도록 자극한다.

위기에 처한 사람의 인생 역정을 말로 전하거나 그 실상이 드러나 있는 그림이나 동영상을 보여주면 관심을 끌 수 있다. 사고나 자연 재해(허리케인, 토네이도, 지진), 야생동물 등도 여기에 포함된다.

여러분은 자신의 아이디어나 기업 브랜드가 부정적인 메시지 혹은 이미지와 연관되는 것을 원치 않겠지만 몇몇 조직과 캠페인에서는 그런 것을 활용해 관심을 끌고 이목을 집중시키기도 한다.

일례로 어떤 보험회사에서 거대한 태풍의 여파를 찍은 사진을 수재 보험 광고에 이용하는 경우, 이렇게 황폐해진 모습이 담긴 사진을 보면 무의식이 그 공포와 위험의 메시지에 반응하기 때문에 사람들의 이목을 사로잡을 수 있다.

본능의 주된 역할은 스스로 해를 입지 않게 하는 것이므로 자신의 생존을 위협하는 것이라면 뭐든지 우리의 관심을 끈다. 자신에게 직접 가해지는 위협이 아니라도 상관없다. 누군가가 위험에 처한 장면이 나오는 영화나 광고를 보기만 해도 우리 내면의 경종이 일제히 울리기 때문이다. 그래서 영화에 나오는 무시무시한 자동차 추적 장면을 볼 때면 본능은 "조심해, 조심하라고!"라며 소리를 지른다.

본능이 경보를 울리면 우리의 모든 정보 처리 및 감정 처리 시스템은 고도의 경계 상태에 들어가 활발하게 작동한다. 다시 말해 우리가 고도의 경계 상태에 있을 때 벌어진 일들은 기억 속에서 강렬하게, 감정적으로 처리된나는 말이다. 요새는 우리의 본능을 활성화시키고 제품 정보를 주입하는 일에만 주력하는 마케팅 부문도 따로 존재한다.

여러분이 사람들을 설득할 때는 이것을 어떻게 이용하면 좋을까? 어떤 TV 광고에 위험한 상황(예: 자동차 추적)이 등장하는데 누군가가 특정 브랜드의 음료수나 신용카드를 받아드는 장면에서 상황이 절정에 이른다고 가정해보자. 이때 우리의 모든 신경계는 고도의 경계 상태에 있기 때문에 그 순간에 본 제품을 기억하고 강한 애착까지 느끼게 된다는 것이 이런 광고의 저변에 깔린 생각이다.

관심을 집중시키고 기억에 깊이 새겨진다는 측면에서만 본다면 사실 우리가 겁에 질린 상태든 아니면 기분이 한껏 들뜬 상태든 상관이 없다. 우리가 느끼는 감정이 '긍정적'인 것이든 '부정적'인 것이든 상관없다는 얘기다. 중요한 것은 체내의 모든 시스템이 고도의 경계 상태에 돌입해 있다는 점이다.

54번째 전략: 관심을 사로잡으려면 위험한 상황이 묘사된 메시지와 사진을 이용하라.

55번째 전략: 사람들이 여러분과 여러분의 브랜드, 메시지를 기억하게 하려면 두려운 마음을 불러일으키는 사진이나 표현을 사용하는 것이 좋다.

병과 죽음에 대한 공포

질은 한 지역 병원의 홍보 책임자로 일한다. 그녀는 50세 이상인 사람들이 정기 검진을 받고 필요한 약을 복용하고 중년기에 권장하는 예방적 검진을 받도록 독려하는 광고 캠페인을 시작했다.

질은 광고대행사 두 곳에 연락해 캠페인 아이디어를 내달라고 부탁했다. 두 대행사는 광고 캠페인에 대해 서로 매우 다른 조언을 해줬다.

- A광고대행사는 "최고의 내가 되자."라는 주제를 이용해 홍보 캠페인 전체를 하나로 통합했다. 평생 동안 건강과 체력을 유지하면서 친구나 가족과의 시간과 좋아하는 활동을 마음껏 즐기라는 메시지를 전면에 내세운 것이다. 그리고 활동적이고 건강하고 매력적인 50~60대 사람들의 사진을 집어넣었다.
- B광고대행사는 "아무리 조심해도 지나치지 않다."는 주제를 이용해 홍보 캠페인을 하나로 통합했다. 질병과 만성질환을 피하는 문제에 중점을 둔 것이다. 이 캠페인에도 활동적이고 건강하고 매력적인 50~60대의 사진이 몇 장 사용되긴 했지만 그보다는 병들고 죽어가는 이들의 사진이 더 많았다.

질은 둘 중 어느 쪽을 택해야 할까? 그녀의 목표가 무엇이냐에 따라 선택이 달라진다. 병원 브랜드를 긍정적이고 건강한 쪽으로 각인시키고 싶다면 A광고대행사의 "최고의 내가 되자." 쪽을 택해야 한다. 하지만 사람들이 진찰과 정기검진을 받고 필요한 약을 복용하고 예방적 검진을 받게 하는 것이 그녀의 목표라면 B광고대행사의 "아무리 조심해도 지나치지 않다."를 선택해야 할 것이다. 이쪽이 좀 더 즉각적인 행동을 유도하기 때문이다.

병과 죽음의 공포에 대한 메시지를 본 사람들은 병원 예약을 잡을 가능성이 더 높다.

56번째 전략: 사람들이 즉각적인 행동을 취하게 하려면 공포와 죽음의 메시지를 활용하라.

손실의 두려움

손실에 대한 두려움을 불러일으키는 것도 사람들을 설득하는 한 가지 방법이다. 우리의 본능은 모든 종류의 손실을 경계하고 싫어하기 때문에 무의식중에 이익에 대한 기대보다는 손실의 두려움을 바탕으로 행동하려는 의지가 더 높아진다.

앙투안 베차라^{Antoine Bechara} 의 연구에서 참가자들은 카드 여러 벌을 가지고 도박 게임을 했다^{Bechara 1997}. 각 참가자는 가짜 돈을 2천 달러씩 받았다 그리고 그 2천 달러를 이용해 최대한 돈을 적게 잃고 많이 따는 것이 게임의 목표라는 말을 들었다.

탁자에는 카드 4벌이 놓여 있었고 참가자는 그 중에서 아무거나 골라 한 번에 한 장씩 카드를 뒤집어야 했다. 참가자들은 실험자가 그만하라고 말할 때까지 자기가 고른 덱^{deck} 의 카드를 뒤집었다. 이들은 게임이 언제 끝날지 몰랐다. 참가자들은 카드를 뒤집을 때마다 돈을 벌게 된다는 말을 들었다.

또 때로는 카드를 뒤집을 때마다 돈을 벌기도 하고 잃기도 한다는(그만큼의 액수를 실험자에게 지불하는 방식으로) 말을 듣기도 했다.

실험 참가자들은 이 도박 게임의 규칙을 전혀 몰랐지만 실제 규칙은 다음과 같았다.

- A덱이나 B덱의 카드를 뒤집으면 100달러를 번다. C덱이나 D덱의 카드를 뒤집으면 50달러를 번다.
- A덱과 B덱에서 어떤 카드가 나오면 참가자가 실험자에게 많은 돈을 지불해야 하는데, 때로는 그 액수가 1,250달러나 되기도 한다. C덱과 D덱에서 어떤 카드가 나오는 경우에도 참가자가 실험자에게 돈을 지불해야 하는데, 이때 지불하는 액수는 평균 100달러 정도밖에 안 된다.
- 게임이 진행되는 동안 참가자가 계속 A덱과 B덱을 사용하면 순손실이 발생하게 된다. 반면 C덱과 D덱을 계속 사용하는 사용자는 순이익을 얻는다.

게임 규칙은 결코 변하지 않았다. 참가자들은 그런 사실을 몰랐지만 100장의 카드를 '플레이하면'(뒤집으면) 게임이 끝났다.

게임을 시작할 때는 대부분의 참가자들이 4개의 덱을 모두 사용한다. 그러다가 곧 한 번 뒤집을 때마다 100달러를 주는 A덱과 B덱에 끌리는 모습을 보인다. 하지만 카드를 30장쯤 뒤집고 난 뒤에는 대부분 C덱과 D덱으로 마음이 바뀐다. 그리고 게임이 끝날 때까지 C덱과 D덱의 카드를 계속 뒤집는다.

연구가 진행되는 동안 실험자는 중간에 몇 차례 게임을 중단시키고 참가자들에게 덱에 대해 물었다. 실험 참가자들은 SCR(피부 전도 반응) 측정을 위한 피부 전도 센서를 부착하고 있었다. 이들이 A덱과 B덱('위험한' 덱)의 카드를 뒤집을 때면 SCR 측정값이 상승했는데, 이런 현상은 A덱과 B덱이 위험하다는 사실을 의식하기 한참 전부터 나타났다.

그리고 참가자들이 A덱과 B덱의 카드를 뒤집을 때면 덱의 카드를 만지기도 전부터 SCR이 증가했다. A와 B덱을 사용한다는 생각만으로도 SCR이 증가한 것이다. 이들은 A덱과 B덱이 위험하며 손실을 가져올 것임을 본능적으로 알고 있었다. 이런 사실은 SCR 측정값이 순간적으로 치솟는 데서도 나타났다. 하지만 이 모든 일이 무의식적으로 진행됐다. 그들의 의식은 아직 뭔가가 잘못됐다는 사실을 알지 못했다.

나중에 참가자들은 C덱과 D덱이 더 낫다는 '직감'이 들었다고 말했지만, SCR 측정값은 신뇌가 그 사실을 '이해'하기 한참 전에 이미 구뇌가 그것을 알아차렸음을 보여준다.

게임이 끝날 무렵이 되자 참가자들 대부분이 단순한 직감 이상의 확신을 가지고 두 덱의 차이점을 말할 수 있게 됐지만, 참가자 중 30퍼센트는 여전히 자기가 C덱과 D덱을 선호한 이유를 제대로 설명하지 못했다. 그저 그 두 개의 덱이 더 낫다는 생각이 들었다고만 말할 뿐이었다.

사람들은 위험을 알리는 무의식의 신호에 반응하고 대처한다. 무의식은 의식적인 생각보다 빨리 행동을 개시한다. 이 말은 곧 사람들은 자기가 어떤 행동을 취한 이유, 혹은 어떤 것을 더 선호하는 이유를 설명하지 못하는 경우가 많다는 것이다.

이미 손에 넣은 것은 잃고 싶지 않아!

배리 슈워츠 Barry Schwartz 는 차를 구입하는 사람들을 연구했다 Schwartz 2005. 참가자들은 모든 옵션이 상작된 차를 시운전한다.

- 한 상황에서는 참가자들에게 모든 옵션이 장착된 자동차 가격을 보여준다. 가격이 너무 비싸다고 말하면 옵션을 제거해서 가격을 낮추겠느냐고 묻는다.
- 또 다른 상황에서는 (옵션을 제외한) 차의 기준 가격을 보여준 뒤 각 옵션에 대해 설명하면서 가격도 알려준다. 그리고 추가하고 싶은 옵션을 선택하게 하는데 옵션을 하나 선택할 때마다 가격이 올라간다.

참가자들은 첫 번째 조건에서 더 많은 돈을 썼다. 완벽한 상태의 차를 경험하고 나자, 어떤 의미에서 자기들이 이미 소유했다고 생각되는 것을 잃기를 꺼려한 것이다.

90퍼센트 성공인가, 10퍼센트 실패인가?

안토니오 다마지오 Antonio Damasio 는 『데카르트의 오류 Descartes' Error 』 중앙문화사 1999 라는 책에서, 우리는 실패에 대해 무의식적인 두려움을 품고 있기 때문에 그것을 표현하는 방식도 중요하다는 사실을 지적한다.

그는 의학 분야에서의 조사 결과를 인용한다. "이 치료를 받을 경우 생존 가능성이 90퍼센트입니다."라는 말을 들은 환자들은 치료를 받는 쪽을 택한다.

하지만 "이 치료를 받으면 사망할 가능성이 10퍼센트입니다."라는 말을 들은 환자들은 치료를 받을 확률이 훨씬 줄어든다는 것이다.

57번째 전략: 인간은 이득 가능성보다 손실 가능성에 더 자극받는다는 사실을 알아야 한다.

58번째 전략: 사람들이 자기가 어떤 대상을 다른 것보다 더 선호하는 이유를 스스로 말해주리라고 기대해서는 안 된다.

59번째 전략: 사람들이 뭔가를 갈망하게 하려면 먼저 그것을 써보게 해야 한다. 일단 한 번 써보고 나면 손에서 놓고 싶어 하지 않을 것이다.

수량이 한정된 경우

"준비된 좌석이 50개뿐입니다. 자리를 확보하려면 지금 바로 등록하십시오."라고 선전하는 행사 참석 제안을 몇 번이나 받아봤는가?

왜 이런 식으로 선전을 하는 걸까? 그야 물론 이 방법이 효과가 있기 때문이다! 어떤 대상이 희귀해 보이거나 곧 귀해질 것 같다는 생각이 들면 해당 물품의 가치와 그것을 소유하고자 하는 욕구가 동시에 높아진다. 희귀하다고 생각되는 것을 소유하거나 살 기회를 놓칠까 봐 걱정하는 것이다.

스티븐 워첼 Stephen Worchel 은 사람들에게 초콜릿 칩 쿠키의 맛을 평가해 달라고 부탁했다 Worchel 1975. 연구원들은 한쪽 단지에는 쿠키 10개를, 다른 단지에는 똑같은 쿠키를 2개 넣어두었다. 양쪽 쿠키는 완전히 똑같은 것이었는데도 사람들은 쿠키가 적게 들어 있는 단지의 쿠키가 더 맛있다고 답했다!

그뿐만이 아니다. 단지에 쿠키가 많았다가 잠시 뒤에 거의 다 사라지자, 여기에 남아 있는 쿠키는 쿠키 수가 변하지 않은 단지의 쿠키보다 높은 평가를 받았다.

사람들이 행동을 취하게 만드는 이 전략은 어떤 대상에나 효과가 있다. 몇 가지 예를 살펴보자.

- 여러분 몸에 맞는 사이즈의 셔츠가 두 장밖에 남지 않았으니 당장 이 셔츠를 사야 한다.
- 새로운 온라인 서비스를 이용하려면 이미 회원으로 가입돼 있는 누군가의 초청을 받아야만 한다.
- 우리는 회원을 한 번에 30명밖에 받지 않는다. 지금 신청해두면 자리가 날 때 알려줄 테니 기다려라.
- 이 티켓은 다음 주 목요일까지만 판매한다.
- 올해는 지원자를 5명만 받는다.

결핍과 유사한 이 개념은 가격이 비싸고 그래서 손에 넣기 힘든 (귀한) 물건일수록 가치가 높다는 것이다. 우리는 무의식적으로 값비싼 것을 원하는 경향이 있다. 자기도 모르는 새에 비싼 것이 '더 좋은 것'이라고 동일시하는 것이다.

 **60번째 전략**: 여러분의 제품이나 서비스가 높은 평가를 받기를 바란다면 희귀하거나 구하기 어렵게 만들어라.

사람들이 친숙한 브랜드를 원하는 시점

상사가 금요일 오후에 여러분을 자기 사무실로 부르더니 여러분이 최근에 제출한 프로젝트 보고서가 마음에 들지 않는다고 말한다. 여러분은 이미 상사에게 몇 번이나 프로젝트 진행 상황이 원활하지 않다고 보고하면서 직원을 더 충원해 달라는 요청도 했다. 그런데 이런 사전 통보가 죄다 무시당한 느낌이다.

지금 상사는 이 일이 여러분 경력에 나쁜 영향을 미칠 것이고 자칫하면 일자리를 잃을 가능성도 있다고 말한다. 퇴근길에 여러분은 식료품점에 들렀다. 아침식사용 시리얼이 떨어졌기 때문이다. 여러분은 상사와 얘기를 나눈 뒤 기분이 울적하고 겁에 질린 상태다. 이런 상황에서는 평소 늘 사던 시리얼을 사게 될까, 아니면 새로운 제품을 시도하게 될까?

네덜란드 네이메헌 라드바우드 대학교의 마리에케 드 브리스 Marieke de Vries 의 연구에 따르면 이런 상황에서는 대개 친숙한 브랜드의 제품을 구매하게 된다고 한다 de Vries 2007 .

이 연구는 슬픔이나 두려움에 사로잡힌 사람은 친숙한 것을 원한다는 사실을 보여준다. 반면 기분이 좋아서 친숙한 것에 집착하지 않아도 되는 경우에는 기꺼이 새롭고 색다른 것을 시도해보려고 한다.

친숙함에 대한 갈망과 익숙한 브랜드를 선호하는 현상은 상실에 대한 원초적인 공포와 관련이 있을지도 모른다. 슬프거나 두려움을 느낄 때 우리 본능은 경계 태세에 들어간다. 우리는 안전을 원하며, 안전을 도모하는 쉽고 빠른 방법은 자기에게 익숙한 대상 가까이에 있는 것이다. 유명 브랜드는 친숙하다. 유명 로고도 친숙하다.

다른 사람의 기분을 쉽게 바꿀 수 있다

누군가의 기분에 영향을 주는 일, 특히 단기적으로(예컨대 1시간 일정의 프레젠테이션이 진행되는 동안) 영향을 미치는 일은 매우 쉽다는 사실이 밝혀졌다.

마리에케 드 브리스의 연구에 참가한 이들은 두 그룹으로 나뉘어 한 그룹은 코미디 영화 『머펫 The Muppets』을 잠깐 동안 보고(즐거운 기분을 느낄 수 있도록) 다른 그룹은 영화 『쉰들러 리스트 Schindler's List』의 일부 장면을 감상했다(우울한 기분을 부추기기 위해). 『머펫』을 본 참가자들은 기분이 상당히 좋아졌다고 했고 『쉰들러 리스트』를 본 참가자들은 아주 우울한 기분이 들었다고 말했다. 그리고 이런 기분 변화는 나머지 연구가 진행되는 동안 이들이 보여준 행동에 영향을 미쳤다.

어떻게 하면 이런 아이디어를 응용해 사람들을 설득할 수 있을까? 예를 하나 살펴보자. 앤드류는 컴퓨터와 기술 서비스를 판매하는 회사에서 영업 사원으로 일한다. 최근 그 회사에서는 제품과 서비스를 대대적으로 개편했다. 앤드류는 기존 고객들이 새로운 서비스를 사용하도록 유도해야 한다.

그는 고객들에게 새로운 것을 시도해보라고 권할 때 고객이 즐겁고 안전한 기분을 느끼게 해야겠다고 생각했다. 앤드류는 고객과 1대 1로 마주앉았다. 그리고 먼저 회사 마케팅 부서에서 새로운 제품과 서비스를 소개하기 위해 만든 동영상을 고객에게 보여줬다. 동영상에는 경쾌한 음악이 흐르고 긍정적인 메시지가 담겨 있었다. 동영상 재생이 끝나자 앤드류는 고객의 회사가 지난해에 거둔 '훌륭한 성과'에 대해 자세하게 이야기하기 시작했다.

이런 식으로 사전 준비를 마친 그는 (명랑한 태도로) 새로운 제품과 서비스에 대해 설명했다. 또 신제품과 서비스가 고객의 눈에 더욱 매력적으로 보이게끔 희귀성의 개념도 집어넣었다. 특별 고객을 몇 사람만 선정해서 신제품 사용 기회를 주기로 했다고 말한 것이다.

61번째 전략: 사람들이 새로운 것을 시도해보게 하려면 상대방의 기분이 좋을 때를 골라서 일에 착수하거나 즐겁고 재미있는 영상을 보여줘서 기분이 좋아지게 해야 한다.

62번째 전략: 새로운 것을 시도해보게 하려면 안전하고 편안한 기분이 들게 해야 한다.

63번째 전략: 상대방이 익숙한 것을 계속 고수하게 하고 싶다면 좋은 기분에 젖게 해서는 안 된다.

64번째 전략: 사람들이 새로운 것을 시도하지 않고 평소 선택하던 것을 계속 유지하게 하려면 손실의 두려움을 자극하는 메시지를 이용한다.

우리는 만사를 자기 뜻대로 하고 싶어 한다

쉬나 아이엔가 Sheena Iyengar 는 자신이 쓴 『선택의 심리학 The Art of Choosing 』21세기북스 2012 에서 쥐를 이용한 실험에 대해 설명했다. 쥐는 먹이까지 곧게 뻗어 있는 길과 여러 갈래로 갈라져 있어서 스스로 선택해야 하는 길 중에서 하나를 고를 수 있었다.

두 길 모두 동일한 양과 동일한 종류의 먹이에 다다를 수 있다. 만약 쥐가 원하는 것이 오직 먹이뿐이라면 다들 짧고 곧게 뻗은 길을 택해야 한다. 하지만 쥐들은 계속해서 여러 갈래로 갈라진 길을 선호하는 모습을 보였다.

원숭이와 비둘기를 이용한 실험에서 동물들은 버튼을 눌러 먹이를 얻는 법을 배웠다. 버튼이 한 개뿐인 상황과 여러 개가 있는 상황 중에서 원하는 것을 선택할 수 있게 하자, 원숭이와 비둘기 모두 버튼이 여러 개인 쪽을 더 좋아했다.

인간을 대상으로 한 유사한 연구에서는 사람들에게 카지노에서 사용하는 칩을 나눠주었다. 그리고 룰렛이 하나인 테이블과 룰렛이 두 개라서 둘 중 하나를 선택할 수 있는 테이블에서 그 칩을 사용하게 했다. 그러자 룰렛이 모두 동일했음에도 사람들은 룰렛이 두 개인 테이블을 더 좋아했다.

어린 나이부터 나타나는 통제 욕구

쉬나 아이엔가는 생후 4개월밖에 안 된 어린 아기들을 대상으로 한 연구에 대해 설명했는데, 여기서 연구자들은 아기 손에 줄을 연결했다. 그리고 아기들이 손을 움직이면 줄이 당겨지면서 음악이 흘러나왔다.

그런 다음 연구자들은 음악이 연주되는 장치와 줄을 분리시켰다. 음악은 똑같은 간격을 두고 연주됐지만 아기들은 음악이 연주되는 순간을 통제할 권한이 없어졌다. 그러자 아기들은 울음을 터뜨렸다. 음악이 연주되는 시간을 직접 정하고 싶었던 것이다.

선택은 곧 통제고 통제는 생존을 의미한다

사실은 그렇지 않지만, 우리는 흔히 선택권과 통제권을 동일시하는 경향이 있다. 자신에게 통제권이 있다고 느끼려면 우선 자기 행동이 주변에 영향력을 미치고 또 선택할 권한이 있다는 생각이 들어야 한다. 때로는 선택의 자유가 지나쳐서 진정으로 원하는 것을 얻기가 더 힘들어지기도 하지만 그래도 선택권이 있어서 최종적인 결정을 자기가 좌우한다고 느끼고 싶어 한다.

우리는 주위 환경을 통제하려는 욕구를 지니고 있다. 이는 이해할 수 있는 일이다. 우리 본능이 주위 환경을 통제해야만 생존 가능성이 높아진다고 속삭이기 때문이다. 그래서 자기에게 통제권과 선택권이 있다고 여기고 싶어 한다. 선택 가능한 대상이 너무 많으면 아무것도 선택하지 못할 수도 있다. 하지만 반대로 선택권이 전혀 없으면 의욕을 잃는다.

사람들을 설득하려면 몇 가지(많아야 서너 가지 정도의) 확실한 선택인을 제시해서 본인에게 결정권이 있다고 느끼게 해야 한다. 사람들이 늘 가장 빨리 일을 완수할 수 있는 방법을 택하는 것은 아니다. 때로는 자신에게 어느 정도 통제권이 있다고 느낄 수 있는 방식을 택하기도 한다.

아이들이 아직 어렸을 때 우리 가족은 주말마다 집안을 청소하는 시간을 가졌다. 아이들 각자에게 해야 할 집안일을 정해주는 것이 아니라 그날 처리할 수 있는 집안일을 모두 목록으로 만든 뒤, 각 일마다 일정한 점수를 부여했다. 시간이 오래 걸리고 힘든 일, 혹은 다들 하기 싫어하는 일은 쉽고 빨리 할 수 있는 일보다 높은 점수를 받았다.

그리고 아이들이 그날 집안일을 하면서 얻어야 하는 총 점수를 말한 뒤 어떤 일을 할지 직접 정할 수 있다고 했다. 아이들은 집안일을 하는 데 있어서 자기에게 어느 정도 결정권이 있다고 느꼈다.

그리고 나는 아이들 도움을 받으며 청소를 할 수 있었다.

65번째 전략: 사람들에게 선택권을 주는 것은 곧 통제권까지 주는 것이다. 누구나 통제권을 원한다.

66번째 전략: 선택 가능한 대상을 서너 개로 한정한다. 선택안을 지나치게 많이 제시하면 아무것도 고르지 못한다.

안전과 참여

내가 지금까지 본 것 가운데 최고의 무대는 바비 맥퍼린 Bobby McFerrin 의 공연이었다. 그의 콘서트는 음악과 대규모 관객 참여의 현장이었다.

내가 본 공연은 위스콘신 주의 소도시에 있는 1,500석 규모의 극장에서 열렸다. 객석은 만원이었고 관객들은 공연에 감탄했지만 그런 마음을 겉으로 잘 드러내려 하지 않았다. 그러나 90분간의 공연이 끝날 무렵이 되자 맥퍼린은 모든 관객을 흥분의 도가니로 몰아넣어, 관객들은 무대 위로 올라가는 것을 비롯해 그가 시키는 일이면 뭐든지 다 할 태세였다.

맥퍼린은 훌륭한 공연자일 뿐 아니라 관객들의 참여를 유도하는 일에도 정통한 사람이다. 그는 모든 사람을 하나로 결집시키고 조심스럽게 일을 진행시켜 이런 놀라운 결과를 낳았다. 수많은 낯선 이들과 함께 극장에 앉아 있을 때 남들 앞에서 바보짓을 하고 싶은 사람은 없겠지만, 맥퍼린은 우선 작은 소리를 한 번 내거나 간단한 음 하나를 노래하는 일부터 시작하게 한다. 주위 사람 모두가 따라 하니 어느새 여러분도 하게 되는 것이다. 그는 이 한 번의 참여를 발판 삼아 조금씩 더 많은 것을 요구했고 결국 모든 관객이 기꺼이 참여하는 상황으로 만들었다.

> **참고** • 바비 맥퍼린이 관객들을 참여시키는 모습을 한 번도 본 적이 없다면 이 3분짜리 짧은 동영상을 참고하기 바란다. http://www.ted.com/talks/lang/en/bobby_mcferrin_hacks_your_brain_with_music.html

맥퍼린은 사람들을 안심시키는 일에 탁월한 능력을 발휘한다. 그는 아무도 놀리거나 웃음거리로 삼지 않는다. 그의 신체언어를 보고 그의 말을 들은 사람들은 누구나 자기가 잘하고 있고 그가 기대하는 대로 정확히 해내고 있으며 자기도 할 수 있다고 느끼게 된다. 참여해도 괜찮겠다는 생각이 드는 것이다.

사람들에게 어떤 활동에 참여해달라고(예를 들어, 프레젠테이션 중에 토론에 참여하거나 여러분의 웹사이트에 대한 피드백을 부탁할 때) 부탁할 때는 일을 조심스럽게 시작해 상대방이 안전하다고 느끼게 해야 한다. 시간이 오래 걸리거나 복잡한 일을 부탁하기 전에 사소한 일부터 하나 하게 한다. 유머감각을 발휘해서 긴장을 풀어주는 것은 괜찮지만 유머를 빙자해 사람들을 놀리면 상대방은 불안감을 느끼기 시작한다.

67번째 전략: 사람들의 참여를 유도하려면 먼저 그들을 안심시켜라.

새롭게 개선된 제품입니다!

본능은 위협과 위험을 항상 경계하기 때문에 변화에 신중하게 대처하려고 한다. 하지만 새로운 것은 우리의 관심을 끈다. 사람들은 똑같은 것은 무시하고 새로운 것에 주의를 기울이는 경향이 있다. 우리의 무의식이 변화된 것에는 시간과 관심을 기울이고 변하지 않은 것은 무시한다면 앞으로도 계속 안전을 유지할 수 있을 테니 이런 성향은 꽤 합리적인 것이다.

우리가 첨단 기술 장비에 '중독'되는 이유도 이런 새로움과 변화에 대한 관심 때문이다. 이런 기기는 새로운 메시지가 도착할 때마다 바로 알려주지만 통보를 미리 예측하는 것은 불가능하다. 언제 통보가 들어올지 알 수 없다는 말이다. 따라서 알림 신호를 보거나 들으면 그때마다 계속 장비에 관심을 기울이게 된다.

사람들에게 어떤 일을 시키고자 할 때 만나는 첫 번째 장애물은 그들의 관심을 끄는 일이다. 여러분이 뭔가 새롭고 색다른 일을 하거나 예상치 못한 이미지를 보여주거나 어떤 식으로든 놀라게 하면 그들의 관심을 끌 수 있다.

68번째 전략: 관심을 끌고 싶다면 새로운 것을 이용하자. 그리고 일단 사람들의 관심이 집중되면 그때 메시지를 전해야 한다.

끊임없이 더 많이 원하게 하라

우리 뇌에서 가장 중요한 신경 전달 물질 가운데 하나가 바로 도파민이다. 신경과학자들은 1958년에 스웨덴 국립심장연구소의 아비드 칼슨 Arvid Carlsson 과 닐스-에이크 힐라프 Nils-Ake Hillarp 가 도파민계라는 것을 처음 발견한 이후 줄곧 이것을 연구해왔다. 도파민은 뇌의 다양한 부위에서 생성되며 사고,

움직임, 수면, 기분, 주의력, 동기부여, 탐구, 보상을 비롯해 모든 종류의 뇌 기능에 중요한 역할을 한다.

도파민에 대한 최신 개념은 이것이 단순히 뇌에서 분비되는 '쾌락' 물질이 아니라는 것이다. 도파민은 실제로 우리가 원하고 갈망하고 찾고 탐색하게 한다. 그리고 전반적인 각성, 동기부여, 목표 지향적 행동의 수준을 높인다.

도파민은 우리가 어떤 발상에 호기심을 품게 하고 정보 탐색을 부채질한다. 도파민계 이상으로 쾌감에 관여하는 물질이 오피오이드 opioid 계다.

켄트 베리지 Kent Berridge 의 말에 따르면 이 '호감' 기능 도파민 과 '쾌락' 기능 오피오이드 는 상호보완적이라고 한다 Berridge 1998 . 호감 기능은 우리가 행동을 취하게 하지만 쾌락 기능은 만족감을 느끼게 해 추구하던 것을 중단시킨다. 이때 추구 과정이 중단되지 않으면 끝없는 순환이 시작된다. 그런데 도파민계는 오피오이드계보다 강력하기 때문에 우리는 현재의 만족보다 더한 것을 추구하게 되는 것이다.

도파민은 진화의 관점에서도 매우 중요하다. 인간이 새로운 것과 아이디어를 찾아내려는 호기심에 따라 움직이지 않았다면 지금도 우리는 여전히 동굴 안에서 살고 있을 것이다. 도파민 추구 체계는 우리 조상들에게 세상을 돌아다니면서 배우고 생존하고자 하는 의욕을 심어주었다.

추구욕은 인간이 만족스러운 무감각 상태에 머물러 있지 않고 계속 생존을 위해 노력하게 만든다. 쥐를 이용한 연구에서는 도파민 신경이 파괴되면 걷고 씹고 삼키는 것이 가능한데도 불구하고 바로 옆에 먹이가 있어도 굶어 죽는다는 결과가 나왔다. 먹이를 먹고자 하는 욕구가 사라진 것이다.

이런 정보에 대한 욕구를 이용해서 정보 추구 행태를 자극하면 사람들을 설득할 수 있다.

더 많은 것을 원하는 중독성

한 번에 얻을 수 있는 정보 양이 적은 경우 도파민계가 가장 강렬한 자극을 받는다. 약간의 정보를 소비하고 나면 도파민이 분비되어 더 많은 정보를 원하게 되는 것이다.

어떻게 해야 도파민계를 이용해 사람들이 더 많은 정보를 소비하도록 부추길 수 있을까? 먼저 예를 하나 살펴보자.

제시는 한 대기업의 인사부에서 일한다. 그는 충돌을 해결하는 방법에 대한 동영상 강의를 제작하면서 흥미롭게 잘 제작된 고품질 영상을 만들려고 노력했다. 그는 직원들이 동영상 강의를 처음부터 끝까지 다 봐주기를 원했다. 사람들이 강좌 전체를 볼 가능성을 높이려면 어떻게 해야 할까?

a. 강의 내용을 몇 분 길이의 짧은 과정으로 나눈 뒤 그것을 패키지로 만들어서 사람들이 한 번에 몇 개의 과정만 볼 수 있게 한다.
b. 전체 강의를 90분짜리 동영상 하나로 제작해 제공한다.

제시는 당연히 A의 방법을 사용해야 한다. 강의 내용을 잘게 쪼개서 한 번에 몇 개씩만 볼 수 있게 해놓으면 직원들의 도파민계가 자극되어 다음 내용을 계속 보고 싶어 한다. 이렇게 정보를 한 번에 하나씩 제공하는 방식을 이용하면 강의를 끝까지 다 볼 가능성이 커진다. 더 많은 정보를 얻고자 하는 욕구가 계속 유지되기 때문이다.

69번째 전략: 제한된 양의 정보만 제공하면 더 많은 정보를 원하게 된다.

새로움과 도파민

새로운 것과 정보를 추구하려는 본능을 결합시켜서 사람들을 설득하는 방법도 있다. 도파민은 예측 불가능성에 자극을 받는다. 뭔가 뜻밖의 일이 벌어지면 그 일이 도파민계를 자극하는 것이다.

예를 들어 휴대전화를 생각해보자. 때때로 화면에 메시지가 나타나지만 정확히 언제 메시지가 도착할지, 그리고 누가 보낼지는 알 수 없다. 예측이 불가능하다는 얘기다. 바로 이런 점이 도파민계를 자극한다.

청각 혹은 시각적 신호와 함께 예기치 않은 순간에 정보가 나타나면 사람들은 그 행동을 계속하고 싶어진다(메시지 도착 여부를 계속 확인하는 등).

도파민계는 곧 보상을 받을 수 있다는 신호에 특히 민감하다. 어떤 일이 벌어질 것임을 가리키는 작지만 구체적인 신호가 있다면 그것이 도파민계를 작동시킨다. 우리의 본능은 새롭거나 신기한 것을 계속 경계한다.

5장 '당근과 채찍'에서는 뇌가 특정한 자극에 반응하도록 쉽게 길들여진다는 사실을 배웠다. 발신음이나 신호음, 시각적 신호를 새로운 정보나 메시지와 짝지어놓으면 자동적이고 본능적인 반응을 보이게 된다. 거기에 주의를 기울이지 않고는 견딜 수 없게 되는 것이다.

 70번째 전략: 사람들이 집중하기를 바란다면 예측 불가능한 자극을 주면서 이것을 청각 또는 시각 신호와 결합시킨다.

음식과 섹스

본 장에서는 새로움, 두려움, 통제 욕구에 대한 무의식적인 반응에 대해 얘기했다. 사람들의 관심을 끌고 결정을 내리는 문제와 관련해 중요한 본능적 충동이 두 가지 더 있으니, 바로 음식과 섹스다.

음식을 이용한 동기부여

우리의 무의식은 생존을 위해서는 음식이 필요하다는 사실을 알고 있다. 그래서 음식 모습이나 냄새는 우리의 관심을 끈다. 얼마나 배가 고프냐에 따라 음식은 잠깐 주의를 산만하게 할 수도 있고 견딜 수 없는 갈망을 낳을 수도 있다. 어쨌든 우리는 먹을거리에 관심을 기울인다.

물론 가장 큰 관심을 끄는 것은 실제 음식이지만 때로는 음식 사진만으로도 관심을 집중시킬 수 있다. 하지만 이때는 음식이 사진 앞쪽 중앙에 배치돼 있어야 한다. 사람들이 식당에 앉아 있는 사진은 거기에 음식이 있음을 암시하지만, 우리의 본능적인 관심을 사로잡으려면 음식이 아주 확실하게 보여야 한다.

섹스에 대한 암시

섹스, 혹은 섹스에 대한 암시가 관심을 집중시키는 효과적인 요소라는 사실은 다들 알고 있다. 성욕은 인간의 가장 강렬한 욕구 가운데 하나다. 모종의 눈빛이나 순간적으로 드러나는 피부처럼 섹스에 관한 아주 미묘한 힌트만으로도 관심을 끌기에 충분하다.

섹스는 사람들의 관심을 끌 뿐만 아니라 무의식중에 섹스의 가능성을 바탕으로 결정을 내리는 일도 흔하다. 이 제품을 사용하면 섹스를 자주 할 수 있다거나 다른 이들에게 성적 매력을 발산할 수 있다고 암시하는 광고를 보고는 특정 제품이나 서비스를 구입하기로 결정하는 것이다.

71번째 전략: 관심을 끌려면 실제 음식이나 음식 냄새, 혹은 음식 사진을 사용하라.

72번째 전략: 사람들의 관심을 끌고 결정에 영향을 미치려면 섹스에 관한 암시를 이용한다. 단, 이 방법을 사용하는 것이 적절한 경우에 한해서다.

07

숙달에 대한 욕구

숙달의 중요성을 알고 싶으면 한 살배기 아기의 모습을 1시간 동안만 관찰해보면 된다. 아기가 혼자 일어서거나 걸으려고 애쓰는 모습을 지켜보라. 퍼즐이나 다른 장난감을 가지고 노는 모습도. 아이든 성인이든 가릴 것 없이 모든 인간은 숙달 욕구를 지니고 있다. 어떤 기술이나 주변 환경에 정통하고자 하는 것은 인간의 보편적인 욕구다. 사람들은 스포츠, 비디오 게임, 용접 같은 기술, 수술 집도, 피아노 연주 방법 등을 터득하려는 욕구에 따라 행동한다.

숙달에 대한 충동을 이용해 사람들에게 동기를 부여하는 일의 장점은 이 욕구는 누구나 가지고 있고 또 자극하기도 쉽다는 것이다. 그러나 숙달 욕구는 사람들 마음속에 내재돼 있기에 접근하기 까다로운 것도 사실이다. 누군가에게 특정 기술을 터득하고 싶다는 마음이 들게 하는 것은 불가능하다. 숙달 욕구가 강력한 동인이 되려면 그 사람이 진심으로 원해야만 한다. 하지만 다행히 주변 환경이나 상황에 영향을 미쳐서 선천적인 숙달 욕구가 겉으로 드러나게 하는 것은 가능하다.

조지 모건 George Morgan 이라는 심리학자가 정의한 숙달의 정의는 다음과 같다 Morgan 1990.

> 숙달 동기란 개인이 정신을 집중해서 꾸준한 태도로 혼자 문제를 해결하거나 자기 수준에 적당히 어려운 기술이나 과업을 터득하도록 자극하는 심리적 요인이다.

인간은 원래 호기심이 강하며 이런 호기심은 주변 환경에 익숙해지는 데 도움이 된다. 어릴 때 주변 환경을 익히는 일에 많은 시간을 쏟을수록 성인이 됐을 때 더 뛰어난 사고력과 학습 능력을 발휘하게 된다.

어린아이나 어른이 뭔가를 습득하고자 할 때면 어떤 일이 벌어질까? 이들은 주의를 기울이고 관심을 집중해서 정보를 얻는다. 이것은 원초적인 욕구이기 때문에 숙달 욕구를 이용해 타인을 설득할 수 있다.

보상보다 강한 숙달 욕구

여러분은 회사 디자이너들을 위한 신기술을 구입했고, 그들이 이 기술을 익혀서 최대한 활용할 수 있기를 바란다. 새로운 작업 방식을 이용하면 시간과 돈이 크게 절약되고 작업 결과물도 더 나아질 것이라고 확신한다. 그러나 한편으로는 학습 곡선이 비교적 높다는 사실도 알고 있다.

경영진은 신기술과 새로운 업무 프로세스를 이용해 디자인 작업을 한 이들에게 현금 보너스를 지급하는 것이 어떻겠느냐고 제안했다. 정말 현금 보너스를 주는 것이 좋은 방법일까?

이 질문에 답하기 전에 1973년에 진행된 연구 몇 가지를 살펴보자.

마리안은 초등학교 미술 교사다. 그녀는 학생들이 그림 연습에 좀 더 많은 시간을 들이게 하고 싶다. 그래서 학생들에게 시상할 '우수 그림 상'을 만들었다.

학생들이 그림을 그리면서 많은 시간을 보내고, 또 계속해서 그림을 많이 그리고 싶어지게 하는 것이 마리안의 목표라면 이 상을 어떤 식으로 수여해야 할까? 그림을 한 장 그릴 때마다? 아니면 어쩌다 한 번씩?

마크 레퍼 Mark Lepper 는 이 의문의 답을 알아보기 위한 연구를 실시했다 Lepper 1973. 그는 아이들을 세 그룹으로 나눴다.

- 그룹 1은 '예상' 그룹이다. 연구자는 아이들에게 '우수 그림 상'을 보여주고 이 상을 받기 위해 그림을 그리고 싶으냐고 물었다.
- 그룹 2는 '미예상' 그룹이다. 연구자는 아이들에게 그림을 그리고 싶은지 물었지만 상에 대해서는 아무 얘기도 하지 않았다. 아이들은 그림을 그리고 난 뒤, 예상치 못했던 상을 받았다.
- 그룹 3은 대조군이다. 연구자는 아이들에게 그림을 그리고 싶은지 물었지만 상에 대해서는 아무 얘기도 하지 않았고 실제로 상을 주지도 않았다.

이 실험에서 진짜 중요한 결과는 2주 뒤에 나타났다. 아이들이 노는 시간에 방에 그림 도구들을 놔뒀다. 아이들에게 그림을 그리겠느냐고 묻지도 않았고 그냥 아무나 쓸 수 있게 방에 그림 도구를 놔뒀을 뿐이다. 이때 어떤 일이 벌어졌을까?

그룹 2 미예상 그룹 와 3 대조군 에 속한 아이들은 노는 시간의 대부분을 그림을 그리면서 보냈다. 그러나 미리 예상했던 보상을 받았던 그룹 1의 아이들의 경우 그림을 그리면서 보낸 시간이 가장 짧았다.

'조건부' 보상(미리 설명한 구체적인 행동을 바탕으로 주어지는 보상)은 바람직한 행동을 오히려 감소시키는 결과를 낳는다. 나중에 연구자들은 성인과 어린이를 대상으로 이런 연구를 몇 차례 더 실시했는데 전부 비슷한 결과가 나왔다.

보상이 역효과를 낳는 경우

신기술을 활용한 디자이너들에게 현금 보상을 해줘야 하는가 하는 문제로 다시 돌아가 보자.

이 문제에 대한 답은 현금을 지급하는 것보다는 기술을 습득하려는 욕구를 자극하는 편이 더 낫다는 것이다. 그런데 사실 숙달 욕구를 꺾는 것은 돈이 아니라 이 보너스에 따라붙은 조건이다.

디자이너들이 미리 예상하지 않은 현금 보너스를 지급하는 경우에는 기술 숙달 욕구를 반드시 해친다고 볼 수는 없다. 하지만 신기술을 활용할 때마다 현금 보너스를 받게 된다고 미리 말해놓으면 이는 숙달 욕구를 약화시킨다. 둘의 차이점은 성사 조건이다.

첫 번째 경우에는 디자이너들이 보상을 받을 것이라고 예상하지 않는다. 두 번째 경우에는 보상을 미리 예상하는데 이 보상을 받으려면 행동(새로운 업무 프로세스와 기술 활용)을 취해야만 한다.

숙달에 관한 연구 결과를 보면 조건이 붙은 현금 보너스를 지급하는 경우 처음에는 신기술을 사용하려는 이들이 많아지지만 곧 그 기세가 약해진다. 따라서 디자이너들이 새로운 기술을 받아들여 지속적으로 이용하게 하려면 숙달 욕구를 활용해야 한다.

디자이너들이 새로운 방식으로 일을 처리할 때마다 현금 보너스를 주기보다는 신기술에 대한 호기심을 이용하는 편이 낫다는 얘기다. 이것이 앞으로 일하는 내내 도움이 될 새롭고 중요한 기술이라는 사실을 주지시키는 것이다.

당근과 채찍 vs. 숙달 욕구

5장 '당근과 채찍'에서는 강화물을 이용해 사람들을 설득하는 방법에 대해 얘기했다. 그런데 여기서는 강화물을 동원하는 것은 좋지 않은 방법이니 차라리 숙달 욕구를 이용하라고 말한다. 대체 어떻게 하라는 말인 걸까?

문제가 약간 복잡하기는 하지만 일반적으로 최선의 답은 숙달 욕구가 더 나은 전략이라는 것이다. 왜냐하면 숙달 욕구는 내재적 동기를 이용하는데, 장기적으로 볼 때 내재적 동기가 더 효과적이기 때문이다.

하지만 강화물이 훌륭한 효과를 발휘하는 상황도 많다. 어떤 일을 하려는 내재적 동기가 없거나 내재적 동기를 적용시키는 게 힘든 경우에는 강화물 쪽이 효과적이다.

기계적인 작업 vs. 복잡한 작업

또 다른 차이는 사람들에게 시키고자 하는 일의 종류다. 예를 들어, 작업 공간을 정리하고 청소하는 일처럼 별생각 없이 할 수 있는 기계적인 작업을 시킬 때는 강화물이 숙달 욕구와 비슷한 효과를 내거나 오히려 효과나 속도 면에서 더 좋을 수도 있다.

숙달이라는 말은 습득해야 할 기술이나 지식이 있음을 암시한다. 기계적인 작업에는 실제 필요한 숙달 정도에 한계가 있다. 어려운 기술을 익히거나 새로운 지식을 개발한다는 생각이 없으면 내재적 동기가 활성화되기 힘들다. 따라서 당근과 채찍을 사용할 여지가 남아 있는 셈이다.

73번째 전략: 새로운 기술을 익히거나 지식을 습득해야만 할 수 있는 복잡한 일을 시킬 때는 숙달 욕구를 활용한다. 반면 단순 작업의 경우에는 강화물을 이용하는 쪽이 더 나을 수도 있다.

74번째 전략: 사람들에게 장기간 어떤 일을 시키고자 할 때는 현금이나 다른 종류의 보상을 주기보다는 숙달 욕구를 이용해야 한다.

스스로를 특별한 인물처럼 느끼게 하라

숙달 욕구를 자극하고 싶다면 자기가 정말 새롭고 중요한 기술을 익히고 있다는 느낌을 안겨줘야 한다.

마크 트웨인 Mark Twain 이 쓴 『톰 소여의 모험 The Adventures of Tom Sawyer』을 읽어 봤는가? 톰은 숙모 집 앞의 흰 울타리에 페인트칠을 하라는 지시를 받았다. 톰은 이런 귀찮은 일거리에서 벗어나고 싶었기 때문에 다른 사람에게 이 일을 시킬 방법이 없을까 궁리했다.

톰은 울타리에 페인트를 칠하는 것이 숙련된 사람만 할 수 있는 특별한 작업인 척해야겠다고 결심했다. 근처를 지나가던 다른 아이들은 열중하는 톰의 모습을 보고 울타리에 페인트칠을 하는 것이 특별하고 매력적인 일이라는 느낌을 받았다. 아이들도 페인트칠을 하고 싶어 했지만 톰은 선뜻 붓을 넘기려고 하지 않았다. 그러면서 이렇게 말했다.

"이 일을 제대로 해낼 수 있는 사람은 천 명에 하나, 아니 2천 명에 하나 정도밖에 안 될 거야."

여러분도 톰 소여처럼 남을 속이라는 얘기가 아니다. 그러나 사람들은 자기가 엘리트 집단의 일원이라고 여기고 싶어 한다. 남들과 차별화되는 특별한 재능과 기술을 갖고 있다고 생각하는 것을 좋아한다. 따라서 어떤 일에 특별한 재능과 기술, 지식이 필요하다는 암시를 주면 그 일을 하고 싶어 할 가능성이 높아진다. 자신의 전문 지식을 뽐내고자 하는 욕구를 부추기는 것이다.

75번째 전략: 엘리트 집단의 일원만이 어떤 일을 할 수 있다는 생각을 불어넣으면 그 일을 터득하는 데 더 흥미를 느끼게 된다.

도전은 자극적이다

특별한 기분을 느낄 때만 우월감이 드는 것은 아니다. 사람은 누구나 도전을 좋아한다. 도전은 우리에게 동기를 부여한다.

마크 트웨인은 『톰 소여의 모험』에 실린 아래의 구절에서 이런 진실을 표현했다.

> 그는 자기도 모르는 새에 인간 행동의 위대한 법칙을 발견했다. 즉, 어른이든 아이든 상관없이 어떤 대상을 갈망하게 하려면 그것을 손에 넣기 어렵게 만들면 된다.

어떤 일을 성취하기 어려울 때, 많은 노력이 필요할 때, 사람들은 더욱더 그 일을 원하게 된다. 과업을 어렵게 만드는 것도 숙달 욕구를 부추기는 또 다른 방법이다. 일이 너무 쉬우면 숙달 욕구가 자극되지 않는다. 물론 일을 너무 어렵게 만들어서 거의 달성이 불가능해 보이는 경우에도 이 욕구가 사라진다.

따라서 동기를 부여하고 싶은 이들에게 적당한 수준의 도전 과제를 찾아내야 한다. 때로는 특정한 순간에 특정한 개인에게 적합한 도전 과제를 찾아내야 하는 경우도 있다.

일례로 몇 년 전 남편이 내게 재즈 피아노를 배우지 않겠느냐고 제안했다. 그는 당시 재즈 기타를 배우고 있었기 때문에 내가 피아노를 배우면 함께 합주를 할 수 있겠다고 생각한 것이다. 나는 몇 년 동안 피아노를 조금씩 연습하기는 했지만 연습량이 결코 많지는 않았고 또 재즈 피아노는 한 번도 쳐본 적이 없었다.

하지만 재즈 피아노를 익힌다는 생각은 꽤 흥미로웠고 게다가 확실한 도전 과제이기도 했다. 그래서 일단 시작했다. 재즈 워크숍에 몇 차례 참가하고 재즈 피아노를 가르쳐줄 선생을 구하려고 했으며 교본과 오디오 강의도 구입했다. 새로운 것에 도전한다는 생각만으로도 의욕이 샘솟았던 것이다.

하지만 이 과제는 내게 너무 무리한 도전이었던 것으로 판명됐다. 나는 재즈와 음악 이론에 대해 많은 것을 배웠다. 또 재즈 기초와 재즈 이론, 그리고 피아노 기초까지 어느 정도 습득했다. 하지만 곧 그런 기초를 넘어서는 수준에 이르는 것이 벅찬 과제로 느껴지는 지점에 도달했다. 피아노 앞에 느긋하게 앉아 다른 아마추어 연주자들과 함께 곡을 연주할 수 있는 수준까지 실력을 키우는 것이 도저히 불가능하다는 생각이 든 것이다.

자기 실력이 점점 나아지고 있다는 생각이 들지 않으면, 그리고 최소한 어느 정도까지는 숙달될 수 있겠다는 생각이 들지 않으면 도전은 더 이상 자극제 구실을 하지 못한다.

이런 상황에서 나는 재즈 송 쪽으로 방향을 전환했다. 내가 그런대로 흡족한 수준까지 도달하려면 재즈 피아노를 연주하는 것보다 재즈 송을 부르는 편이 더 낫겠다고 생각한 것이다. 재즈 보컬을 터득하는 쪽이 본질적으로 재즈 피아노를 배우는 것보다 쉽다는 얘기가 아니다. 하지만 내게는 재즈 가창법을 배우는 것이 내게 알맞은 적절한 수준의 도전이었다. 이 일도 물론 어려웠지만 그래도 어느 정도 숙달된 수준에 도달할 수 있겠다는 생각이 들었다. 그리고 이 숙달 욕구에 자극을 받았다. 이 일은 내게 적합한 수준의 도전 과제였다는 사실이 입증됐고, 그로부터 여러 해가 지난 지금까지도 나는 재즈 가창법을 배우는 일에 계속 도전하고 있다. 이 도전은 매우 즐겁고 현재까지 내가 이룬 숙달 수준에도 만족하고 있다. 물론 나는 엘라 피츠제럴드 Ella Fitzgerald 도, 자넷 플래닛 Janet Planet 도, 다이애나 크롤 Diana Krall 도 아니지만 다른 아마추어들과 어깨를 나란히 하고 재즈 노래를 부를 수 있는 수준이 됐다.

아마 처음부터 좋은 교사를 찾아 꾸준히 연습했다면 지금까지 계속 재즈 피아노를 배웠을 수도 있다. 훌륭한 교사는 방대한 지식이나 기술을 작은 덩어리로 나눠서 가르치는 방법을 안다. 기술과 정보를 특정한 개인에게 적합한 크기의 덩어리로 잘게 나누는 법을 아는 것이 훌륭한 교사가 할 일이다. 또한 이것은 숙달 욕구를 이용해 사람들을 자극할 때의 핵심 요소이기도 하다. 숙달 욕구를 불러일으키되 지나치게 힘들지 않은 적당한 수준의 도전 과제를 찾아내야 한다.

76번째 전략: 어떤 일을 어려워 보이게(그러나 불가능한 수준은 아니도록) 만들면 그 일을 추진하고자 하는 의욕이 생긴다.

자율성은 숙달 욕구를 높인다

숙달 욕구는 내재적 동기이므로 개인이 직접 목표를 정하고 달성 속도를 결정해야 한다. 자율성, 즉 자신과 자신의 일을 스스로 결정할 수 있는 능력은 숙달에 매우 중요한 요소다.

우리는 자기가 원하는 시기에 원하는 방식으로 일을 처리하는 것을 좋아한다. 자율성을 좋아한다는 얘기다. 자율성은 자기가 상황을 통제하고 있다는 느낌을 주기 때문에 의욕을 한층 더 고취시킨다.

일례로 커티스는 프로그래머 팀을 관리하는 업무를 맡고 있다. 그는 자기 팀원들이 새로운 프로그래밍 기술을 능숙하게 사용할 수 있게 되기를 바란다. 이때 커티스는 그 기술을 익히는 방법이나 어떤 교육 과정을 들어야 하는지 등에 대해 일일이 말하기보다는 직원에게 필요한 교육 자원을 알려주되 결정은 직접 내리게 해서 기술 숙달 욕구를 자극하는 편이 더 낫다. 새로운 기술 방법과 관련된 몇 가지 옵션에 대해 서로 얘기를 나눌 수도 있겠지만, 이때도 신기술을 어떻게 배울 수 있는지, 강의를 들어야만 하는지, 듣는다면 어떤 강의를 언제 들어야 하는지 등을 직접 조사하게 하면 이런 자율성 덕분에 기술을 습득하고자 하는 의욕이 더욱 커질 것이다.

 **77번째 전략**: 사람들에게 자율권을 주면 숙달 욕구가 커지고 의욕이 샘솟는다.

고군분투가 도움이 되는 경우

아시아에서 성장기를 보낸 사람이라면 고군분투가 성취에 도움이 된다는 생각은 기본 상식처럼 느껴질지도 모른다. 하지만 여러분이 미국이나 다른 서구 국가에서 자랐다면 이런 발상이 직관에 반하는 것처럼 보일 것이다.

대부분의 서구 사람들은 고군분투하는 것은 굴욕적인 일이며 성취 의욕을 꺾는다고 생각한다. UCLA의 제임스 스티글러 James Stigler 에 따르면 서구 문화권에서 고군분투는 곧 자신이 똑똑하지 않다는 사실을 드러내는 행동이자 일을 처리할 능력이 없음을 보여주는 신호로 여긴다고 한다.

반대로 아시아의 많은 문화권과 학교에서는 고군분투를 모든 사람이 학습을 위해 거쳐야만 하는 과정으로 여긴다. 대부분의 아시아 문화권에서는 고군분투를 문제가 아닌 기회로 본다. 학습 과정의 일부인 것이다. 그리고 마침내 곤경을 타개하고 고투하던 문제의 해결책을 찾아내면 이는 인내심이 강한 사람이라는 증거가 된다.

실제로 사람들은 실수를 통해 교훈을 얻는다는 것을 보여주는 연구 결과도 있다. 어떤 것을 숙달하려면 어려움 앞에서도 끈기를 발휘해야 하고 그런 노력을 딛고 이겨내야 정보를 습득할 수 있다.

비디오 게임을 생각해보자. 비디오 게임이 너무 쉬워서 실수를 하는 경우가 거의 없다면 그 게임에는 별로 흥미가 가지 않을 것이다. 게임에 숙달되기까지 여러 차례 실수를 저지르고 고군분투해야 하는 것이 게임의 매력과 즐거움 가운데 하나다. 어느 정도 도전 과제가 있어야 계속 게임을 하고 싶은 욕구가 생기는 것이다.

78번째 전략: 사람들이 일을 할 때 조금이라도 고전하게 만들면 성취감이 높아지고 이를 통해 의욕도 고조된다.

79번째 전략: 사람들에게 실수할 기회를 주라.

의욕을 유지하려면 피드백이 필요하다

실수할 여지를 주는 것과 더불어, 실수를 통해 교훈을 얻고 자신의 업무 방식을 조정할 수 있게 하려면 실수에 대한 피드백을 해주는 것이 좋다. 적절한 시기에 적절한 피드백이 있으면 숙달에 대한 욕구가 증가한다.

하지만 적절치 못한 시기에 엉뚱한 피드백을 하면 숙달 욕구를 오히려 저해할 수 있으니 주의해야 한다. 발레리 슈트 Valerie Shute 는 피드백에 관한 수백 개의 연구 결과를 분석했다 Shute 2007. 사람들이 숙달에 대한 욕구를 잃지 않도록 피드백을 이용해 의욕을 유지시키고 싶다면 반드시 명심해야 할 몇 가지 사항이 있다.

잘했나, 잘못했나?

처음에 제공하는 정보는 상대방이 일을 하는 방식이 옳은가 아니면 그른가 하는 것이다. 아주 명확하게 표현해야 한다. 자칫하면 자기도 모르는 새에 모호한 표현을 쓸 수 있기 때문이다.

제롬이 자기가 경영하는 커피숍에 새로 들어온 바리스타인 캐슬린을 훈련시키고 있다고 가정하자. 캐슬린이 연습 삼아 만든 에스프레소를 보고 제롬은 "처음 치고는 괜찮아요. 하지만 이보다 더 잘 만들 수도 있을 거예요."라고 말했다. 제롬의 말은 캐슬린이 일을 제대로 잘 했다는 뜻인가 아니면 그 반대인가? 이 말만 가지고는 판단하기 힘들다. 피드백을 할 때는 명확한 표현을 사용해야 한다.

제롬은 "필터를 속속들이 닦지 않았군요. 남아 있는 커피 찌꺼기를 완전히 제거해야 합니다. 다시 한 번 해보세요."라고 말할 수도 있다. 그러면 이제 캐슬린은 자기가 한 방법이 잘못됐다는 것을 분명하게 알게 된다.

짤막한 설명 추가

"필터를 속속들이 닦지 않았군요. 남아 있는 커피 찌꺼기를 완전히 제거해야 합니다. 다시 한 번 해보세요."라는 위의 피드백에는 상술^{詳述}이라는 것이 포함돼 있다. 제롬이 "필터를 속속들이 닦지 않았군요."라고만 말했다면 캐슬린의 일 처리 방식이 잘못됐다는 뜻은 전달되지만 그에 대한 자세한 설명은 없다. "남아 있는 커피 찌꺼기를 완전히 제거해야 합니다."라는 짧은 설명이 상술이다.

이런 짧은 설명을 통해 캐슬린이 잘못한 일을 바로잡기 위해 알아야 하는 세부적인 사항을 전달할 수 있다. 상술이 없다면 캐슬린이 다음에 똑같은 일을 할 때도 업무 방식을 개선하기 어려울 것이다.

상술은 짧아야 한다. 제롬이 "에스프레소를 만들 때마다 다 쓴 커피 찌꺼기를 버리고 뜨거운 물로 필터를 헹궈야 합니다. 필터를 다시 끼우기 전에 안에 남아 있는 찌꺼기가 없는지, 구석구석 깨끗한지 확인하세요. 필터 망을 흐르는 물로 씻으면서 솔로 문지르세요. 하루에 몇 번씩 드롭 트레이^{drop tray} 비우는 것을 잊지 마시고, 또 에스프레소를 한 잔 만들 때마다 스팀 봉도 닦아야 합니다."라고 피드백을 했다면 어땠을까?

이런 사항들도 물론 중요한 정보일 수 있지만, 업무의 한 단계에 대한 피드백 상술로는 너무 길다.

최적의 피드백 시기 선택

곧바로 피드백을 하는 것이 가장 좋다고 생각할지 모르지만 실은 그렇지 않을 가능성도 있다. 어떤 일에 몇 가지 작은 단계가 포함돼 있다면 모든 단계를 완료할 때까지 기다렸다가 업무 전반에 대한 피드백을 해주는 것이 가장 좋다.

각 단계마다 일일이 피드백을 하면 정상적인 일 흐름을 방해할 위험이 있고 상대방이 스스로 실수를 정정하기도 힘들어진다. 반대로 너무 오래 기다렸다가 피드백을 하는 경우에는 어떤 일에 대한 피드백인지 상대방이 기억하지 못할 가능성도 있다.

경험에 비춰봤을 때 가장 좋은 방법은 일단 전체 업무를 여러 개의 작은 단계로 나눈 뒤, 서너 개의 단계를 완료하거나 두세 가지 잘못을 저지른 뒤에 피드백을 해주는 것이 좋다.

칭찬과 피드백을 결합시키는 것은 금물

피드백은 항상 객관적이어야 한다. 숙달에 대한 욕구는 강화가 아니라 내재적 동기와 관련이 있다는 사실을 기억하자. 사람들이 일을 계속하는 데 여러분의 칭찬은 필요 없다. 오히려 칭찬에 마음이 쏠리면 내재적 동기에 집중하던 것에서 벗어나 외재적 동기에 끌리게 된다. 그러면 실제로 숙달 욕구가 감소한다.

또 고쳐야 할 부분에 대해 피드백을 하는 경우가 많은데, 어떤 사람이 잘못한 일과 고쳐야 할 부분에 대한 피드백과 칭찬을 한꺼번에 한다면 혼란스러울 따름이다. 예컨대 제롬은 캐슬린에게 "필터를 속속들이 닦지 않았군요. 남아 있는 커피 찌꺼기를 완전히 제거해야 합니다. 다시 한 번 해보세요."라고 말했다.

제롬의 피드백은 객관적이며 칭찬이 포함돼 있지 않다. 그런데 만약 제롬이 "필터를 속속들이 닦지 않았군요. 남아 있는 커피 찌꺼기를 완전히 제거해야 합니다. 그래도 처음 치고는 아주 잘했어요. 벌써 일에 익숙해지고 있군요! 다시 한 번 해보세요."라고 말했다면 어떨까?

두 번째 방식은 피드백과 칭찬을 결합시킨 것이다. 이런 식으로 말하면 제롬은 기분이 좀 나을지 몰라도 캐슬린은 혼란스러울 것이다. 자기가 필터를 제대로 닦았다는 얘기인가, 아닌가?

피드백 시기를 정확히 아는 것은 훌륭한 교사와 멘토를 별로 훌륭하지 못한 교사와 구분 짓는 기준 가운데 하나다.

 80번째 전략: 사람들이 실수를 통해 교훈을 얻을 수 있게 피드백을 해주되, 피드백 때문에 일에 지장을 줘서는 안 된다.

81번째 전략: 피드백을 할 때는 짧은 설명을 곁들인다.

82번째 전략: 피드백에 적합한 시기를 선택한다.

83번째 전략: 숙달 욕구를 높이기 위해 피드백을 이용할 때는 피드백 내용이 객관적이어야 하며 칭찬이 섞여서는 안 된다.

몰입을 이용하라

한순간 어떤 활동에 완전히 몰두했다고 가정해보자. 지금 하는 일 이외의 모든 것은 의식에서 사라지고 시간 감각이 바뀌고 내가 누구고 지금 어디에 있는지도 잊어버릴 지경이다. 이것을 몰입 상태라고 한다.

몰입 상태에 빠지도록 유도하면 사람들이 집중력을 잃지 않고 최고의 기량을 발휘해서 장시간 어떤 활동에 몰두하게 할 수 있다. 몰입 상태를 조성하면 숙달 욕구도 높아진다.

몰입 상태

몰입에 대한 책을 쓴 사람은 미하이 칙센트미하이 Mihaly Csikszentmihalyi 다 Csikszentmihalyi 2008. 그는 오랫동안 전 세계를 돌며 몰입 상태를 연구했다. 몰입 상태와 관련된 몇 가지 사실과 몰입이 발생하는 조건, 어떤 느낌인지 등에 대해 알아보자.

- **모든 주의력을 일에 집중한다**

  주의력을 조절해 한곳에 집중하는 능력은 매우 중요하다. 자기가 지금 하고 있는 일이 아닌 다른 데 마음을 빼앗기면 몰입 상태가 흐트러진다.

- **구체적이고 명확하고 달성 가능한 목표가 있다**

  하는 일이 무엇이든 간에 구체적인 목표가 있어야 몰입 상태에 빠질 수 있다. 일에 몰두하는 상황에서는 목표와 일치하는 정보만 받아들이게 된다.

  우리가 몰입 상태에 빠져 그 상태를 유지하려면 목표 달성 가능성이 높다고 느껴야 한다는 연구 결과가 있다. 목표 달성에 실패할 확률이 높다고 생각하면 몰입 상태를 유도할 수 없다. 반대로 활동이 별로 매력적이지 못한 경우에도 관심을 계속 붙잡아두지 못하므로 몰입 상태가 깨진다.

- **피드백이 있다**

    몰입 상태를 유지하려면 목표 달성과 관련된 피드백이 필요하다(적절한 피드백 유형에 대한 내용은 이전 항목 참조). 가장 귀중한 피드백 가운데 일부는 일 자체에서 나오기도 한다.

    예컨대 내가 몰입 상태에서 피아노를 치는 경우에는 피아노에서 울리는 음을 듣는 것만으로도 지속적인 피드백을 받을 수 있다. 항상 피아노 교사에게 피드백을 받아야 하는 건 아니라는 얘기다.

- **통제가 가능하다**

    통제는 몰입 상태에 빠지는 데 중요한 조건이다. 반드시 모든 상황을 통제하거나 그렇게 느낄 필요는 없지만, 힘겨운 상황에서 자기 행동에 상당한 영향력을 발휘하고 있다는 느낌은 들어야 한다.

- **시간 흐름이 바뀐다**

    어떤 이들의 경우 몰입해 있는 사이에 시간이 빨리 흘러서 문득 정신을 차리고 시계를 보면 몇 시간이 흘러가 있는 경우도 있다. 하지만 어떤 이들은 반대로 시간의 흐름이 느려지기도 한다.

- **스스로 위협을 느끼지 않는다**

    몰입 상태에 빠지려면 자아감과 생존 감각이 위협을 느끼지 않아야 한다. 당면한 일에 모든 주의력을 집중할 수 있을 만큼 느긋한 상태여야 한다. 실제로 대부분의 사람들은 일에 열중하면 자아 감각을 잃는다.

- **몰입은 개인적인 시간이다**

    우리를 몰입 상태에 빠뜨리는 활동은 제각기 다르다. 여러분의 몰입 상태를 유발하는 활동이 다른 사람들과는 다르다는 말이다.

- **몰입 상태는 문화권의 경계를 넘나든다**

    지금까지의 정황으로 볼 때 몰입은 정신적인 문제가 있는 일부 사람들을 제외한 모든 인간의 공통된 경험인 듯하다. 실제로 정신분열증을 앓는 이들은 몰입 상태를 유발하거나 유지하기가 힘든데, 아마 위에서 말한 집중력이나 통제 감각, 위협받지 않는 온전한 자아감 같은 것에 문제가 있기 때문인 것 같다.

- **몰입 상태는 즐겁다**

    한마디로 말해, 우리는 몰입 상태에 빠져 있는 것을 좋아한다.

- **전전두엽 피질과 기저핵이 모두 관여한다**

    전전두엽 피질은 집중력에, 기저핵은 기분 좋은 느낌과 계속하고자 하는 충동을 낳는 도파민 생성에 관여한다.

몰입 상태를 유도하는 방법

우리는 다양한 일을 하면서 몰입 상태에 빠질 수 있다. 예를 들어, 악기를 연주하거나 식사 준비를 하거나 보고서를 작성하거나 프레젠테이션을 하는 동안에도 몰입 상태에 빠지는 것이 가능하다. 몰입 상태는 특정한 유형의 일에만 한정적으로 나타나는 것이 아니기 때문에 몰입에 빠지기 위해 뭔가 창의적인 일을 할 필요는 없다.

몰입은 우리가 하는 일의 종류 때문이 아니라 일을 하는 방식 때문에 일어난다. 몰입 상태에 빠져 있으면 지금 하는 일을 계속 하고 싶은 의욕이 샘솟는다. 또 몰입감을 다시 느끼기 위해 그 일을 한 번 더 하고 싶은 마음도 든다.

예를 하나 들어보겠다. 여러분은 팀원 중 한 명인 제프에게 특정 주제에 대한 백서를 작성하라고 부탁했다. 그 일을 위해서는 어떤 조사가 필요하고 누구를 만나 인터뷰를 해야 하는지 등을 그가 직접 알아내고, 백서를 작성한 뒤에는 그 내용을 요약해서 팀에 제출하기를 바란다. 그리고 앞으로 다른 백서를 제안하고 작성하는 일에 그가 앞장서줬으면 하기 때문에 그가 이 일을 마음에 들어 했으면 좋겠다.

사람들이 몰입 상태가 되어 계속 그 상태를 유지하게 하는 방법이 몇 가지 있다. 제프의 경우를 예로 들어 설명하겠다.

- 달성 가능한 목표와 구체적인 일거리를 안겨준다.

  제프가 어떤 일을 해내기를 바라는지 얘기한다. 이 경우에는 백서 작성과 팀원들 앞에서의 프레젠테이션이다. 전에 이런 문서를 작성해본 적이 없기에 어려울 수도 있겠지만 그래도 이 일을 해낼 만한 능력이 있음을 안다고 말한다. 그리고 길이나 작성 기한 등 백서 작성과 관련된 구체적인 사항을 말해준다.

- 일하는 방식이나 장소, 시간, 함께 일하는 사람을 비롯해 가급적 많은 것을 스스로 결정할 수 있는 자율권을 준다.

  제프에게 초기 작업에 필요한 자원 몇 가지를 가르쳐주거나 곤경에 처하면 여러분을 찾아오라고 하는 것은 괜찮지만, 조사 작업을 수행하는 방식은 그가 결정해야 한다는 사실을 알려줘야 한다.

- 작업을 수행하는 동안 방해해서는 안 된다.

  제프를 만날 때마다 백서 작업이 어떻게 진행되고 있는지 묻는 것을 삼간다.

- 피드백을 위한 기회를 만들되, 되도록이면 일 자체에서 피드백을 얻게 하는 것이 좋다.

  백서 작업이 제대로 진척되고 있는지 여부를 제프 본인이 알기 때문에 작업을 하는 동안 스스로 피드백을 얻을 수 있다.

이런 식으로 작업 환경을 조성해놓으면 제프는 백서를 작성하는 동안 몰입 상태에 빠지게 될 것이다. 그렇게 되면 작업을 즐기면서 할 수 있으므로 일을 끈기 있게 계속할 테고, 향후 다른 백서 작업을 하려는 의욕도 커질 것이다.

84번째 전략: 몰입 상태를 유도하면 사람들이 더 오래, 열심히 일한다.

85번째 전략: 몰입 상태를 유지하려면 작업을 하는 동안 자신의 행동을 스스로 통제할 수 있게 해야 한다.

86번째 전략: 몰입 상태를 유지하려면 방해는 금물이다.

87번째 전략: 몰입 상태를 유지하려면 하는 작업이 어느 정도 어려워야 하지만 그렇다고 불가능한 수준이어서는 안 된다.

08

마음의
속임수

여러분도 그림 8.1과 같은 착시 현상을 본 적이 있을 것이다.

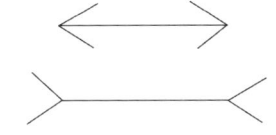

그림 8.1 뮬러-라이어(Müller-Lyer) 착시

위쪽 선이 아래쪽 선보다 짧아 보이지만 사실 두 선의 길이는 같다. 우리가 이런 착시 현상에 속아 넘어가는 것처럼 인지 오류에 걸려들 가능성도 있다. 우리의 뇌는 진실이 아닌 것을 진실로 여기도록 우리를 속일 수 있다. 이런 '마음의 속임수'를 이해하면 사람들의 사고방식, 혹은 생각도 하지 않고 무의식적으로 반응하는 방식을 깨닫게 된다. 이런 자동화된 사고 패턴을 이용해 남을 설득할 수 있다.

그림 8.2를 보자.

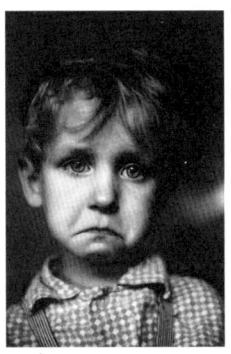

그림 8.2 무엇이 보이는가?

여러분 눈에는 무엇이 보이는가? 슬픈 표정을 짓고 있는 어린 소년의 사진이 보인다고 재빨리 대답할 수도 있다. 사실 이 대답은 사고 과정을 거치지 않고 나온 것이다. 대니얼 카너먼 Daniel Kahneman 은 『생각에 관한 생각 Thinking, Fast and Slow 』 김영사 2012 이라는 책에서 뇌의 두 가지 다른 사고 체계를 설명한다. 그는 이것을 시스템 1 사고와 시스템 2 사고, 혹은 '자동' 사고와 '의도적' 사고라고 부른다. 사진을 해석하는 것은 시스템 1 사고의 전형이다. 신속하고 직관적이며 자동적이다. 앞에서 대부분의 인지 처리는 무의식중에 일어난다고 얘기했었다. 카너먼이 시스템 1 사고라고 표현한 일들도 대부분 무의식중에 진행된다.

이제 다음 수학 문제를 보면서 종이와 펜을 사용하지 않고 암산만으로 답을 얻을 수 있는지 알아보자. 책 읽는 것을 잠시 멈추고 최소 30초 이상 암산으로 답을 계산해야 한다.

18 × 26 = ?

다들 열심히 노력했겠지만 이 계산을 제대로 끝내지 못했을 것이 분명하다. 아마 중간에 포기했을 것이다. 이것이 시스템 2 사고의 본보기다. 보다시피 어렵고 노력이 필요하다. 의식적인 사고와 노력을 요한다. 카너먼은 우리가 시스템 2 작업을 수행하려고 노력하는 동안 동공이 팽창한다는 사실을 보여주는 연구를 소개했다. 사람들 눈을 자세히 들여다보면 그들이 시스템 2 사고에 빠져 있는지 알 수 있는 것이다.

문제를 하나만 더 풀어보자. 이번에는 문장 형식의 문제다.

야구 배트와 공의 가격을 합하면 1달러 10센트다. 배트는 공보다 1달러 더 비싸다. 그렇다면 공의 가격은 얼마인가?

여러분은 이 문제에 어떻게 답했는가? 이 문제는 셰인 프레드릭 Shane Frederick 이 개발한 인지 반응 테스트 Cognitive Reflection Test 에 나오는 여러 문제 가운데 하나다 Frederick 2005. 여러분은 이 문제가 시스템 2 사고를 자극하리라고 생각할 것이다. 어쨌든 수학 문제니까 말이다. 흥미로운 사실은 대부분의 사람들이 처음에는 공 가격이 10센트라고 대답한다는 것이다. 하지만 이것은 오답이다. 답은 5센트다. (공 가격이 5센트라면 배트는 그보다 1달러 비싸니까 1달러 5센트다. 1달러 5센트에 5센트를 더하면 총액이 1달러 10센트가 나온다.)

대개의 경우 시스템 1 사고가 먼저 튀어나와 모든 질문에 답하고 모든 문제를 풀고 눈앞에서 벌어지는 일에 반응하려고 한다. 야구 배트와 공에 관한 문제를 보면 시스템 1이 직관적으로 5센트라는 답을 내놓고, 그러면 우리는 답을 다 풀었다고 생각한다. 시스템 2는 끼어들 틈도 없다.

게으른 뇌

거의 언제나 시스템 1이 시스템 2를 이긴다. 기본적으로 우리의 뇌는 게으르다. 그래서 열심히 일하고 싶어 하지 않는다.

생물학과 진화의 관점에서 보자면, 곰곰이 생각하는 데는 다량의 포도당이 필요하기 때문에 그러자면 나가서 식량을 찾아와야 한다. 이때 어디에 가서 식량을 찾아야 하는지 고민하느라 사자가 자기 쪽으로 다가오는 것을 눈치 채지 못할 수도 있다. 대개의 경우 우리의 뇌는 쉽고 자동적인 시스템 1 답안을 채택한다. 시스템 1 답에 의지하는 것이 편하고 더 안전하기 때문이다.

우리는 시스템 1(직관적이고 빠른) 두뇌 과정이 대부분의 결정을 내리고 '최선의 추측'을 내놓게 하는 쪽으로 진화해왔다. 부지런하고 냉정하게 사고하는 시스템 2도 시스템 1이 떠올린 답을 따르는 경우가 많다. 시스템 2가 시스템 1을 넘어서게 하는 일은 정말 힘들다. 앞에서 본 뮬러-라이어 선을 다시 한 번 살펴보자.^{그림 8.3}.

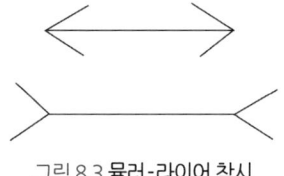

그림 8.3 뮐러-라이어 착시

이제 여러분은 이 두 선의 길이가 같다는 사실을 안다. 실제로 자를 가져와서 두 선의 길이가 같은지 직접 확인해 봐도 좋다. 하지만 이런 것은 중요한 문제가 아니다. 이 선들을 아무리 여러 번 들여다봐도, 또 여러분이 내 말을 믿거나 자를 가져와서 직접 확인해 봐도, 여전히 한 선이 다른 선보다 길어 보이기 때문이다. 아무리 시스템 2 사고가 두 선은 길이가 같다는 사실을 증명하고 한쪽이 다른 쪽보다 길어 보이는 이유를 설명해도, 시스템 1 사고는 여전히 한 선이 다른 선보다 길다고 생각하면서 그 메시지를 시스템 2로 전송한다.

그런데 이것이 사람들을 설득하는 일과 무슨 상관이 있는 것일까?

평소에는 시스템 1 사고를 믿고 의지해도 괜찮다. 우리의 생명을 지켜주고, 뇌에 도달하는 엄청난 양의 데이터를 처리할 수 있게 해주며, 세상을 이해할 수 있게 해주기 때문이다. 하지만 때로는 이 시스템 1 사고가 충분한 숙고 과정 없이 재빨리 결정을 내려버리는 경우가 있다. 우리는 이런 경향을 이용해 신속하고 즉각적인 결정을 내려서 사람들을 설득할 수 있다.

시스템 1과 시스템 2 사고의 차이를 제대로 알면, a) 시스템 1이 이해할 수 있는 방식으로 요청/과업/논쟁을 수행해서 신속한 "OK!" 반응을 얻을 가능성을 크게 높이고, b) 결정을 내리거나 행동을 취하기 전에 심사숙고할 필요가 있는 경우에는 매우 구체적인 방법 몇 가지를 이용해 시스템 2를 일깨울 수 있다.

사람들을 설득하려면 둘 중 어떤 시스템을 활성화시킬지 정한 뒤 이를 활성화하는 데 필요한 조치를 취해야 한다. 그렇지 않으면 시스템 1이 또 승기를 잡을 것이다.

88번째 전략: 사람들이 신속한 결정을 내리게 하고 싶다면 사고 과정을 간단하게 만들어야 한다.

89번째 전략: 사람들이 심사숙고하게 하고 싶다면 사고 과정을 좀 더 어렵게 만들어야 한다.

상관관계 찾기

"팀은 형과 싸웠다. 다음날 그는 온몸에 멍이 든 채 학교에 등교했다."

아마 이 문장을 읽으면서 자동적이고 직관적인 인과관계를 떠올렸을 것이다. 팀의 몸에 멍이 든 것은 형과 싸웠기 때문이라고 말이다. 이 '이야기'는 그런 사실을 명시적으로 드러내고 있지 않지만 시스템 1 사고는 성급하게 결론을 내릴 것이다. 물론 팀이 형과 벌인 싸움은 단순한 말다툼이었고 나중에 친구들과 격렬한 미식축구 경기를 하다가 온몸에 멍이 들었을 가능성도 있다.

시스템 1은 깔끔하게 정리된 이야기를 좋아하기 때문에 이야기에 인과관계를 적용한다(실제로 인과관계가 존재하건 존재하지 않건 상관없이). 시스템 1은 모든 것을 깔끔한 하나의 꾸러미로 엮는 것을 좋아한다. 일관성을 원한다는 얘기다. 생각과 사실이 논리정연하거나 서로 어울리면 시스템 1은 그것들을 재빨리 연결시켜 결론을 내릴 수 있다.

과학자와 연구자 들은 인과관계가 존재하지 않을 가능성이 있는 곳에 인과관계를 적용하는 이런 성향을 싫어한다. 이런 현상을 가리켜 논리적 오류라고 한다. 다음의 두 가지가 흔히 볼 수 있는 논리적 오류의 예다.

1. 함께 발생한 두 가지 사건은 서로 인과관계가 있다고 가정한다.
2. 두 가지 사건이 연이어 발생했다면 첫 번째 사건이 두 번째 사건을 초래한 것이다.

"상관관계와 인과관계는 별개다"라는 말을 들어봤을 것이다. 여러 가지 요인이 서로 연관돼 있는 경우가 많지만, 어떤 요인이 어떤 사건을 초래했는지는 파악하기 어렵거나 아예 알아내지 못할 수도 있다.

예를 들어, 몇 가지 연구 데이터에서 호르몬 대체요법을 받은 여성들은 심장질환 발생률이 낮다는 결과가 나왔다고 가정하자. 이를 본 의사들이 호르몬 대체요법은 여성의 심장질환을 예방해준다고 생각하고 폐경기를 겪는 여성 환자들에게 호르몬 대체요법을 처방하는 일이 늘어났다. 하지만 초기에 진행된 연구에서는 두 가지 요인 사이의 인과관계가 아니라 상관관계만 드러났을 뿐이다.

나중에 일반 여성에게 이런 호르몬을 처방할 경우 실제로 심장질환 발생률이 더 높아진다는 사실이 밝혀졌다! 초기 연구에서 드러난 호르몬과 심장질환 사이의 관계는 사실 사회경제적 지위와 심장질환 간의 관계였던 것이다.

호르몬 대체요법을 요구하고 실제로 처방받은 여성들은 사회경제적 지위가 남들보다 높았다. 이들은 평균 이상의 식습관을 유지하고 운동도 더 많이 했다. 따라서 심장질환 발병률이 낮은 것은 호르몬 때문이 아니라 식습관과 운동 덕분이었던 것이다. 결국 호르몬 대체요법과 심장질환 사이에 상관관계가 존재하기는 했지만 호르몬이 심장질환 발병률을 낮춘 것은 아니라는 얘기다.

하지만 시스템 1은 이런 사실을 모두 고려하고 싶어 하지 않는다. 시스템 1은 상관관계에 대해 듣고는 자동으로 인과관계를 도출한다. 사람들이 이렇듯 성급하게 인과관계에 대한 결론을 내리게 하고 싶다면 모든 정보를 모아 예상에서 벗어나는 부분 없이 깔끔하게 완결된 이야기를 구성해야 한다. 반대로 사람들이 곰곰이 숙고해서 시스템 2 사고를 하게 하려면 시스템 2가 갑작스럽게 작동하게 해야 한다. 그 방법에 대해서는 잠시 뒤에 살펴보기로 하고 지금은 시스템 1이 작동하는 방식에 대해서 계속 알아보자.

 **90번째 전략:** 사람들의 신속한 반응을 유도하려면 깊이 생각할 필요가 없는 간단한 요구를 해야 한다.

일관된 이야기를 이용하라

이 책에서는 한 장을 통째로 할애해 이야기에 담긴 힘에 대해 설명했다. 시스템 1은 이야기를 좋아할 뿐 아니라 모든 요소들이 한데 모여 일관성 있는 완전체를 이루기를 바란다.

시스템 1을 활성화해서 신속하고 직관적인 결정을 내리게 하려면 논리적이고 일관성 있는 이야기를 만들어낸 뒤 그것을 계속 밀고 나가야 한다. 이야기에 포함돼 있지 않은 개념을 새롭게 제시하면 모든 것이 혼란에 빠져 일관성을 잃는다. 이 경우 시스템 1은 불편함을 느끼면서 시스템 2에 도움을 요청하게 된다.

복잡한 메시지보다 단순한 메시지 하나가 더 효과적인 이유도 이 때문이다. 예를 하나 살펴보자.

나와 함께 일하는 한 회사는 애니메이션 동영상을 제작하는 회사다. 이들은 내 웹 사이트와 블로그에 사용하는 애니메이션 동영상을 제작했다. 누군가 이야기를 하면 손이 나타나서 이야기 내용을 설명하는 그림을 그린다. 이 회사 이름은 TruScribe라고 하는데 이들이 하는 일은 애니메이션 동영상을 제작하는 것뿐이다. 아주 간단하다. 자신들이 어떤 일을 하는지 설명하기도 매우 쉽다. 이 회사가 하는 사업은 단순하고 회사 웹 사이트에도 그 일을 간단하게 설명해놓았다(물론 애니메이션 동영상을 이용해서!).

이렇게 '이해하기' 쉽기 때문에 사람들은 손쉽게 다음 단계로 넘어가서 회사로 연락을 해 자신들이 이 기술을 활용할 수 있는 방법에 대해 논의한다. 이 회사가 브랜딩과 로고 서비스 판매도 병행한다면(회사 소유주가 TruScribe를 시작하기 전에 하던 일) 이들이 누구고 어떤 일을 하는지 이해하기가 더 힘들어질 것이다. 단순함을 계속 유지해야만 이 회사의 사업 이야기가 일관성을 발휘해서 시스템 1의 관심을 끈다.

 **91번째 전략**: 단순하고 일관성 있는 이야기를 이용하면 사람들이 결정을 내리거나 행동을 취할 가능성이 높아진다.

점화 효과의 힘

여러분에게

      HOCKEY하키

라는 단어를 보여준 뒤 중간에 철자 하나가 빠진

      P_CK

이라는 단어를 보여주면, 빈 칸에 "U"를 넣어

      HOCKEY PUCK하키 퍽

이라는 단어를 완성할 것이다.

하지만 만약

      SUITCASE여행가방

라는 단어를 먼저 보여준 뒤 똑같이

      P_CK

이라는 단어를 보여준다면 빈 칸에 U를 넣지 않을 것이다. 대신 A를 넣어서

PACK^{가방을 싸다}

이라는 단어를 만들 것이다.

    빈 칸에 U를 써야 하는지 아니면 A를 써야 하는지 어떻게 아는 걸까?

    이것은 '점화^{priming}'라는 현상을 보여주는 한 가지 예다. 시스템 1은 점화 효과에 영향을 받기가 매우 쉽다. 단어를 하나 보여주는 것만으로도 상대방이 그 뒤에 벌어지는 일에 반응하는 방식에 영향을 미칠 수 있다. 위에서 봤듯이 HOCKEY라는 단어가 제시되자 PUCK이라는 단어가 바로 떠올랐다. 그리고 SUITCASE라는 단어에서는 PACK을 떠올렸다.

모노폴리 게임에서 속임수 쓰기

우리 아이들이 어렸을 때 우리 식구는 모노폴리^{Monopoly} 게임을 자주 했다. 아들과 내가 가장 좋아하는 게임 중 하나였기 때문이다. 하지만 결국 아무도 우리와 게임을 하고 싶어 하지 않는 지경에 이르렀다. 우리의 게임 진행 방식이 너무 거칠고 무자비했기 때문이다.

    아들과 나는 타협이나 협상을 거부했기 때문에 게임이 끝없이 이어지는 일이 많았다. 딸은 "갈수록 게임 방식이 비열해진다."며 투덜댔다. 딸의 말이 맞다. 나 스스로도 모노폴리를 할 때면 평소와 다른 행동을 한다는 것을 느낄 수 있었다.

    하지만 이런 행동이 사실은 당연한 것이라는 사실이 밝혀졌다. 미네소타 주립대학교의 마케팅 부교수인 캐슬린 보스^{Kathleen Vohs}는 돈이 사람들에게 미치는 영향을 연구했다. 보스는 심지어 실험에 진짜 돈을 사용하지도 않았다. 돈에 대해 생각하는 것만으로도 사람들의 행동에 변화가 생긴 것이다.

보스는 실험에 참가한 사람들에게 어구 순서를 바르게 맞춰야 하는 문장을 몇 개씩 나눠줬다. 그 가운데 일부 문장에는 돈과 관련된 표현이 들어 있었고, 탁자 위에 모노폴리 게임용 돈이 놓여 있거나 컴퓨터의 화면 보호 장치에 돈 사진이 보이거나 돈과 관련된 다른 암시가 있는 방에서 작업을 하게 했다. 그리고는 참가자들을 다양한 상황에 놓이게 했다. 예컨대 누군가 방을 지나가다가 연필 상자를 떨어뜨리거나 다른 (가짜) 실험 참가자가 도움을 요청하거나 누군가가 참가자에게 자선단체에 기부를 부탁하는 식이었다.

결과는 늘 한결같았다. 돈과 관련된 이미지가 사전에 주입된 사람들은 남에게 도움을 청하거나 다른 이에게 도움을 베푸는 일이 드물고, 기부를 적게 했으며, 일하거나 놀 때 혼자 있는 것을 더 좋아하고, 다른 사람들과 자기 사이의 물리적 거리를 늘리려고 했다.

보스는 돈에 대한 생각이 오만한 행동을 이끌어냈다는 결론을 내렸다 Vohs 2006. 그녀는 자족이란 개인의 목표를 달성하기 위해 더 열심히 노력하고 다른 이들과 떨어져 지내는 것을 선호하는 상태라고 정의했다.

사람들이 자족감을 느끼게 하려면 돈에 대해 생각하게 하거나 사진을 보여줘야 한다. 반대로 다른 이들과 협력하고 서로 돕게 하고 싶다면 돈에 대해 언급하거나 관련된 사진을 보여줘서는 안 된다.

92번째 전략: 독립적인 행동을 유도하고 싶다면 돈에 대해 언급하라.

93번째 전략: 사람들이 다른 이들과 협력하거나 타인을 돕게 하고 싶으면 돈에 대해 언급해서는 안 된다.

죽음의 메시지

소피는 자선 만찬회에서 할 연설을 준비하고 있다. 이 자선 만찬회는 세계 각지의 빈곤한 농촌 지역에 파견되어 평소 의료 혜택을 받지 못하는 이들을 위해 활동하는 의료팀에게 필요한 자금을 제공하는 비영리 단체를 위해 열리는 행사다.

소피는 자선 만찬회에 참석한 부유한 후원자들이 자기 연설을 듣고, 곧 새로운 의료팀 파견을 지원할 이 단체에 더 많은 돈을 기부하기를 바랐다.

소피가 설득력을 발휘해서 기부를 유도하고 싶다면 연설을 통해 어떤 메시지를 전달해야 할까? 구체적으로 죽음을 언급해야 할까? 의료팀과 이들의 활동이 없으면 더 많은 사람들이 죽게 될 것이라고 말해야 할까? 죽음에 대해 언급하면 잠재적 기부자들의 기부 액수가 늘어날까 아니면 줄어들까?

이 의문에 답하기 전에, 이와 관련이 있지만 약간 다른 상황을 하나 살펴보자. 알리사도 자선 만찬회에서 할 연설문을 준비하고 있다. 알리사가 참석할 자선 만찬회는 지역 병원을 위한 것이다. 이 병원은 새로운 암 병동을 설립할 자금을 마련하려고 애쓰고 있다. 알리사는 자신의 연설이 만찬회에 참석할 부유한 후원자들의 마음을 움직여 새로운 암 병동 건립을 지원할 돈을 기부해주기를 바란다.

소피가 설득력을 발휘해서 기부금을 얻어내고 싶다면 어떤 메시지를 전해야 할까? 구체적으로 죽음을 언급해야 할까? 새로운 암 병동을 짓지 못하면 이 지역사회의 많은 이들이 암으로 사망하게 될 것이라고 말해야 할까?

앞에서 돈이 기폭제 역할을 해서 행동에 영향을 미치는 모습을 살펴봤다. 돈의 개념을 이용해 점화 효과를 일으킬 수 있었던 것처럼 죽음이나 사망에 대한 생각도 점화 효과를 일으킬 수 있다.

카너먼은 『생각에 관한 생각』에서 죽음을 이용한 점화 연구에 대해 이야기한다. 연구자들은 이것을 '죽음 현저성' 혹은 '공포 관리 이론'이라고 부른다. 죽음에 대해 언급하면서 암으로 인한 사망자 통계를 보여주거나 특정 인물의 죽음에 대해 이야기하거나 죽어가는 이의 사진을 보여줄 수도 있다. 이 모든 것이 죽음이라는 개념을 '점화'한다.

죽음에 대해 언급하는 것을 들으면 우리 행동에 변화가 생긴다. 죽음의 메시지가 주입된 사람들은 '친사회적인' 행동에 관여한다. 다시 말해 죽음의 메시지가 점화 효과를 일으키면 자기가 속해 있다고 느끼는 집단의 사회적 규범과 일치하는 방식으로 행동하는 경향이 있다는 얘기다. 죽음의 메시지가 점화되면 자기 집단의 행동을 따르게 된다.

그렇다면 소피나 알리사가 자신의 대의명분을 위해 많은 기부금을 받고 싶다면 연설 중에 죽음을 언급해야 하는 것일까?

남을 위해 돈을 기부하는 것이 그들 집단의 사회적 규범이라면 답은 그렇다, 이다. 하지만 그렇게 간단한 문제가 아니다. 돈이 많고, 또 부자는 자신의 부를 지역사회에 환원해야 한다고 여기는 사람의 경우에는 죽음 메시지가 주입됐을 때 돈을 기부할 확률이 높아진다. 그러나 이들은 자기 지역사회와 관련된 대의명분을 위해서만 기부하는 경향을 보인다.

죽음의 메시지를 받아들이면 공감하는 마음이 줄어든다. 죽음이라는 개념이 점화되면 공감과 관련된 뇌 부위의 활동이 실제로 감소하는 것이다. 죽음의 메시지를 접한 이들이 자기와 다른 부류의 사람들에게 별로 공감하지 못하는 이유도 바로 이 때문이다.

연구에 따르면 죽음의 메시지를 접한 이들은 장애인에 대한 동정심이 줄어들고 피해자를 돕기보다 그들을 비난하는 경향이 높아진다고 한다. 또한 죽음의 메시지는 사람들이 권위에 기꺼이 복종하게 만든다.

이런 내용을 모두 종합해보면 지역사회를 위한 기부를 부탁하는 알리사의 경우에는 죽음에 대해 얘기해야 하지만, 소피가 죽음에 대해 얘기하면 '타인'에 대한 공감이 줄어들게 되므로 반드시 피해야 한다.

94번째 전략: 사람들이 권위에 복종하게 하고 싶다면 죽음의 메시지를 이용하라.

95번째 전략: 자기가 동일시하는 집단의 사회적 규범을 따르게 하고 싶다면 죽음의 메시지를 이용하라.

96번째 전략: 자신의 지역사회에 속한 이들에게 관대한 태도를 보이게 하고 싶다면 죽음의 메시지를 이용하라.

97번째 전략: 지역사회에 속하지 않은 외부인들에게 공감하거나 관대한 태도를 보이게 하고 싶다면 죽음의 메시지를 피해야 한다.

기점화: 숫자가 단순한 숫자 이상의 효과를 발휘하는 경우

아래의 곱셈 문제를 보면서 진짜 곱셈을 하지는 말고 답이 얼마나 될지 예상만 해보자.

$$8 \times 7 \times 6 \times 5 \times 4 \times 3 \times 2 \times 1$$

연구를 위해 사람들에게 이 질문을 던진 아모스 트버스키 Amos Tversky 와 다니엘 카너먼은 위의 숫자를 보고 사람들이 답한 평균 추정치가 2,250이라는 사실을 알아냈다 Kahneman 2011.

하지만 아래와 같이 숫자의 순서를 거꾸로 해서 보여주자

$$1 \times 2 \times 3 \times 4 \times 5 \times 6 \times 7 \times 8$$

평균 추정치는 512가 되었다. (그런데 정답은 40,320이다.)

수식이 8이라는 큰 숫자로 시작되자 그보다 작은 숫자인 1로 시작했을 때보다 추정치가 훨씬 크게 나온 것이다.

트버스키와 카너먼은 하나의 숫자가 다른 숫자에 대한 추정, 인식, 선호에 영향을 미치는 이런 경향을 '기점화와 조정'이라고 불렀다. 사람들은 남이 제시하는 시작 기준점의 영향을 받기 쉽다. 이 시작 기준점이 기점 역할을 하고 거기서 추정하는 값에 변화를 가져오는 것이다.

예를 들어, 한 상점에서 음료수를 할인 판매하면서 고객 한 명당 10병씩만 살 수 있다고 광고를 하면 사람들은 단순히 할인 판매만 했을 때보다 더 많은 음료수를 구입하는 경향을 보인다. 10개 한정이라고 말하는 순간 10이라는 숫자가 기준점이 된 것이다. 아무 숫자도 언급하지 않으면 기본적으로 0이 기준이 된다. 10이라는 기준점이 있으면 기준점이 없을 때에 비해 결과적으로 음료수를 더 사게 된다.

가장 비싼 제품과 서비스를 먼저 제시한다

우리 동네 세차장에는 다음과 같은 가격표가 붙어 있다 전부 미국 달러.

최고급 외부 손세차	24.99달러
고급 외부 손세차	15.99달러
외부 손세차	11.99달러
신속 세차	8.99달러

서비스 명칭은 손을 좀 봐야겠지만 이 세차장의 가격 정책은 기점화 방식을 이용한 것이다. 우리글은 왼쪽에서 오른쪽, 위에서 아래로 읽기 때문에 맨 처음 눈에 띄는 가격이 24.99달러다. 이것이 기준을 정한다. 15.99달러와 11.99달러는 24.99달러에 비하면 별로 높은 가격처럼 보이지 않는다.

그런데 이 순서가 반대로 돼 있다면 어떨까?

신속 세차	8.99달러
외부 손세차	11.99달러
고급 외부 손세차	15.99달러
최고급 외부 손세차	24.99달러

이제 8.99달러가 기준이 된다. 15.99달러와 24.99달러는 8.99달러에 비해 너무 비싸게 느껴진다.

20달러냐 19.95달러냐?

요새는 어떤 상품에 붙은 가격표를 봐도 가격이 매우 구체적으로 적혀 있는 것을 볼 수 있다. 30달러가 아니라 29.95달러라고 적혀 있는 것이다. 이렇듯 구체적인 숫자 혹은 포괄적인 숫자 사용 여부에 따라 기점화에 차이가 생길까? 물론 생긴다.

일반적인 기준을 사용하면 구체적인 기준을 사용했을 때에 비해 추정치나 기준 가격을 더 큰 폭으로 조정하는 경우가 많다. 예를 들어, 기준이 29.75달러라면 이 숫자에서 좀 더 구체적인 부분, 즉 센트 단위에 맞춰 최대 10센트를 올리거나 내려서 가격을 조정하려는 것이다. 이 경우 29.85달러 혹은 29.65달러가 된다.

하지만 기준이 30달러인 경우에는 센트 단위가 없으므로 달러 단위를 조정할 가능성이 크다. 그래서 31달러 아니면 29달러가 되는 것이다.

이 말은 기점화는 숫자 자체에만 영향을 미치는 것이 아니라 사용하는 척도에까지 영향을 미친다는 뜻이다. 처음에 제시하는 가격이 구체적일수록 최종적인 추정치가 최초 제시 가격에 더 가까워진다.

임의의 기점화

기점화에 있어서 특히 기묘한 부분은 기준점이 눈앞에 놓인 실제 주제와 관련이 없어도 된다는 사실이다.

트버스키와 카너먼이 함께 진행한 또 다른 연구에서는 참가자들에게 룰렛을 돌리게 했다[Kahneman 2011]. 룰렛에는 1에서 100까지의 숫자가 적혀 있었지만 이들은 룰렛을 조작해서 항상 10 아니면 65가 나오게 해놓았다. 룰렛을 돌려서 둘 중 하나의 숫자가 나오면, 연구자들은 실험 참가자들에게 아프리카 국가들 가운데 유엔[UN] 가입국은 몇 퍼센트나 되는지 맞춰보라고 했다.

룰렛을 돌려서 숫자 10이 나온 참가자들은 평균적으로 유엔에 가입한 아프리카 국가가 25퍼센트 정도일 것이라고 추측했다. 반면 룰렛에서 65가 나온 참가자들은 아프리카 국가의 유엔 가입 비율이 평균 45퍼센트 정도라고 답했다. 이런 임의의 숫자도 기준점 역할을 할 수 있는 것이다.

임의의 기점화에 관한 간단한 실습 과제

여러분이 직접 해볼 수 있는 실습 과제가 하나 있다.

1. 여러분이 미국 시민이라면 자기 사회보장번호 뒷자리 수 2개를 종이에 적는다. 미국 시민이 아니라면 10에서 99 사이의 두 자리 숫자 중에서 하나를 골라 종이에 적는다(숫자를 적기 전에 책 뒷부분을 미리 읽어서는 안 된다!).
2. 이제 다음과 같은 제품 광고를 보자.
"라피트 로칠드 사의 3대 제품인 보르도산 産 샤토 파하디 카쇠이유, 랑그독산 샤토 도시에르, 칠레산 로스 바스코스를 구입하실 수 있습니다."
3. 이 3대 와인을 구입하기 위해 여러분의 사회보장번호 끝자리 수 2개(혹은 임의로 골라 적은 두 자리 숫자)에 해당하는 금액을 지불하겠는가? 예를 들어 마지막 두 자리 수가 45라면 와인 3병에 45달러를 지불하겠는가? 이 와인의 가치를 모른다고 가정하고, 다른 사람에게 가격을 묻거나 인터넷에서 찾아보지 말고 질문에 답해보자.

댄 애리얼리 Dan Ariely 도 이와 비슷한 연구를 실시했다 Ariely 2003. 그는 수업에 참가한 학생들에게 와인, 무선 키보드와 마우스, 그래픽 디자인 책, 벨기에산 초콜릿 한 상자 등 몇 가지 물건을 보여줬다. 그리고 물건 목록이 모두 적힌 종이를 나눠준 다음 학생들에게 자기 사회보장번호의 뒷자리 수 2개를 적으라고 했다. 그 숫자를 달러로 환산한 뒤(마지막 숫자 2개가 45라면 45달러) 각 품목 옆에 해당 제품에 대해 그 액수를 지불할 수 있는지 여부를 표시하게 했다. 그런 다음 학생들에게 각 품목을 구입하기 위해 기꺼이 지불할 수 있는 최대 금액을 적으라고 했다. 애리얼리는 이 숫자를 '입찰액'

으로 사용해, 각 품목에 대해 가장 큰 숫자를 적은 학생들이 그 금액을 지불하고 물건을 사게 했다.

나중에 애리얼리는 학생들이 종이에 적은 데이터를 분석해봤다. 그러자 사회보장번호 끝자리가 80~99 사이인 학생들이 가장 높은 액수로 입찰하고 ^{평균 56달러} 끝자리가 1~20 사이인 학생들이 가장 적은 액수로 입찰한^{평균 16달러} 사실이 드러났다. 하지만 사회보장번호의 뒷자리 수 2개를 적은 것이 자신의 입찰에 영향을 미친 것 같으냐고 묻자 학생들은 전혀 아니라고 대답했다.

98번째 전략: 사람들이 큰 숫자를 받아들이게 하고 싶으면 큰 숫자를 기준점으로 이용한다.

99번째 전략: 사람들이 작은 숫자를 받아들이게 하고 싶으면 작은 숫자를 기준점으로 이용한다.

100번째 전략: 가격 인식에 영향을 미치거나 어떤 숫자를 예상하게 하려면 임의의 숫자를 기준점으로 사용한다.

101번째 전략: 사람들이 높은 수준의 제품이나 서비스를 고르게 하려면 가장 수준이 높은 서비스와 그 가격을 목록 맨 위에 명시해야 한다.

102번째 전략: 사람들이 초기에 제시된 기준 가격 근처에서 머무르게 하고 싶다면 매우 구체적인 기준점을 사용해야 한다.

103번째 전략: 초기에 제시된 기준 가격이 아닌 다른 가격을 고려하게 하려면 그리 구체적이지 않은 기준점을 사용해야 한다.

친밀감 속에서 얻는 만족

체인 방식으로 운영되는 식당과 상점이 성공하는 이유는 무엇일까? 체인에 속한 모든 식당과 상점이 똑같은 모습을 하고 비슷한 제품^{대개의 경우 동일한 제품}을 판매한다는 것도 한 가지 이유다.

물론 우리 뇌에는 새로운 것을 반기는 부위가 있기는 하지만 새로운 것을 지나치게 많이, 지나치게 자주 접하면 불안해지는 것이 인간 심리다. 우리는 익숙한 것을 좋아한다. 친숙한 상황에 놓여 있으면 시스템 1 사고가 계속 작동한다. 시스템 1은 친숙한 것은 곧 좋은 것이라고 동일시한다.

노출 효과

어떤 대상을 자주 접할수록 우리는 그에 익숙해지고 결국 그것은 '좋은 것'이라고 생각하게 된다. 이것을 '노출 효과'라고 한다. 노출 횟수가 5~7회 정도 되면 이 효과가 절정에 이르고, 그 시점부터 새로운 것을 원하기 시작한다.

친숙함이 진실을 만든다

시스템 1은 친숙함을 선(善)과 결부시킬 뿐만 아니라 그것이 곧 진실이라는 사고의 도약을 보이기도 한다.

친숙한 것 = 선 + 진리

이는 우리의 시스템 1 사고가 보여주는 흥미로운 도약이다. 어떤 대상이 친숙하다고 해서 그것이 곧 옳은 것이 될 수는 없다. 하지만 우리가 무엇을 자주 보거나 듣게 되면 시스템 1 사고는 친숙함과 선함을 동일시하고 거기에서 느껴지는 감정 또한 옳다고 생각한다.

이 모두를 시스템 1 안에서 처리하고 시스템 2를 '각성시키고' 싶지 않다면 메시지를 일관성 있고 단순하게 유지해야 한다는 사실도 기억하자.

단순함 + 친숙함 = 선하고 진실함

인지적 긴장이 줄어들면 메시지가 더 진실처럼 느껴진다.

익숙한 일은 다시 발생할 가능성이 높다고 생각한다

2012년 10월 뉴욕은 강력한 허리케인을 겪었다 허리케인 샌디. 앞으로 5년 안에 뉴욕이 이런 초강력 태풍을 다시 겪을 확률은 얼마나 될까?

태풍이 불기 전인 2012년 10월 이전에 이 질문을 던졌다면 태풍이 지나간 뒤인 2012년 11월에 질문했을 때와는 다른 대답이 나왔을 것이다.

어떤 일에 익숙하거나 최근에 그런 경험을 한 기억이 있으면 그 일이 다시 벌어질 가능성을 과대평가하는 경향이 있다. 반대로 어떤 일에 익숙하지 않거나 최근에 그 일을 겪은 기억이 없으면 그 일이 다시 벌어질 가능성을 과소평가한다. 이런 친숙성 효과 때문에 특정한 사건이 발생할 가능성을 정확하게 예측하기가 힘들다.

우리는 이런 친숙성 효과를 이용해 사람들을 설득할 수 있다. 일례로 수재 보험을 판매하고 싶다면 뉴스에 홍수 관련 보도가 나온 직후에 보험 가입 의향을 묻는 것이 가장 좋다. 최근에 홍수를 겪었거나 홍수에 대한 얘기를 들은 사람들은 향후 자기가 홍수를 겪을 가능성을 과대평가하기 때문이다.

104번째 전략: 사람들이 제품이나 아이디어를 긍정적으로 받아들이게 하려면 그 제품이나 아이디어에 친숙하게 만들어야 한다.

105번째 전략: 여러분이 제공하는 것이 선하고 진실하다고 느끼게 하려면 메시지를 단순하게 유지하면서 이 메시지에 5~7회 정도 노출시켜야 한다.

106번째 전략: 비슷한 사건이 다시 일어날 가능성이 높다고 여기게 하려면 첫 번째 사건이 일어난 직후에 물어보는 것이 좋다.

107번째 전략: 똑같은 사건이 재발할 가능성을 과소평가하게 하고 싶다면 최근에 발생한 적이 없는 비슷한 사건에 대해 묻는다.

108번째 전략: 똑같은 사건이 재발할 가능성을 과대평가하게 하고 싶다면 최근에 발생한 비슷한 사건에 대해 묻는다.

읽기 어렵게 하라

아래의 문장 형식의 문제를 직접 한 번 풀어보자.

> 호수에 수련이 무리지어 핀 구역이 있다. 이 수련 밭은 날마다 크기가 두 배로 불어난다. 수련 밭이 호수 전체를 다 뒤덮기까지 48일이 걸린다면 호수의 절반을 뒤덮을 때까지 걸리는 시간은 얼마일까?
>
> 24일, 아니면 47일?

셰인 프레드릭은 자신의 인지 반응 테스트에 이 문제를 사용했다. 그는 이 실험에서 참가자 절반에게는 여러분이 방금 위에서 읽은 것과 비슷한 선명한 글꼴로 인쇄된 문제를 보여줬다. 그리고 나머지 참가자 절반은 아래처럼 읽기 어렵게 인쇄된 문제를 보았다.

> *호수에 수련이 무리지어 핀 구역이 있다. 이 수련 밭은 날마다 크기가 두 배로 불어난다. 수련 밭이 호수 전체를 다 뒤덮기까지 48일이 걸린다면 호수의 절반을 뒤덮을 때까지 걸리는 시간은 얼마일까?*
>
> *24일, 아니면 47일?*

글꼴의 가독성 때문에 사람들의 답변에 차이가 생길까? 글꼴이 달라지면 문제를 제대로 이해하는 수준도 달라질까? (어쨌든 정답은 47일이다.)

그렇다, 글꼴 때문에 분명히 차이가 생긴다. 하지만 여러분이 생각하는 것과 같은 차이는 아닐 것이다. 크고 읽기 쉬운 글꼴로 인쇄된 문제를 본 참가자들의 경우 전체의 90퍼센트가 문제를 잘못 이해했다. 반면 읽기 어려운 글꼴로 보여준 경우에는 잘못 이해한 이들이 35퍼센트에 불과했다.

글꼴이 읽기 쉬우면 시스템 1 사고가 평소 방식대로 작동해서 신속한 결정을 내리는데, 이 결정이 늘 정확한 것은 아니다. 그런데 글꼴이 읽기 어려우면 시스템 1은 포기하고 시스템 2가 작업을 인계받는다. 다시 말해 글꼴이 읽기 어려운 경우 더 곰곰이 분석적으로 생각한다는 뜻이다.

그렇다고 작가와 디자이너들이 일부러라도 글꼴을 읽기 어렵게 만들어야 한다는 얘기는 아니다. 이 연구 결과는 우리가 고의적으로든 무심코든 크고 읽기 쉬운 글꼴을 써서 사람들이 읽는 내용을 제대로 생각하지 않고 넘어가게 만드는 것은 아닌지 고민해봐야 한다고 시사한다.

 **109번째 전략**: 사람들이 자기가 읽는 내용에 신속한 반응을 보이게 하려면 내용을 읽기 쉽게 만들어야 한다.

110번째 전략: 자기가 읽은 내용에 반응하기 전에 좀 더 생각하고 분석하게 하려면 내용을 읽기 어렵게 만들어야 한다.

현 상태에 안주하지 않으려면

다니엘 카너먼은 『생각에 관한 생각』에서 이런 질문을 던진다.

"모세는 동물을 각 종별로 몇 마리씩 방주에 태웠을까"

여러분은 어떻게 답하겠는가? 종류별로 2마리씩?

음, 사실 모세는 방주에 동물을 한 마리도 태우지 않았다. 방주를 만든 것은 노아다. 위의 문제를 읽는 동안 시스템 1 사고가 작동해 "아, 동물과 방주란 말이지… 그렇다면 두 마리지."라고 결론을 내린 것이다. 시스템 1 사고는 별로 열심히 일하지 않는다. 모든 일이 뇌가 예상한 대로 잘 진행되는 한, 시스템 1은 필요한 최소한의 생각만 하기 때문에 이런 식의 실수를 저지르기 쉽다. 문제에 분명 노아가 아닌 모세리고 돼 있는데도 두 사람 다 성경에 나오는 인물이기 때문에 잘못된 점을 알아차리지 못한 것이다.

질문을 이런 식으로 던졌다면 어떨까?

"제임스 본드는 동물을 각 종별로 몇 마리씩 방주에 태웠을까"

설령 제임스 본드가 누군지 모른다 하더라도 이것이 타당한 질문이라고는 생각하지 않을 것이다. 제임스 본드는 시스템 1이 이 문장에 등장할 것이라고 예상하는 이름이 아니기 때문이다. 시스템 1이 예상하지 못한 일이 벌어지면 그 즉시 모든 상황은 시스템 2로 인계된다.

시스템 2는 곧바로 질문이 타당하지 않다는 사실을 알아차린다. 시스템 1은 계속해서 '정상적'인 것을 찾는다. 카너먼은 자기 개인 세계의 규범을 유지하고 새롭게 갱신해서 항상 무엇이 정상인지를 깨닫게 하는 것이 시스템 1의 기능이라고 말한다. 뭔가 '정상적'이지 않은 경우에는 시스템 1이 시스템 2에게 분석과 지원을 요청한다.

시스템 2는 암소처럼 뛰어다닌다. 이 문장은 말이 안 된다, 그렇지 않은가? 여러분은 문장에 문제가 있다는 사실을 금세 알아차렸다. 왜 이 작가는 "시스템 2는 암소처럼 뛰어다닌다."라고 쓴 거지? 시스템 1은 처음에는 책을 잘 읽었지만 이 문장을 보자마자 작동을 멈추고 시스템 2에게 도움을 청한다.

사람들이 정보를 대충 훑어보기만 하는 것이 아니라 곰곰이 숙고하게 하려면 뭔가 깜짝 놀랄만한 것을 집어넣어서 시스템 2 사고를 활성화시켜야 한다.

나는 연설을 하거나 워크숍에서 강의를 할 때면 이야기 곳곳에 청중들을 놀라게 할 만한 요소를 집어넣는다. 사람들이 예상치 못한 얘기를 불쑥 꺼내거나 숨겨진 버튼을 눌러서 갑자기 커다란 경적 소리가 울려 퍼지게 하거나 그곳에서 보리라고는 기대하지 않았던 사진을 보여주는 식이다. 이런 놀라운 요소들을 이용해 내가 강의를 진행하는 내내 시스템 2 사고가 계속 깨어 있게 하는 것이다.

 **111번째 전략**: 사람들이 깊이 생각하지 않고 신속한 결정을 내리게 하려면 뭐든 놀라게 할 만한 일을 해서는 안 된다.

112번째 전략: 신중하게 생각해서 결정하게 하고 싶다면 사람들이 예상치 못한 일을 하라.

사람들을 불편하게 만들자

여러분이 사는 도시의 시의회에 참석해서 어떤 거리를 보행 몰 pedestrian mall 로 바꿔달라고 설득하기 위한 연설을 하게 됐다. 이것이 왜 좋은 생각인지, 그리고 이 방법을 도입한 인근 도시의 상인들이 어떻게 번영을 이루게 됐는지 설명하는 데이터를 다량 보유하고 있다. 하지만 이것이 힘든 싸움이 되리라는 사실도 알고 있다. 예전부터 다른 사람들이 시의회에 이 안건을 상정했지만 아무런 성과도 얻지 못했던 것이다. 어떻게 해야 목적을 달성할 수 있을까?

시의회 의원들이 '확증 편향'을 가지고 있을 가능성이 많다. 사람들은 자기가 이미 옳다고 생각하는 일에 주의를 기울이며 자신의 의견이나 신념과 맞지 않는 정보는 걸러낸다.

따라서 아무리 보행 몰의 장점을 뒷받침하는 데이터를 시의회에 제출하더라도 의원들은 귀 기울이지 않을 것이다. 그들은 보행 몰 프로젝트가 마음에 들지 않는다거나 필요 없다면서 이미 내려놓은 결론과 맞지 않는 데이터들은 다 걸러낼 것이다.

하지만 이런 편향을 깰 방법이 있다. 여러분이 해야 할 일은 다음과 같다.

1. 먼저 청중들이 이미 확신하고 사항을 꺼내놓은 뒤 이에 동의한다. 예를 들어, 보행 몰을 만들면 주민들이 자기가 자주 가는 상점 근처에서 주차할 자리를 찾기가 힘들어진다는 시의회의 우려에 대한 얘기부터 꺼내는 것이다. 그리고 이 문제에 대한 해결책을 내놓는 것이 아니라 그들이 믿는 내용을 그대로 말한다. "보행 몰은 중요한 주차공간을 없앱니다." "맞아!" 의원들은 이렇게 생각할 것이다. "맞는 말이야! 보행 몰을 만들면 주차를 할 수가 없다고." 이제 여러분이 이 문제에 동감했기 때문에 의원들이 여러분 말에 귀 기울일 가능성이 좀 더 높아졌다.

2. 인지 부조화를 끌어들인다.

인지 부조화란 사람들은 서로 상충되는 관점이나 의견, 신념을 유지하는 것을 불편해하는 것을 말한다. 이 사례에서 여러분의 청중은 보행 몰을 만들면 주차 공간이 없어지는데, 주차 공간은 사업 운영에 중요하므로 주차 공간이 사라지면 비즈니스도 감소할 것이라고 믿고 있다. 그들은 이 개념들이 상충한다고 여기지 않으므로 아직까지는 인지 부조화를 겪고 있지 않다.

그런데 여러분이 이때 보행 몰을 도입한 도시들의 지역 사업체 매출이 30퍼센트 증가했음을 보여주는 신뢰도 높은 기관의 연구 결과를 제시하는 것이다. 이제 시의원들은 인지 부조화를 겪게 된다. 그들은 매출 상승을 원하는데, 이것이 보행 몰과 밀접한 관련이 있다고 생각하는 주차 문제에 대한 의견과 일치하지 않는 것이다.

인지 부조화는 불쾌감을 안겨준다. 시의원들은 이제 마음이 불편하다. 이들은 인지 부조화에서 벗어나기 위한 행동을 취할 것이다.

3. 인지 부조화를 감소시킨다.

처음에는 시의회 의원들의 의견에 동의하다가 인지 부조화를 야기하는 연구 데이터를 소개했다. 이제는 시의원들이 불편한 인지 부조화에서 벗어날 수 있는 얘기를 얼른 해줘야 한다.

일례로 현재 이 도시가 겪고 있는 교통 체증 및 주차 문제를 해소하려면 보행 몰이 필요하다는 주장을 펼 수도 있다. 지금의 상업 구역에서 쇼핑하는 쇼핑객들은 때로 3블록 떨어진 곳에 차를 세운 뒤 교통량이 매우 많은 혼잡한 교차로를 건너가야 하는 경우도 있다. 교통 체증은 쇼핑에 방해가 된다. 따라서 보행 몰을 만들면 교통 문제가 해결되고 매출도 늘어나게 될 것이다.

시의원들이 겪는 인지 부조화의 고통을 경감시킬 수 있는 신속한 해결책을 제시해야 한다. 인지 부조화가 해소되면 여러분의 제안에 동의할 가능성이 높아진다.

113번째 전략: 확증 편향을 극복하고 싶다면 사람들이 이미 잘 알고 동의하는 일에 대한 얘기부터 시작한다.

114번째 전략: 확증 편향을 극복하고 싶을 때는 인지 부조화를 이용해 잠시 사람들의 마음을 불편하게 하는 것이 좋다.

115번째 전략: 인지 부조화가 자리를 잡았으면, 사람들의 불편한 마음을 가라앉힐 수 있는 답안이나 해결책을 제시한다. 여러분은 문제를 해결하고 마음도 편안하게 해주는 영웅이 되어 확증 편향도 극복할 수 있다.

확신에 대한 갈망

불편함을 느끼지 않고 모호한 상태를 얼마나 견딜 수 있는가는 사람마다 다르다. 그러나 상황이 애매하거나 불확실하면 누구나 어느 정도의 불안감을 느끼게 마련이다.

상황이 불확실할 때 이런 불안감을 느끼는 데는 다 이유가 있다. 애매하거나 불확실한 상황에서의 뇌 활동을 관찰한 연구자들은 편도체 amygdala 의 활동이 증가하는 것을 알아차렸다 Hsu 2005 . 편도체는 감정을 처리하는 곳이다. 불확실한 상황에 처했을 때의 뇌 활동 패턴은 신체적인 위협을 당했을 때와 동일하다. 이때도 편도체 활동이 증가하는 것이다.

휴대전화를 업그레이드할 계획이 있다고 가정해보자. 대리점 직원은 선택 가능한 다양한 상품을 보여주지만 여러분은 어떤 것을 골라야 할지 알 수가 없다. 모든 것이 애매하고 불확실한 것이다. 이런 불편한 상황에서 여러분은 다음과 같은 두 가지 행동 방향 중에서 하나를 택할 가능성이 있다.

1. 이런 불편하고 애매한 감정을 피하기 위해 그냥 결정을 내리지 않기로 하고 상점에서 나온다.
2. 주변에 '믿을 만한 조언자'가 있는 경우 그 사람에게 전화를 건다. 소비자들의 전자제품 구매 행태를 연구하는 이들은 의사결정 과정에서 믿을 만한 조언자의 존재가 얼마나 중요한지에 대해 자주 얘기한다. 이런 상황에서 어떻게 해야 하는지 아는 사람이 주변에 있다면 그의 조언을 받아들일 것이다.

애매하거나 불확실한 감정을 느끼는 이들은 다른 사람의 영향을 받기 쉽다. 따라서 다음과 같은 전략을 사용하면 그들의 결정에 영향을 미칠 수 있다.

- 애매한 상황을 제거한다(휴대전화 상품을 딱 하나만 제시한다).
- 결정을 도와줄 전문가를 제공한다(그 사람들 주변에 믿을 만한 조언자가 없다면 괜찮은 조언자를 소개해주는 것이다).
- 문제에 대한 손쉬운 해결책이나 미리 준비된 결정안을 제시한다.

다음과 같은 방법을 이용하면 사람들이 결정을 내릴 가능성을 더 높일 수도 있다.

1. 사람들이 불편한 감정을 느낄 만한 수준의 모호함과 불확실성을 느끼게 한다.
2. 반신반의하는 마음이 사라질 수 있는 해결책을 제시한다.

116번째 전략: 사람들이 행동을 취하게 하려면 애매함과 불확실성을 이용한다.

117번째 전략: 애매모호한 상태를 없애려면 그런 상황을 해소할 수 있는 손쉬운 해결책을 제시한다.

너무 많이, 너무 오래 생각하게 하는 것은 금물

나는 워크숍을 진행할 때마다 이런 질문을 자주 던진다.

> 여러분이 발표 주제에 정말 관심이 있고 발표자가 능력이 매우 출중한 사람이라면, 이런저런 딴생각을 하거나 오늘 저녁에 먹을 메뉴를 고민하거나 답변하는 걸 깜박 잊은 중요한 메시지 등을 떠올리지 않고 발언자의 말에 얼마나 오래 귀를 기울일 수 있다고 생각하십니까?

그러면 대개 매우 다양한 답변이 나온다. 어떤 사람은 1시간이라고 하고 어떤 사람은 2시간이라고 말하는가 하면 3분이라고 답하는 사람도 있다. 한두 시간이라고 답한 사람은 정말 통이 큰 사람이다! 사실 해당 주제에 아무리 관심이 많고 발표자가 아무리 훌륭한 프레젠테이션 실력을 발휘한다고 해도 몰입 상태에 빠지지 않는 한 그렇게 오랫동안 집중해서 귀를 기울이기란 매우 어려운 일이다(7장 '숙달에 대한 욕구' 참조).

물론 2시간 동안 영화에 푹 빠져 있는 것은 가능하지만(정말 좋은 영화라면) 영화를 보는 것은 의도적인 노력이 필요한 시스템 2 사고와는 다르다. 20분 정도 곰곰이 생각에 잠기고 나면 의도적인 사고에 필요한 뇌의 포도당이 모두 고갈돼 버린다.

사람들이 새로운 것을 배우고 기억하고 주의를 기울이게 하고 싶다면 최대 20분 단위로 나눠서 작업을 진행하게 해야 한다. 20분마다 휴식을 취해야 한다는 얘기다. 휴식시간 동안에는 자리에서 일어나 이리저리 돌아다니면서 굳어진 몸을 풀거나 간식을 먹거나 다른 사람과 대화를 나누거나 잠깐 낮잠을 자는 등 의도적인 노력이 필요한 시스템 2 사고에서 벗어날 수 있는 일을 해야 한다.

휴식시간을 주지 않거나 한계치인 20분을 넘어가면 사고력을 최대한으로 발휘하지 못하거나 제대로 집중할 수가 없다.

 **118번째 전략:** 여러분이 하는 말을 청중이 완전히 이해하게 하려면 적어도 20분마다 한 번씩 휴식시간을 줘야 한다.

말에 심오한 느낌을 주려면 운을 맞춰야 한다

다들 이런 격언을 들어봤을 것이다.

- 남의 돈 천 냥이 내 돈 한 푼만 못하다.
- 호미로 막을 것을 가래로 막는다.
- 닫힌 입에는 파리도 들어가지 않는다.

하지만 운을 맞춘 구절이 더 심오하게 느껴진다는 사실은 미처 몰랐을 것이다. 똑같은 의미의 말이라도

역경은 원수도 단결시킨다 Woes unite foes.

라고 할 수도 있고

처지가 어려워지면 아무리 적이라도 뭉치게 된다 Woes unite enemies.

라고 말할 수도 있다.

두 구절 모두 같은 뜻을 담고 있지만 첫 번째 구절은 운을 맞췄기 때문에 더 심오한 의미를 담고 있다고 느끼게 된다.

119번째 전략: 똑똑해 보이고 싶거나 자신의 주장을 입증하고 싶다면 운율이 맞는 구절을 인용하는 것이 좋다.

단순한 이름이 최고다

내 성은 와인생크다. 만약 내 성이 월터스나 윌슨처럼 발음하기 쉬운 성이었다면 나는 지금보다 컨설팅이나 교육 업무를 더 많이 의뢰받고 책도 더 많이 팔았을 것이다.

사람들은 발음하기 쉬운 이름을 가진 이들을 좀 더 신뢰한다는 연구 결과가 있다. 자기 이름을 바꾸는 것은 힘들겠지만 소비자들의 신뢰를 얻고 싶다면 제품이나 서비스 이름을 정할 때 발음하기 쉬운 이름을 골라야 한다.

120번째 전략: 고객의 신뢰를 얻으려면 제품이나 서비스 이름을 발음하기 쉬운 이름으로 정해야 한다.

어떤 일을 기억하게 하는 방법

여러분은 지금 전화로 여러분에게 메시지를 전달하는 누군가와 대화를 나누고 있다. 그 사람은 여러분이 지금 당장 누군가에게 전화를 걸어야 한다면서 통화해야 할 사람의 이름과 전화번호를 알려줬다. 하지만 여러분에게는 펜도 종이도 없어서 그 정보를 적을 수가 없다.

이런 상황에서는 이름과 전화번호를 잊어버리기가 매우 쉽다. 그래서 대개는 이름과 번호를 몇 번이고 되뇌는 것 같은 정보 기억 전략에 의지할 것이다. 그리고 지금 통화 중인 전화를 최대한 빨리 끊고 여전히 전화번호가 머릿속에 맴돌고 있는 동안 얼른 그 사람에게 전화를 걸려고 할 것이다.

하지만 여러분은 별로 노력을 기울이지 않았는데도 이미 수많은 전화번호를 기억하고 있다. 그렇다면 왜 어떤 일은 다른 일에 비해 기억하기가 더 힘든 것일까? 사람들에게 뭔가를 기억시키려면 어떻게 해야 할까?

전화번호를 기억하려고 애쓰는 것은 작업 기억의 대표적 예다. 완전히 잊어버리기 전에 작업 기억에 보관할 수 있는 정보의 양은 한정돼 있다. 작업 기억에 보관돼 있는 정보는 쉽게 외부의 간섭을 받을 수 있다.

스트레스는 기억력을 감퇴시킨다

사람 이름이나 전화번호를 기억해내려고 애쓰고 있는데 누군가 말을 걸기 시작하면 매우 짜증이 날 수 있다. 그리고 기억하려고 애쓰던 이름과 전화번호를 잊어버리게 될 것이다. 제대로 집중하지 않으면 기억하려던 내용이 작업 기억에서 사라져버린다. 이런 일이 발생하는 이유는 작업 기억이 집중력과 관련이 있기 때문이다. 원하는 정보를 작업 기억에 계속 남겨두려면 계속 주의를 기울이고 있어야 한다.

기능성자기공명영상 fMRI, functional magnetic resonance imaging 을 이용해 뇌 활동을 살펴보면 스트레스를 받을 때 전전두엽 피질(이마 바로 뒤쪽에 있는 뇌 부위)의 활동이 감소하는 것을 알 수 있다. 다시 말해 스트레스가 작업 기억력의 효과를 떨어뜨리는 것이다.

감각 유입 감소

흥미로운 사실은 작업 기억력과 우리가 동시에 처리하는 감각 입력의 양이 반비례한다는 것이다. 작업 기억력이 좋은 사람은 자기 주위에서 벌어지는 일을 가려내는 능력도 뛰어나다. 전전두엽 피질은 어떤 일에 주의를 기울여야 하는지 결정한다. 주위의 모든 감각적 자극에 일일이 관심을 쏟는 것이 아니라 한 가지 일에만 작업 기억력을 집중하면 그 일을 기억할 수 있다.

사용하지 않으면 줄어든다

어떤 정보를 작업 기억에서 장기 기억으로 옮기게 하고 싶다면 그 정보를 여러 번 반복해서 되뇌거나 기존에 알고 있던 어떤 대상과 연결되게 해야 한다.

예전부터 줄곧 활용하던 영업 프로세스에 새로운 단계를 도입하고 싶은 상황이라고 가정해보자. 여러분은 영업팀 직원들을 회의실에 모아놓고 새로운 업무 단계를 설명한 뒤 제대로 '이해했는지' 묻는다. 그러자 다들 알아들었다며 고개를 끄덕인다. 하지만 여러분은 뭔가 미심쩍은 마음에 직원들에게 방금 들은 내용을 다시 설명해보라고 한다. 다들 설명을 잘하는 것을 보니 이제 직원들이 새 업무 단계를 숙지했고 계속 잘 기억하리라는 확신이 든다. 당연히 그러지 않겠는가?

하지만 실제로는 정보에 단 한 번 노출된 것만으로는 충분하지 않을 수 있다. 좀 더 반복적인 노출이 필요하다. 반복은 뇌에 물리적인 변화를 가져온다. 우리 뇌에는 정보를 저장하는 100억 개의 뉴런이 존재한다. 전기 자극은 뉴런을 따라 흐르고 뉴런 사이의 시냅스 간격을 통과하는 신경 전달 물질에 의해 움직인다. 우리가 단어나 구절, 노래, 전화번호를 되뇔 때마다 뇌의 뉴런이 발화한다. 기억은 뉴런끼리의 연결 패턴으로 저장된다. 뉴런 두 개가 활성화되면 그 사이의 연결이 강화된다.

정보를 충분히 반복하면 뉴런이 발화 흔적을 남긴다. 일단 흔적이 생기면 시퀀스를 시작하는 것만으로도 항목의 나머지 부분이 자극을 받아 기억이 나타난다. 따라서 기억을 뇌리에 남기기 위해서는 정보에 반복적으로 노출돼야 한다.

경험은 뇌에 물리적인 변화를 일으킨다. 어떤 대상에 대한 사고방식을 영구적으로 바꾸거나 정보를 기억할 수 있는 새로운 회로가 몇 초 만에 생겨나는 것이다.

하지만 발화 흔적은 어떤 일을 여러 차례 반복해야만 생긴다. 반복 횟수는 그 정보가 얼마나 복잡한지, 그리고 우리가 기존에 알고 있는 대상과 어떻게 연결돼 있는지에 따라 달라진다.

평소 숙지하고 있던 영업 프로세스에 간단한 단계를 하나만 추가해달라고 요청하는 경우에는 그 정보를 세 번만 반복해도 발화 흔적이 확실하게 생길 수 있다. 하지만 영업 프로세스에 추가하려는 새 단계가 복잡하거나 영업 프로세스의 다른 부분을 잘 모르는 경우에는 쉽게 기억에서 꺼낼 수 있을 만큼 충분한 발화 흔적이 생기기까지 5~7번 정도 반복해야만 할 수도 있다.

중간 부분은 잊기 쉽다

여러분은 어떤 콘퍼런스에 참석해 프레젠테이션에 귀를 기울이고 있다. 그리고 프레젠테이션이 끝나고 호텔 로비에서 친구와 만났다. "무슨 내용이었어?" 친구가 묻는다. 이때 여러분은 프레젠테이션이 끝나갈 무렵에 보고 들은 내용은 기억하지만 시작 부분이나 중간 부분은 잘 기억이 나지 않을 가능성이 높다.

이것을 '최신 효과'라고 한다. 가장 최근에 일어난 일을 기억하는 경향이 있다는 뜻이다.

하지만 프레젠테이션 도중에 휴대전화가 진동해서 잠시 전화를 받으러 나갔다가 다시 자리로 돌아오는 경우에는 프레젠테이션 시작 부분은 기억하고 끝부분을 잊어버릴 확률이 높다.

이것은 '접미 효과'라고 한다. 중간에 방해를 받으면 방해받기 전에 진행된 시작 부분을 기억하는 경향이 있다는 것이다.

최신 효과가 작용하든 아니면 접미 효과가 작용하든 간에 중간 부분은 잊어버리기 쉬운 것이 사실이다.

추상적인 단어와 개념보다는 구체적인 것이 기억하기 쉽다

노동권법이 책을 쓸 당시 미국인들이 매우 큰 관심을 갖고 있던 주제에 관한 논쟁을 벌이려고 준비 중이라고 가정하자. 이 문제에 관한 내 생각을 다음과 같이 얘기할 수 있다.

> 노동권법은 노동권을 과도하게 제한한다. 노조 가입을 공무원 채용 조건으로 하는 업무 현장 규정을 금지하고 노동자들의 선택의 자유를 부정한다.

또 이렇게 말하는 방법도 있다.

> 노동권법은 노조 회비 납부를 자율에 맡긴다. 사람들은 계속 노조에 소속될 수 있다. 노조 가입 여부를 스스로 선택할 수 있게 되는 것이다. 하지만 동료들에게 민간 조직에 돈을 내라고 강요할 수는 없다.

정치 문제는 제쳐두고 이 두 문단의 표현 방식만 살펴보자. 위의 문단에서는 '노동권', '업무 현장 규정', '고용 조건', '선택의 자유'를 언급했다.

두 번째 문단에서는 '노조 회비 납부', '동료에게 강요', '돈을 내다' 같은 말들이 나온다.

첫 번째 문단에서는 추상적인 개념을 사용한 반면 두 번째 문단에서는 좀 더 구체적인 단어와 개념이 사용됐다.

여러분이 공직에 출마해서 유권자들이 노동권에 대한 여러분의 입장을 기억해주기 바란다면 사람들은 추상적인 단어보다 구체적인 단어를 잘 기억하니 반드시 구체적인 용어를 사용해서 메시지를 전달해야 한다.

121번째 전략: 사람들이 뭔가를 기억하기 바란다면 감각으로 유입되는 정보의 양을 줄이고 그들의 기존 경험을 강조해야 한다.

122번째 전략: 사람들이 뭔가를 기억하기 바란다면 해당 정보에 반복적으로 노출시키고 본인들이 적극적으로 정보를 반복하게 한다.

123번째 전략: 사람들이 뭔가를 기억하기 바란다면 중간 부분이 아니라 시작이나 끝부분에서 '그 내용'을 제시한다.

124번째 전략: 여러분이 한 말을 기억해주기 바란다면 추상적인 단어보다는 구체적인 단어를 사용해야 한다.

내 머릿속의 도식

여러분에게 '머리'가 무엇이냐고 설명해보라고 하면 아마도 뇌, 머리카락, 눈, 코, 귀, 피부, 목 등에 대해 이야기할 것이다. 머리는 수많은 것들로 이뤄져 있지만 우리는 그 정보를 모두 합쳐서 '머리'라고 부른다.

'눈'의 개념에 대해서도 비슷하게 설명할 수 있다. 그리고 이때도 안구, 홍채, 속눈썹, 눈꺼풀 등 눈을 구성하는 것들을 모두 떠올리게 될 것이다. 심리학자들은 이런 집단화를 가리켜 '도식'이라고 부른다.

단 하나의 도식이 수많은 정보를 정리할 수 있게 도와준다. 도식을 이용해 정보를 저장하고 장기 기억에서 필요한 정보를 검색한다. 우리는 '머리'와 '눈' 같은 구체적인 대상이 아닌 것에 대해서도 도식을 가지고 있다. '일이 내 인생에서 차지하는 역할' 같은 추상적인 대상과 관련해서도 도식을 만들 수 있다. 더 중요한 사실은 이런 도식을 기준 삼아 쏟아져 들어오는 수많은 정보를 걸러낼 수 있다는 점이다.

전문가는 도식 형태로 더 많은 정보를 저장한다

어떤 일에 대한 전문성이 높은 사람일수록 좀 더 정돈되고 강력한 도식을 가지고 있다. 예를 들어, 체스를 처음 하는 사람에게는 작은 도식이 많이 필요하다.

- 도식 1: 체스판에 말을 배치하는 방법
- 도식 2: 퀸이 움직일 수 있는 방법
- 기타 등등

하지만 체스 전문가는 하나의 도식 안에 손쉽게 많은 정보를 모을 수 있다. 게임이 한창 진행 중인 체스판을 보고는, 첫 수가 뭐였고 각 선수는 어떤 전략을 세워두고 있으며 다음에 둘 수는 무엇일지도 말할 수 있다. 물론 체스판을 배치하는 방법과 각 말이 움직이는 방법도 정확하게 외울 수 있다.

초심자에게는 여러 개의 도식이 필요한 일을 전문가는 하나의 도식 안에 저장한다. 덕분에 전문가는 정보를 쉽고 빠르게 검색할 수 있고 또 체스에 관한 새로운 정보도 장기 기억에 쉽게 저장할 수 있다. 전문가는 다량의 정보를 하나의 덩어리로 기억할 수 있는 것이다.

내 도식과 여러분의 도식이 서로 일치할까?

사람들은 온갖 종류의 일에 대한 도식을 가지고 있고, 이 도식을 활용해 정보를 거르고 또 대응한다.

데이비드 디살보 David DiSalvo 는 『나는 결심하지만 뇌는 비웃는다 What Makes Your Brain Happy and Why You Should Do the Opposite 』모멘텀 2012 라는 책에서 구직 면접을 보는 사람에 대한 사례를 소개한다. 여러분이 면접관이라면 여러분의 머릿속에는 그 일의 성격은 어떠하고, 조직 내에서는 업무가 어떤 식으로 진행되며, 전에 그 일을 하던 사람은 누구였는지 등과 관련된 특정한 도식이 들어 있다. 이 도식이 구직 면접을 보러 온 사람들에게 해당 직무를 설명하는 방식에 영향을 미치며, 또 이 도식을 이용해서 지원자가 그 일을 하기에 적합한 인물인지 판단을 내리기도 한다.

한편 면접을 보러 온 사람도 자기가 생각하는 이상적인 업무에 대한 도식을 가지고 있다. 심지어 여러분 회사에 대한 도식을 가지고 있을 수도 있다. 이 도식이 그들의 행동과 말하는 내용, 그리고 일자리 제의를 받아들일지 여부에 영향을 미친다.

　이때 서로의 도식이 상충하는 일도 자주 일어난다. 어떤 지원자는 아이들을 돌보고 나이 드신 부모님을 모셔야 하는 책임 때문에 일거리가 지나치게 많은 직장은 바라지 않을 수도 있다. 이런 도식을 통해서 보면 여러분의 회사는 그리 좋은 일자리가 아니라고 판단할 것이다. 반면 여러분은 그 자리는 많은 노력이 필요한 자리라는 도식을 가지고 있을 수 있다. 일도 어렵고 많은 시간과 노력, 야근이 필요하지만 이 일을 하는 사람은 많은 것을 배우고 발전할 수 있기 때문에 이런 힘든 업무도 결국에는 도움이 될 것이라고 생각하는 것이다. 똑같은 일자리에 대한 여러분의 도식과 구직 지원자의 도식에 이렇게 큰 차이가 있는 것이다.

　도식이 무의식적으로 서로 일치하지 않으면 오해가 발생한다.

　앞의 사례에서처럼 사람들을 설득해 일자리 제안을 수락하게 하고 싶다면 해당 주제와 관련해서 상대방에게 어떤 도식이 작동하고 있는지 알아야 한다. 그래야 그들과 대화를 나누는 방식이나 제공하는 정보 등을 그에 맞춰 조정할 수 있다.

　다른 사람이 어떤 도식을 가지고 있는지 잘 안다고 생각하는 이들이 많지만, 사실 대개의 경우 자신이 가지고 있는 도식을 상대방에게 투영하는 것뿐이다.

　나도 몇 년 전에 이 사실을 깨달았다. 당시 나는 한 컨설팅 회사에서 일하면서 그 회사 사장에게 직접 보고하는 직위에 있었다. 그는 나를 일주일간 진행되는 리더십 훈련 과정에 참석하게 했다. 훈련을 진행하는 회사는 '360도 평가'라는 것도 실시했는데, 이를 위해서는 내 상사와 상사의 상사, 동료들, 그리고 부하 직원들 모두가 나와 내 업무, 내 커뮤니케이션 기술 등에 관한 기나긴 설문지를 작성해야만 했다. 그리고 나도 그런 설문지를 몇 장 작성했다.

교육 과정에 참가한 사람들은 설문지 내용을 요약한 보고서를 받았다. 개중 한 문항은 아래와 같은 내용을 서로 비교한 것이었다.

- 내가 자신의 일에서 가장 중요하다고 생각하는 기술
- 상사가 내 일에서 가장 중요하다고 생각할 것 같은 기술
- 상사가 자신에게 가장 중요하다고 말한 기술

설문지에는 12가지 기술이 나열돼 있었고 우리는 그것에 대해 가장 중요한 기술을 1, 가장 중요하지 않은 기술을 12로 해서 1위부터 12위까지 순위를 매겨야 했다.

나는 상사와의 사이가 원만하고 대화를 자주 하며 일년에 몇 번씩 우리의 목표에 대해 얘기를 나누기 때문에 우리가 서로를 잘 이해하고 있다고 생각했다. 그러니 내가 그때까지 잘못된 도식을 사용하고 있었다는 사실을 깨달았을 때 얼마나 놀랐을지 짐작이 갈 것이다. 그가 가장 중요하다고 평가한 기술이 내 목록에서는 가장 아래쪽에 있었고 내가 중요하다고 생각한 기술은 그의 목록에서 바닥을 차지하고 있었다.

이 책에 소개한 전략 가운데 몇 가지는 여러분이 설득하려는 사람에 대해 전혀 모를 때도 효과를 발휘한다. 예컨대 희귀성이나 죽음의 메시지에는 대부분의 사람들이 비슷한 반응을 보인다. 그러나 그 외의 많은 전략들을 효과적으로 사용하려면 특정 개인에게 작동하고 있는 도식이 무엇인지 알아야만 한다.

125번째 전략: 사람들을 설득하려면 그들과 그들의 도식에 대해서 알아야 한다. 그래야만 사람들이 세상을 바라보는 방식에 맞춰 전략을 수정할 수 있다.

126번째 전략: 도식에 대해 가지고 있는 가설을 면밀히 검토하라. 우리는 자신의 도식과 자기가 교류하는 이들의 도식이 동일하다고 생각하는 경향이 있지만 두 도식이 서로 다를 수도 있다.

모든 것을 바꿔놓는 두 단어

"내가 과연…"으로 시작하는 질문을 스스로에게 던지는 그런 간단한 방법만으로 행동을 바꿀 수 있을까? 물론 바꿀 수 있다!

이브라힘 세나이 Ibrahim Senay 는 '나는 앞으로'와 '내가 과연'으로 시작하는 문장이 사람들의 행동에 미치는 영향을 조사했다 Senay 2010. 예를 들어, "나는 앞으로 일주일에 세 번씩 운동을 하겠다."와 "내가 과연 일주일에 세 번씩 운동을 할 수 있을까?"라는 문장이 미치는 영향을 서로 비교한 것이다. 상식적으로 생각하면 자신의 계획을 단언하는 쪽('나는 앞으로')이 질문을 던지는 것('내가 과연')보다 훨씬 강력한 힘을 발휘하는 것이 당연해 보인다.

그러나 조사 결과는 이와 다르게 나왔다. 자신의 의도를 의문형으로 표현한 경우에 실제 그 행동을 할 가능성이 높았던 것이다. 스스로에게 질문을 던지면 내적 동기가 유발되어 그 계획을 실행할 확률이 높아진다는 것이 세나이의 이론이다.

 **127번째 전략**: 사람들에게 '내가 과연'으로 시작하는 질문을 던지게 하면 그 말에 따라 행동할 확률이 높아진다.

사고방식을 바꾸는 은유

"범죄는 우리 도시의 역병이다."라는 말은 은유적 표현이다. 범죄는 사실 전염병은 아니다. 하지만 전염병처럼 사람들을 괴롭힐 수 있다. 우리가 자주 사용하는 은유적 표현을 몇 가지 살펴보자.

- 그는 용맹한 사자의 심장을 지녔다.
- 그녀는 기뻐서 펄쩍펄쩍 뛰었다.
- 그는 돈방석에 앉았다.
- 하늘에서 비를 양동이로 퍼붓는다.
- 내 가슴이 찢어진다.

은유는 생각을 전달하기 위한 단순한 표현 방식이 아니다. 은유는 하나의 틀이며 그 자체가 우리 행동에 영향을 미친다.

폴 티보도 Paul Thibodeau 는 사람들을 여러 그룹으로 나누어 사회적 문제에 대한 해결책을 제안하게 했다 Thibodeau 2011. 그는 참가자들에게 여러 도시의 범죄 문제를 설명하고 그 도시의 범죄 통계도 알려줬다. 그리고 범죄 문제를 해결할 방안을 생각해보라고 요청했다.

어떤 참가자들은 범죄가 "도시를 먹어치우는 야수"라거나 "주변 지역을 어슬렁거리며 잠복해 있다"는 등 야생동물과 관련된 은유를 사용한 설명을 들었다. 또 어떤 이들은 범죄는 "도시를 감염시키는 바이러스" 혹은 "이 지역의 두통거리다"처럼 질병의 은유를 사용한 설명을 들었다. 이런 은유가 참가자들이 고안한 해결책에 어떻게 영향을 미쳤을까?

야생동물의 은유를 접한 이들이 내놓은 해결책의 75퍼센트는 경찰과 사법 당국을 중심으로 한 것이었다. 일자리, 주거, 교육 같은 사회 복지 프로그램을 언급한 해결책은 전체의 25퍼센트밖에 안 됐다. 의학적 은유를 사용한 경우에는 사법 당국과 관련된 해결책이 56퍼센트, 사회 복지 프로그램을 제안한 것이 44퍼센트였다.

흥미로운 사실은 참가자들에게 범죄에 관한 설명이 해결책에 영향을 미쳤느냐고 묻자 대부분 아니라고 답했다는 점이다. 이들은 범죄에 관한 통계 자료가 가장 중요한 혹은 유일한 영향이었다고 생각했다. 자신들이 내놓은 해결책이 비유에 영향을 받았을지도 모른다는 사실을 알아차리지 못했다.

은유는 주제에 대한 사고방식과 사람들이 떠올리는 해결책이나 결정에 지대한 영향을 미친다. 여러분이 상황을 설명하는 방식과 이때 사용하는 은유에 대해 잘 생각해보라. 여러분이 사용하는 은유가 그 사안에 대한 사람들의 인식과 적합한 해결책을 바꿔놓을 수 있다.

 **128번째 전략**: 상황을 설명할 때 어떤 은유를 사용할 것인지 신중하게 선택해야 한다. 은유는 질문을 일정한 틀 안에 넣어 그에 대한 답과 결과에 영향을 미친다.

기회를 포착하라

야외에서 조깅을 하면서 좋아하는 팟캐스트를 듣고 있었다. 특정 팟캐스트가 시작되기 전에 그 팟캐스트 제작자가 프로그램을 위한 기부를 부탁하는 광고를 했다. 그는 청취자들에게 문자메시지를 보낼 수 있는 어떤 번호를 알려주면서 그 번호로 간단한 문자 몇 개만 전송해달라고 부탁했다. 그러면 해당 팟캐스트로 10달러가 기부된다는 것이다. 나는 10초 정도 걸음을 늦추고 문자메시지를 전송했다.

만약 그가 인터넷에 접속해서 특정 웹사이트에 들어가 돈을 기부해달라고 부탁했다면 부탁 자체도 별로 구체적이지 않을뿐더러 이런 충동적인 행동을 이끌어내지도 못했을 것이다. 내가 굳이 그 자리에서 운동을 중단하면서까지 웹사이트를 찾아 들어가 돈을 기부하기 위한 번거로운 절차를 밟지는 않았을 테니까 말이다. 그리고 운동을 마치고 집에 돌아올 때쯤에는 기부를 하려면 어떻게 해야 하는지, 혹은 내가 기부를 하려고 했다는 사실조차 잊었을 가능성이 높다.

나는 이 팟캐스트를 벌써 몇 년째 청취하고 있다. 그런데 왜 전에는 기부를 하지 않았을까? 팟캐스트 요금을 지불하지 않았다는 사실을 몰랐던 것일까? 아니다. 내가 그 프로그램을 구입하지 않았다는 사실은 물론 알고 있었다. 나는 '구독' 신청을 하고 무료로 프로그램을 내려받았다. 그렇다면 너무 가난해서 돈을 낼 여력이 없었던 걸까? 아니면 지독한 구두쇠라서 기부를 하기 싫었던 것일까? 아니, 이것은 전부 다 사실이 아니다.

실은 그 팟캐스트가 마음에 들지 않았던 걸까? 아니다. 정말 들을 만한 가치가 있고 또 재미도 있다고 생각했다.

그렇다면 왜 지금껏 한번도 기부를 하지 않았을까? 왜냐하면 내가 팟캐스트를 듣는 동안 정확히 어떻게 해야 이들에게 금전적인 도움을 줄 수 있는지 알려주면서 돕고 싶다는 마음을 불러일으킨 이가 아무도 없었기 때문이다. 아무도 내가 그 순간에 마음이 동해서 할 수 있는 구체적인 행동이 무엇인지 알려주지 않았다.

129번째 전략: 사람들이 행동을 취하게 하려면 충동에 따라 행동하는 성향을 이용하는 것이 좋다.

130번째 전략: 충동적인 행동을 유도하려면 요구 사항이 구체적이고 단순하면서 즉각적이어야 한다.

시간은 돈이다

사람들에게 돈을 내거나 기부를 해달라고 부탁하고 싶을 때는 먼저 시간을 기부해달라고 부탁하는 편이 실제 돈을 기부할 가능성을 높이고 기부 액수도 늘어난다는 연구 결과가 있다.

제니퍼 애커는 『잠자리 효과』에서 웬디 유 ^{Wendy Liu} 와 함께 진행한 연구에 대해 설명한다 ^{Aaker 2010}. 이들은 사람들에게 폐암과 싸울 수 있게 미국폐암재단을 후원해달라고 부탁했다. 먼저 미국폐암재단이 하는 일을 설명한 뒤 현재 모금 행사를 진행 중이라고 말했다. 그리고 실험 참가자 절반에게 "미국폐암재단을 위해 어느 정도의 시간을 내주실 수 있겠습니까?"라고 물었다. 나머지 절반에게는 그 질문을 하지 않았다.

그런 다음 두 그룹에게 "미국폐암재단에 돈을 얼마나 기부하겠느냐"고 묻자, 앞서 시간을 기부해달라는 요청을 받지 않은 이들은 평균 24.46달러를 기부하겠다고 약속했다. 하지만 시간을 기부해달라는 요청을 먼저 받앉던 이들은 평균 36.44달러의 기부를 약속했다. 이 책의 저자들은 단순히 기부금 납부를 약속하는 경우뿐만 아니라 실제로 돈을 주거나 기부하는 상황에서도 똑같은 현상이 벌어졌다고 보고한다.

그 이유를 정확히 밝혀내기는 힘들다. 양보 효과 [2장 '소속 욕구' 참조] 때문일 수도 있고 처음에 기부라는 말을 언급한 까닭에 일종의 점화 현상 때문일 수도 있다. 하지만 시간을 내달라고 요청한 것과 관계가 있을 가능성도 있다.

131번째 전략: 사람들이 돈을 더 쓰게 하고 싶으면 먼저 시간을 투자해달라고 부탁한다.

우리는 물건보다 경험을 소중하게 여긴다

시간을 들먹였을 때 사람들이 돈을 더 많이 쓰는 이유는, 시간을 언급할 경우 단순한 제품 구입을 넘어 그 제품과 관련된 경험을 강조하게 되기 때문이다.

여러분은 소중한 경험을 쌓는 것과 물건을 소유하는 것 가운데 어느 쪽에서 더 큰 행복을 느끼는가? 가족과 함께 여행을 떠나는 것이 더 행복한가, 아니면 새 TV를 구입해서 집에서 함께 여행 채널을 시청하는 것이 더 행복한가?

라이언 하웰은 사람들에게 최근에 한 경험과 최근에 구입한 물건 중 이느 쪽을 더 중요하게 여기는지 물어봤다 [Howell 2012]. 그러자 대부분 경험을 통해 더 많은 행복을 느낀다고 말했다. 또 자기 주변 사람들도 모두 재산보다는 경험을 소중히 여긴다는 말도 했다.

리프 반 보벤 [Leaf Van Boven] 은 여러 해에 걸친 연구 끝에 대부분의 사람들은 물건보다는 경험을 얻기 위해 돈을 쓰는 것을 더 좋아한다는 사실을 발견했다 [Boven 2010].

시간이 돈보다 중요하고 물건보다 경험을 소중히 여기는 이유 가운데 하나는 대부분의 경험에 다른 이들과 함께 하는 일이 포함돼 있기 때문인지도 모른다. 이런 유대감과 사회적 상호작용을 중요시하는 것이다.

시간이 돈보다 중요하다는 생각이 모든 사람 또는 모든 구매품에 똑같이 적용되는 것은 아니다. 연구에 따르면 경험보다 물건을 소중히 여기는 사람도 약간은 있다고 한다. 감정적으로 불안정하거나 돈이 많거나 '고급스러운' 물건(예: 값비싼 자동차)을 구입하려는 사람들은 경험보다 자기가 구입하는 '물건'을 더 소중하게 여긴다.

뭔가를 팔거나 기부를 요청할 때는 그 물건이나 기부를 경험으로 전환할 수 있는지 알아봐야 한다. 예컨대 콘서트 티켓을 판매하기보다는 친구들과 함께 좋은 음악을 공유할 수 있는 경험을 판매하는 것이다.

자선단체에 기부를 권유할 때도, 그냥 돈을 내달라고 하기보다는 어떤 경험을 제공했을 때 더 많은 이들이 많은 액수를 기부하게 된다. 예를 들어, 자선단체를 위한 '걷기 및 달리기' 행사나 자선 음악회, 무도회 등을 후원해 달라고 부탁하는 것이다. 이런 경험을 제공하면 기부에 대한 보상으로 머그잔, 우산, 책, CD 같은 물건을 줬을 때보다 더 많은 기부를 유도할 수 있다.

 **132번째 전략**: 경험을 팔자. 사람들은 물건보다 경험에 더 많은 돈을 쓴다.

방황하는 마음

출근길에 운전을 하면서 일과 집, 주말 계획 등을 생각하다 보면 자기도 모르는 새에 회사 주차장에 도착한다. 그리고 여기까지 어떻게 운전해 왔는지 기억이 나지 않는 것을 깨닫고는 깜짝 놀란다. 확실히 기억나는 마지막 순간은 차에 올라탄 순간이다. 회사까지 운전하는 20분 동안 무슨 일이 벌어진 걸까? 여러분은 '딴생각에 빠져' 있었던 것이다.

딴생각에 빠지는 일은 얼마나 자주 일어날까? 사람들에게 이 질문을 던지면 아마 깨어 있는 시간의 10퍼센트 정도는 딴생각에 빠져서 보낸다고 답할 것이다. 하지만 실은 그보다 훨씬 자주 일어난다.

UC 샌타바버라의 조나단 스쿨러 Jonathan Schooler 에 따르면 우리가 일상적인 일을 하는 시간의 최소 30퍼센트 정도는 딴생각에 빠져 있으며, 혼잡하지 않은 고속도로에서 운전을 할 때 같은 경우에는 최대 70퍼센트에 이를 수도 있다고 한다 Christoff 2009.

딴생각은 몽상과 비슷하지만 완전히 똑같지는 않다. 심리학자들은 잡념, 공상, 그리고 복권에 당첨되거나 유명 인사가 되는 등 자기가 상상해서 꾸며낸 이야기를 가리켜 '몽상'이라고 부른다. '딴생각'은 그보다 좀 더 구체적인 용어로, 어떤 일을 하는 동안 자기도 모르게 그 일과 관계없는 다른 일에 대한 생각에 빠져드는 현상을 가리킨다.

말리아 메이슨 Malia Mason 은 인간의 뇌 활동을 기록하면서 사람들이 스스로 딴생각에 빠져 있었다고 말한 순간의 뇌 상태가 어떤지 확인했다 Mason 2007. 마음이 이리저리 방황하고 있다고 보고한 순간의 뇌 상태를 살피자, 이때도 뇌가 쉬고 있을 때 활성화되는 몇몇 대뇌 피질 영역이 활동하고 있는 것으로 드러났다. 이 부위는 항상 배후에서 작동하는 부위다. 따라서 딴생각은 우리 뇌가 작동하는 자연스러운 방식의 일부라고 할 수 있다.

딴생각 중에도 멀티태스킹은 가능

딴생각을 하는 동안에도 뇌의 한 부분은 지금 하고 있는 일에 집중하고 또 다른 부분은 더 중요한 목표를 명심하고 있다. 일례로 운전을 하는 동안 눈앞의 도로에도 관심을 기울이지만 한편으로는 목적지에 도착했을 때 하게 될 회의를 생각하기도 한다.

딴생각은 멀티태스킹과 가장 근접한 개념일지도 모른다. 멀티태스킹은 실제로 존재하지 않는다. 멀티태스킹에 관한 연구를 살펴보면 우리는 한번에 한 가지 이상의 일을 하지 않는다고 한다. 멀티태스킹을 한다고 했을 때 실제로 우리가 하는 일은 여러 가지 일 사이에서 재빨리 생각을 전환하는 것이다. 심리학자들은 이를 가리켜 멀티태스킹이라는 용어 대신 '작업 전환'이라고 부른다 Meyer 1997. 그런데 딴생각은 우리의 관심을 하나의 생각에서 다른 생각으로 전환했다가 다시 원래 생각으로 금세 돌아올 수 있게 해준다. 예컨대 의사가 복용하라고 말한 약품과 관련된 논문을 읽던 중에 갑자기 미용실 예약을 해야 한다는 생각이 들 수도 있는 것이다.

창의적인 딴생각

UC 샌타바버라의 연구자들은 딴생각을 많이 하는 사람들이 더 창의적이고 문제 해결 능력도 뛰어나다는 사실을 발견했다. 이런 사람들은 눈앞의 일을 제대로 수행하면서 그와 동시에 다른 정보를 처리하고 여러 가지 아이디어를 서로 연결시킬 수도 있다. 특히 자기 마음대로 딴생각에 잠겼다가 다시 일에 몰두했다가 할 수 있는 능력이 매우 중요한데, 이것이 바로 가장 창의적인 이들의 특징이다.

딴생각을 이용하라

이제 여러분은 깨어 있는 시간의 3분의 1의 이상을 딴생각을 하며 보낸다는 사실을 알게 됐는데, 그렇다면 이 문제를 어떻게 하면 좋을까?

- 휴식시간을 정해두자. 앞에서 사람들이 일하는 중간 중간 휴식을 취하게 해야 한다는 이야기를 했다. 여러분이 따로 휴식시간을 주지 않더라도 집중력이 떨어지면 딴생각을 하면서 알아서 휴식을 취하므로, 미리 휴식시간을 정해두는 편이 낫다.
- 때때로 주의를 집중시키는 것을 꺼리지 말자. 사람들은 쉽게 주의가 산만해진다. 아무리 일에 몰두하고 있던 중이라도 금세 주의가 산만해지곤 한다.

- 사람들의 주의가 산만해져 있는 상태라고 가정하자. 단번에 주의를 끄는 것은 쉽지만 사람들은 금세 관심을 잃고 딴생각을 한다. 흐트러진 주의를 계속 다시 끌어모아야 한다. 예를 들어, 회의에서 발언을 할 때는 딴생각에 빠진 사람들의 관심을 끌기 위해 이런저런 변화를 줘야 한다. 회의실 내에서 다른 장소로 이동하거나 사람들에게 질문을 던지는 것도 딴생각에 빠진 이들의 관심을 환기시키는 데 도움이 된다.
- 사람들이 딴생각에 잠기도록 놔두자. 딴생각이라는 게 꼭 그렇게 나쁜 것만은 아니다. 딴생각이 창의력과 관련이 있다는 사실을 알게 됐으니까 이제 딴생각에 대한 태도를 바꿔보자. 누군가 자기 책상 앞에 앉아 멍하니 허공을 바라보고 있다면 자신의 애완견 생각을 하고 있는 것일 수도 있지만 창의적인 생각에 빠져 있을 가능성도 있다.

133번째 전략: 사람들은 평소 생활하는 시간의 3분의 1 이상은 딴생각을 한다는 사실을 받아들이고 이 책에 소개된 다양한 전략을 이용해 그들의 관심을 사로잡자.

생각을 중단시키자

도저히 혼자 힘으로는 해결할 수 없을 것 같은 문제나 아이디어를 가지고 씨름하는 중이라고 하자. 회사에서 진행하는 프로젝트의 인원 구성 문제를 고민 중인데 적합한 인물들을 다른 작업에서 빼내 이 일에 동원할 방법이 떠오르지 않는 것일 수도 있다. 아직 방법을 찾지 못했는데 벌써 점심시간이 되어 친구도 만나야 하고 몇 가지 볼일도 처리해야 한다. 볼일을 끝내고 점심을 먹고 들어오면서 거리를 걷다가 갑자기 좋은 프로젝트 인원 구성 방법이 번개처럼 머리에 떠올랐다.

 이렇게 순간적으로 섬광처럼 떠오르는 통찰력을 얻는 것은 꽤 흔한 일이다. 실제로 우리 뇌는 이런 식으로 문제를 해결한다. 프리드리히 아우구스트 케쿨레 Friedrich August Kekule 는 화학물질 벤젠의 고리 구조를 발견한 과학자다. 그는 뱀이 자기 꼬리를 물고 있는 모습을 상상하다가 문득 벤젠의 분자 구조가 고리 형태라는 생각이 떠올랐다고 이야기했다.

이런 순간적인 통찰력에는 뇌의 기저핵이 관여한다. 이곳은 도파민이 저장되는 장소이자 의식적인 자각과 동떨어져서 작동하는 뇌 부위다.

문제를 해결하려고 의식적으로 애쓸 때는 전전두엽 피질이 작동한다. 하지만 문제 해결을 위해 '틀에서 벗어난' 사고가 필요하다면 그 문제를 잠시 의식적인 자각 범위에서 벗어나게 해야 한다. 의식적인 두뇌가 문제 해결 노력을 중단하면 뇌의 무의식적인 부분이 그 문제를 대신 고민한다. 샤워나 산책, 딴생각, 수면 등 고민하는 문제와 관계없는 다른 일을 하는 동안 무의식적인 인지 처리 능력을 통해 정보를 새로운 방식으로 연결시킬 수 있게 되는 것이다.

때로는 문제를 풀려고 며칠, 몇 달, 심지어 몇 년을 의식적으로 고민하고도 문제를 풀지 못하는 경우도 있다. 사람들이 훌륭한 문제 해결 능력과 이런 순간적인 통찰력을 갖추게 하고 싶다면 다음과 같은 방법을 활용하게 해 보자.

- 처음에는 한동안 문제 해결을 위해 의식적으로 노력한다. 섬광 같은 통찰력은 문제에 의식적으로 몰두하지 않을 때 찾아오기는 하지만 전전두엽 피질은 먼저 문제가 뭔지 의식적으로 파악하고 있어야 한다. 따라서 이때는 의식적인 사고가 전면에 나서는 게 중요하다.
- 문제에 골몰하던 것을 중단하고 관련 없는 다른 활동을 한다. 그러면 전전두엽 피질이 하던 일을 기저핵이 인계받는다. 이때는 습관적으로 혹은 무의식적으로 할 수 있는 육체 활동을 하는 것이 가장 좋다. 전전두엽 피질은 휴식 모드로 들어가게 한다. 순간적인 통찰력은 단순히 '그' 문제만 생각하지 않는 게 아니라 그 어떤 문제도 생각하지 않고 있을 때 찾아온다. 다시 말해 이런 통찰력은 걷거나 샤워를 하거나 별생각 없이 할 수 있는 여타 활동을 하면서 한창 딴생각에 잠겨 있을 때 찾아올 가능성이 가장 높다는 뜻이다.

134번째 전략: 사람들이 창의적으로 문제를 해결하게 하고 싶다면 생각을 중단하게 하라.

135번째 전략: 문제 해결 능력을 극대화하려면 일정한 틀에 박히지 않은 딴생각에 잠길 시간을 줘야 한다.

내가 대체 왜 그랬을까: 후회의 힘

후회는 사람들이 어떤 행동을 취하게 하거나 특정 행동을 피하게 하는 모든 상황과 감정 가운데 가장 강력한 힘을 가진 것 중 하나다. 우리는 후회라는 감정을 느끼고 싶어 하지 않으며 이를 피하기 위해 온갖 노력을 다한다. 하지만 우리가 무엇 때문에 후회를 느끼게 되고 또 어떻게 하면 그것을 피할 수 있는지 알면 다들 놀랄 것이다.

기회가 많을수록 후회도 커진다

선택권과 기회가 많을수록 우리가 느끼는 후회도 커진다. 어떤 일을 지금과는 다르게 할 수도 있었다는 생각이 들면 그만큼 후회가 커지는 것이다. 반면 자신의 결정이나 행동에 다른 선택권이 없었다고 생각한다면 후회도 줄어든다.

기회에 대한 이런 생각과 관련 있는 것이, 시정 조치가 확실하고 명확할수록 사람들이 느끼는 불만과 실망감이 커진다는 것이다. 일례로 곧 있을 특별한 행사를 위한 식당을 고른다고 가정하자. 원하는 날짜에 예약이 가능한 근사한 식당이 세 곳 있다. 여러분은 그 가운데 하나를 골라서 식당 직원과 메뉴를 협의했다. 그런데 행사를 코앞에 둔 시점에서 식당 측에서 전화를 걸어 계획했던 메뉴를 바꿔야겠다고 한다. 여러분은 처음에는 반대했지만 포기할 수밖에 없었고, 결국 행사 당일 식당 측에서 제공한 음식에 매우 실망했다.

여러분은 시정을 요구하거나(원래 정했던 메뉴대로 해달라고 주장) 처음부터 다른 식당을 고르거나 나중에라도 다른 식당으로 바꿀 수 있었다. 그러나 이 가운데 어떤 일도 하지 않았다. 한마디로 말해 기회와 확실한 시정 방안이 있었던 것이다. 이런 상황에서는 엄청난 후회와 불만, 실망을 느끼게 된다.

이와 반대되는 상황으로는 다음과 같은 시나리오가 있다. 여러분이 행사를 개최하고 싶은 날짜에 예약이 가능한 식당이 딱 한 곳 있다. 그리고 이 식당에서는 한 가지 종류의 세트 메뉴만 제공한다. 메뉴 협의는 불가능하다. 첫 번째 사례의 경우처럼 이 식당에서 제공한 음식에 대해서도 괜찮다고 평가할 수도 있고 형편없다고 여길 수도 있지만, 어쨌든 이 경우에는 후회나 실망감, 불만을 덜 느끼게 된다.

후회는 행동을 자극한다

우리는 후회에 젖는 것을 싫어하고 또 자신이 해결할 수도 있는 일에 가장 큰 후회를 느끼기 때문에 사실 후회는 좋은 동기 유발자라고 할 수 있다. 후회를 느낄 때란 곧 행동을 취할 가능성이 매우 높은 때이기도 하다. 그리고 후회가 들기 전에 이를 피하려고 행동에 나서는 경우도 많다.

나이가 들수록 후회도 줄어든다

직관에 어긋나는 것처럼 보이겠지만 사람들은 나이가 들수록 후회를 덜 느낀다. 이는 나이든 사람들은 상황을 바꾸거나 해결할 수 있는 기회가 적기 때문이다. 다른 방식으로 일을 처리할 시간이 마냥 있는 것이 아니라는 얘기다. 후회는 기회가 아직 있다는 생각과 관련이 있기 때문에 나이가 들면 후회를 느끼는 일도 적어진다.

136번째 전략: 후회를 덜 느끼게 하려면 선택의 폭을 줄여야 한다.

137번째 전략: 사람들이 어떤 행동을 취하게 하고 싶다면 그들이 후회를 느끼고 있는 동안에 시키자.

무거운 물건을 들고 있으면

손에 무거운 것을 들고 있을 때 내리는 결정은 무거운 것을 들지 않았을 때 내리는 결정과 다르리라고 생각하는가? 별로 그럴 것 같지 않지만 사실이다.

조슈아 애커맨Joshua Ackerman 과 존 바그는 구직 면접 지원자들이 자기 이력서를 다음과 같은 3가지 방법 중 하나로 제출하게 하는 연구를 시행했다Ackerman 2010. 한 지원자는 일반 프린터 용지에 이력서를 출력해서 제출했다. 다른 지원자는 일반 프린터 용지를 사용한 것은 같지만 출력한 이력서를 가벼운 클립보드에 철해서 제출했다. 세 번째 지원자는 일반 프린터 용지에 이력서를 인쇄한 뒤 무거운 클립보드에 철해서 제출했다. 그런 다음 면접관들은 어떤 지원자가 해당 직무에 가장 적합한지 평가했다. 면접관들은 이력서를 읽을 때 무거운 클립보드를 들고 읽어야 했던 지원자들에게 높은 점수를 줬다.

이력서를 읽으면서 무거운 물건을 손에 들고 있었던 탓에 눈앞의 구직자가 좀 더 중요한 인물로 느껴졌던 것이다. 실제로 뭔가 무거운 물건예를 들어 책 같은 것을 손에 든 상태에서 한 생각은 다른 생각보다 더 중요하게 느껴진다. '무겁다'라는 개념에 포함된 은유적인 느낌이 이런 물리적인 결과를 낳은 것이다.

이를 가리켜 '체화된 인지'라고 하는데, 이 말은 무게의 개념을 해석하는 방식뿐만 아니라 감촉과 관련된 몇 가지 판단을 가리키기도 한다. 심리학 연구에서 사용하는 공식 용어는 '촉각성'이다. 우리는 촉각이 인식하는 의미에 많은 영향을 받는다.

이런 촉각성이 우리의 인식과 판단에 영향을 미치는 방식들을 낱낱이 알면 깜짝 놀릴지도 모른다. 사람들은 무거운 물건의 영향을 받는 것 외에 다른 촉각성에도 반응을 보인다.

- 사교적인 대화를 나누는 동안 거친 물건에 몸이 닿은 경우, 예를 들어 굵은 모직 천을 씌운 의자에 앉아 있는 경우에는 부드러운 물건을 만지고 있을 때에 비해 그 대화를 이어가기가 더 어렵다고 간주한다.

- 딱딱한 물건을 만지면 부드러운 물건을 만졌을 때보다 진행 중인 협상이 더 융통성이 없다고 평가한다.
- 차가운 음료수가 담긴 컵을 들고 있을 때보다 따뜻한 컵 ^{예를 들어 따뜻한 커피 잔} 을 들고 있을 때 대화하는 상대방의 성품이 더 따뜻하다고 평가한다.

이런 촉각성을 이용해 사람들을 설득할 수 있다. 사람들이 다른 이들과 좀 더 마음 편하게 교류하게 하고 싶다면 회의실에 딱딱한 의자 대신 푹신한 가구를 놔두고 의자에 따끔거리는 트위드 천보다는 부드러운 감촉의 천으로 만든 커버를 씌워야 한다. 또 중요한 고객이 사무실을 방문할 예정인데 그가 여러분을 따스한 사람이라고 여기게 하고 싶다면, 대화를 시작하기 전에 열기를 전달할 수 있는 머그잔에 뜨거운 커피나 차를 따라서 대접하는 것이 좋다.

138번째 전략: 사람들 사이의 원만하고 융통성 있는 교류를 원한다면 부드러운 물건과 매끄러운 직물을 사용한다.

139번째 전략: 상대방이 여러분의 말을 중요하게 받아들이게 하고 싶다면 무거운 물건을 든 상태에서 얘기를 듣게 한다.

140번째 전략: 사람들이 여러분에게 따스한 반응을 보이게 하고 싶다면 찬 음료수를 들고 있게 해서는 안 된다. 뭔가 뜨거운 음료가 담긴 잔을 건네줘야 한다.

09

사례연구:
실생활 속에서
활용하는
동기 유발
요인과 전략

지금까지 설명한 내용을 통해 여러분은 7가지 동기 유발 요인과 그것을 활용하는 전략을 잘 이해했을 것이다. 본 장에서는 이 요소들을 행동에 옮기는 법을 살펴볼 예정이다. 이를 이용해 사람들을 설득하려면 다음과 같은 과정이 필요하다.

- 자신의 상황에 가장 적합한 동기 유발 요인은 무엇인지 판단한다.
- 그 요인과 관련해 사용할 전략을 선택한다.

본 장에서는 이 두 가지 결정을 내릴 수 있게 도와주는 각종 예시와 사례 연구를 다룬다.

나는 이 책을 쓰는 동안 내 블로그를 구독하는 독자들에게 책에 사용할 만한 예시를 알려달라고 부탁했다. 그리고 어떤 일을 위해서 사람들을 설득하고 싶은지도 말해달라고도 했다. 그리고 이 요청에 답해준 여러 독자들의 답변을 사례 연구 자료로 수록하고 여기에 내 경험을 약간 덧붙였다.

그런데 시작하기 전에 우리가 명심해야 할 원칙이 몇 가지 있다.

여러 가지 요소를 통합해서 사용할 수 있다. 특정한 상황에서는 두세 가지 동기 유발 요인을 동시에 사용하는 것이 더 효과적일 수 있다^{예: 소속 욕구와 습관}. 그러니 하나 이상의 요소를 동시에 사용해도 괜찮다. 사용할 요소를 골랐으면 그와 관련해 효과를 발휘할 수 있는 전략도 한 가지 이상 있을 것이다. 예를 들어, 소속 욕구 요인에서는 사회적 인정과 남들보다 먼저 말을 꺼내서 스스로 리더의 위치에 오르라는 전략을 함께 사용할 수 있다.

그 중에서 가장 잠재력이 큰 동기 유발 요인을 선택해야 한다. 어떤 요인은 다른 것보다 효과가 크다. 여러분이 처한 특정 상황에서 사람들에게 동기를 불어넣을 수 있는 요인이 여러 가지 있다면 그 가운데 가장 강력한 것을 사용해야 한다. 7가지 동기 유발 요인을 효과가 가장 큰 것부터 작은 것까지 차례대로 나열하면 다음과 같다.

1. 본능
2. 이야기에 담긴 힘
3. 마음의 속임수
4. 소속 욕구
5. 숙달에 대한 욕구
6. 습관
7. 당근과 채찍

특정 상황에 대처하는 데 '이야기에 담긴 힘'과 '당근과 채찍'이 둘 다 적합하다면 '이야기에 담긴 힘'과 관련된 해결책을 실행에 옮겨야 한다. 그리고 시간과 기력이 남을 경우 여기에 '당근과 채찍' 해법을 추가할 수도 있다.

상대방에게 최대한 맞춰서 적용한다. 여러분이 설득하고자 하는 사람에 대해서 잘 알수록 그에게 알맞은 동기 유발 유인을 효과적으로 선택할 수 있다. 예를 들어, 여러분이 처한 특정 상황에서는 일반적으로 '마음의 속임수'나 '소속 욕구'가 모두 효과가 있지만 특정 인물에게는 '소속 욕구' 쪽이 더 동기 유발 효과가 클 수 있다.

장기적 변화 및 단기적 자동 반응을 유도하는 데 가장 적합한 요인이 무엇인지 파악한다. 어떤 동기 유발 요인은 장기적 변화에 적합하고 또 어떤 것은 자동적이고 신속한 단기적 반응을 이끌어내는 데 알맞다.

장기적 변화에 적합한 요인:
　이야기에 담긴 힘
　숙달에 대한 욕구
　소속 욕구
　습관

자동적이고 신속한 반응에 적합한 요인:

    본능

    당근과 채찍

    마음의 속임수

사람들이 그 일을 원하게 하자. 이 책을 읽는 동안, 사람들을 설득하는 가장 쉬운 방법은 그들 스스로 그 일을 원하게 만드는 것이라는 사실을 깨달았을 것이다. 사람들의 심리를 잘 이해할수록 여러분이 그들에게 원하는 바와 그들이 스스로 하고 싶어 하는 일을 완벽하게 일치시킬 수 있게 된다. 결국 설득이란 교묘한 조작이 아니라 이해의 문제인 것이다.

이제 이 개념들을 이용해 특정 상황에서는 어떤 동기 유발 요인과 전략을 사용하면 좋은지 판단해보자.

돈을 기부하게 하는 방법

"난 비영리 자선단체의 지부를 운영하는데 사람들이 우리에게 돈을 기부해 줬으면 한다."

이때 사용하기에 가장 적합한 동기 유발 요인은 '소속 욕구'와 '이야기에 담긴 힘'이다.

이야기에 담긴 힘

일관된 자아상을 이용한다. 사람들이 주변인에게 말하는 자신의 정체성과 기부를 연결시킨다. 예컨대 "당신은 어려움에 처한 이들에게 관심을 기울이는 사람이니까…"라는 식으로 말이다.

작은 행동부터 먼저 취하게 한다. 돈을 기부해달라고 부탁하기 전에, 인도적 구호에 관한 정보를 친구들과 공유하도록 권하거나 다음 토요일에 두 시간 정도 시간을 내서 구호품 정리를 돕는 자원봉사를 해줄 수 있는지 묻는 것이다. 이 방법은 여러분이 내세우는 대의명분을 위해 돈을 기부하고자 하는 자아상이 상대에게 존재하지 않는 경우에 특히 중요하다. 이런 사소한 행동을 하고 나면 자아상에 변화가 생겨서 이제 기부가 자신들의 자아상에 맞는 행동이기 때문에 돈을 기부할 가능성이 높아진다.

공개적인 참여를 유도한다. 공개적인 방법으로 기부를 해달라고 부탁한다. 기부자 명단에 이름을 올리거나 그들이 기부했다는 사실을 온라인상에 공개하는 것이다.

소속 욕구

사회적 인정을 이용한다. 이미 기부에 참여한 사람이 얼마나 많은지 보여준다. 일례로 '글로벌 기빙 Global Giving' 웹사이트에 들어가면 "2002년 이후로 귀하와 같은 기부자 306,481명이 7,120개 프로젝트를 위해 76,920,248달러를 기부해 주셨습니다. 정말 멋집니다!"라는 문구를 볼 수 있다.

뇌 동조 현상을 이용한다. 상대방과 일대일로 이야기를 나누거나 프레젠테이션을 진행하거나 동영상 음성이 함께 나오는 을 이용해 청자의 뇌가 기부를 부탁하는 사람의 뇌와 동조될 수 있게 한다.

여러분의 열정을 전한다. 감정은 전염성이 있다는 사실을 기억하자. 열띤 어조를 통해 프로젝트에 대한 여러분의 열정을 전달하면 상대방도 흥미를 느끼게 된다.

상호성을 이용한다. 기부를 부탁하기 전에 상대에게 뭔가를 제공한다. 예컨대 무료로 음식을 제공하는 리셉션을 개최하거나 우편으로 펜을 발송하거나 특별한 정보에 접근할 수 있게 해주거나 기타 상대가 빚진 기분을 느끼게 할 수 있는 다른 작은 선물을 주는 것이다.

동사보다는 명사를 사용한다. "기부에 동참해주시겠습니까?"라고 묻기보다는 "기부자가 되어주시겠습니까?"라고 물어야 한다. 명사를 사용하면 자기도 기부에 참여할 이들의 집단에 속해 있다는 기분이 들기 때문에 실제로 기부할 가능성이 높아진다.

주도적으로 일하게 하는 방법

"짐은 내 밑에서 일하는 직원이다. 그는 기본적으로 맡은 업무를 잘 처리하지만 나는 그가 좀 더 주도적으로 일해 주었으면 좋겠다. 늘 내가 할 일을 말해줄 때까지 기다리는 것이 아니라 자기가 먼저 나서서 해야 할 일을 정하고 실행했으면 한다."

이 상황에 가장 적합한 동기 유발 요인은 '숙달에 대한 욕구', '당근과 채찍', '이야기에 담긴 힘'이다.

이야기에 담긴 힘

이야기 단서 제공을 이용하자. 짐은 자기가 일을 주도할 수 있는 인물이라고 생각하지 않을 수 있다. 자기는 혼자 힘으로 프로젝트를 시작할 수 있는 사람이라는 이야기를 내면에 품고 있지 않을 가능성이 높다. 이런 상황이라면 그가 새로운 이야기를 만들어내도록 단서를 제공할 수 있다. 그가 이런 일에 적합한 사람이라는 꼬리표를 붙이는 일부터 시작하자. 짐이 스스로를 주도적인 인물로 여기게 할 수 있는 방법과 그에 적당한 상황을 찾거나("지난달에 당신이 프로젝트를 제안했을 때…"), 여러분이 다른 이들에게 그를 주도자라고 말하는 것을 듣게 해야 한다. 다른 사람에게 보낸 이메일에 "짐이 그 프로그램을 이끌던 때가 기억나십니까…" 등의 내용을 쓴 것을 복사해서 보여주는 식으로 말이다.

짐에게 다른 이들의 이야기를 들려준다. 주도적으로 일을 처리하는 다른 사람들에 관한 이야기를 짐에게 해준다. 더 좋은 방법은 그들이 직접 짐에게 자기 이야기를 들려주게 하는 것이다. "앤드류, 이번 주에 잠깐 시간을 내서 당신이 제품 출시 주기를 단축하기 위한 아이디어를 모으고 실행한 방법을 짐에게 얘기해줄 수 있을까요?"

숙달에 대한 욕구

자율권을 제안한다. 짐이 자신의 업무와 그 수행 방법을 직접 결정할 수 있다는 사실을 그에게 알린다.

실수를 통해 교훈을 얻을 수 있는 기회를 준다. 주도적으로 일을 처리하다 보면 실수를 저지르는 일이 자주 생긴다. 짐에게 실수를 해도 괜찮지만 그것을 통해 교훈을 얻어야 한다는 사실을 명심시키자. 그에게 실수의 여지를 허용하면 주도자로서 업무에 숙달되고자 하는 욕구가 높아질 것이다.

피드백을 제공하라. 짐이 실수했을 때 그에 대한 피드백을 해주면 숙달에 대한 욕구와 주도적인 인물이 되려는 의지가 높아진다. 피드백을 하면서 그를 칭찬하거나 벌해서는 안 된다. 피드백은 최대한 객관적이어야 한다.

자신을 직원으로 채용하게 하는 방법

"내가 꿈에 그리던 일자리에 지원했다. 회사도 직위두 다 마음에 든다. 정말 이곳에서 일하고 싶다! 멜라니는 수많은 지원자들 속에서 나를 뽑을 수 있는 결정권이 있는 사람이다. 어떻게 하면 멜라니가 내게 입사 제안을 하게 할 수 있을까?"

이 상황에 가장 알맞은 동기 유발 요인은 '마음의 속임수', '본능', '소속 욕구'다.

마음의 속임수

시스템 1 사고를 활성화시킨다. 여러분은 멜라니가 가급적 (수월하고 직관적인) 시스템 1 사고를 활용하기를 바란다. 실제로 멜라니는 시스템 1 사고를 이용하고 있다. 여러분이 해야 할 일은 어떻게든 그녀가 시스템 1 사고에서 벗어나지 않게 하는 것이다. 그러려면 자신의 배경과 경력을 설명할 때 앞뒤가 어긋나는 부분이 없도록 일관성 있게 이야기해야 한다.

제출하는 문서를 읽기 쉽게 작성한다. 시스템 1 사고가 계속 작동하게 하려면 작문이나 이력서 등 멜라니에게 제출하는 문서를 모두 판독하기 쉬운 단순한 글꼴과 글자 크기로 인쇄해서 편하게 읽을 수 있게 해야 한다. 글씨를 읽기 힘들 정도로 진한 배경색을 넣어서는 안 된다.

상대방을 놀라게 하면 안 된다. 수많은 지원자들 속에서 돋보이려면 뭔가 남다른 일을 시도해야 한다고 생각할지도 모른다. 하지만 멜라니와 일대일로 얘기할 수 있는 상황이 됐다면 이미 1차 관문은 통과한 셈이다. 이 시점에서 지나치게 놀랄 만한 일을 저지른다면 멜라니의 시스템 1 사고가 시스템 2로 전환되므로 그런 일은 바람직하지 않다.

확증 편향을 이용한다. 멜라니에게도 확증 편향이 존재하기 때문에 그녀는 자신의 기존 신념과 일치하는 정보를 찾으려고 할 것이다. 여러 각도로 충분한 질문을 던져서 그 일자리에 대해 멜라니가 어떤 도식을 가지고 있는지 알아내야 한다. 그런 다음 그녀가 이미 알고 있고 동의하는 일들에 대해 이야기한다. "다른 팀원들과 원만하게 지낼 수 있는 사람을 채용하고 싶어 하신다고 알고 있습니다." 혹은 "요즘 같은 불경기에는 곧바로 실전 업무에 투입할 수 있는 인재를 채용하는 것이 중요합니다."처럼 말이다.

애매한 상황을 해결하는 손쉬운 해결책이 돼야 한다. 사람들은 애매모호한 상황을 꺼린다. 누구를 채용해야 할지 알 수 없는 상황 때문에 불확실성이 생기고 이로 인해 마음이 불편해진다. 따라서 여러분을 채용하는 것이 가장 손쉬운 해결책처럼 보이게 해야 한다. 상황을 복잡하게 만드는 말(친구들과 함께 카리브 해로 항해 여행을 떠나기 때문에 2달 내에는 일을 시작하기 어렵다고 말하는 것 등)은 모두 피하자.

발음하기 쉬운 이름을 쓴다. 이름이 길고 발음하기 어려우면 신뢰성을 떨어뜨리기 때문에 원래는 쉬워야 할 일(여러분을 채용하는 일)이 어렵게 느껴질 수도 있다는 사실을 기억하자. 일자리를 얻으려고 이름까지 바꿀 수는 없는 노릇이지만 좀 쉬운 대안을 제시할 방법을 찾는다. "제 이름은 알로이시오입니다만 다들 알이라고 부릅니다." 나도 이름을 댈 때마다 발음대로의 철자를 알려준다. 종이에 "와인-섕크 Wine-shank"라고 적어서 그 종이를 보여주면 사람들이 내 이름을 발음하기가 훨씬 쉬워지기 때문이다.

면접 시작 부분과 마지막 부분에 정신을 집중하고 이때 할 말을 미리 준비한다. 사람들은 대화의 중간 부분을 잊어버리는 경향이 있으니, 중요한 사실은 대화가 시작하는 부분과 마지막 부분에서 강조해야 한다는 점을 명심하자.

본능

희귀성과 손실에 대한 두려움을 이용한다. 그래픽 디자이너들 가운데 석사 학위가 있는 사람은 단 5퍼센트뿐인데 여러분이 그 5퍼센트 안에 속한다면 그 사실을 반드시 언급해야 한다. 누군가가 석사 학위를 취득하는 일이 드물다면 그 학위의 가치는 더 높아진다. 나쁜 데서 일자리 제안을 받았다면 그 사실을 멜라니에게 말해서 여러분이 여러 회사에서 원하는 인재라는 것을 알려야 한다. 또 특정한 날짜까지 다른 회사에 입사 여부를 알려야 하는 상황이라면 그 사실도 언급한다. 멜라니가 여러분을 경쟁사에 빼앗길지도 모른다고 생각하게 되면 좀 더 신속하게 행동을 취할 가능성이 높아진다.

소속 욕구

새로운 회사나 조직의 직원으로 들어가는 것은 부족에 합류하는 일과 같다. 우리가 평소에 하는 사회적 교류나 동일화 가운데 많은 부분이 일터에서 이뤄진다. 소속 욕구와 관련된 전략의 대부분은 누군가에게 채용되고자 할 때 활발하게 작용한다.

대면 면접에서 최대한 다양한 전략을 활용한다. '소속 욕구' 장에서 소개한 여러 가지 아이디어를 활용해보고 싶을 텐데 그러자면 상대방과 직접 마주해야만 한다. 전화상으로는 이용할 수 없는 전략이 많다. 모든 일을 편지나 이메일을 통해 처리하는 경우에는 이 전략들이 효과가 거의 없다. 멜라니와 직접 만나서 얘기를 나눠야 한다. 최소한 멀리서라도 멜라니와 대화를 나눌 수 있어야 화자와 청자 사이의 뇌 동조 현상을 이용할 수 있다.

유대감을 이용한다. 멜라니와 친밀감을 느끼고 싶다면 둘이서 함께, 동시에 할 수 있는 일을 시도해서 두 사람 사이에 유대감을 조성한다. 일례로 어떤 일에 대해서 두 사람이 동시에 웃음을 터뜨릴 수 있는지 살펴보자. 이런 일은 면접 초반에 시도해야 한다.

리더가 되라. 여러분이 리더처럼 보일 수 있다면 멜라니에게 좀 더 설득력을 발휘하게 된다. 멜라니와 만났을 때 먼저 말을 꺼내되 너무 길게 말해서는 안 된다. 먼저 말을 꺼내는 것(바람직한 일)과 대화 전체를 지배하는 것(바람직하지 않은 일)은 다르다.

말투에 유의한다. 자신 있게 말하자. 너무 빠르거나 느리게 말해서는 안 된다. 열정과 에너지, 신념을 담아서 이야기해야 한다.

신체언어에 신경 쓴다. 바른 자세로 앉거나 서 있어야 한다. 가구에 기댄 자세는 금물이다. 의자 앞쪽에 걸터앉거나(열성이 지나치다는 느낌을 준다) 의자에 너무 푹 파묻히는 것(관심이 없는 것처럼 보인다)도 곤란하다. 거울 앞에서 대화하는 장면을 연습하면서 자신의 손짓과 말로 전달하는 메시지가 서로 일치되게 한다. 때때로 멜라니의 눈을 똑바로 쳐다보는 것이 좋고 또 말할 때 살짝 미소 짓는 것을 잊지 말자.

비슷한 점과 매력을 십분 활용한다. 멜라니나 그녀와 같은 직급, 혹은 그녀보다 한 단계 아래 직급의 사람들과 비슷한 옷차림을 하는 것이 좋다. 여러분이 그 자리에 적합한 인물이라고 멜라니가 생각하게 해야 한다. 자기가 지원하는 직급의 사람들이 어떤 옷차림을 하는지 알아보고 그와 비슷하면서 멋진 옷차림을 하고 면접에 임하자. 예를 들어, 멜라니는 캐주얼한 정장을 입고 그녀의 부하 직원들은 청바지 차림으로 근무를 한다면 그 중간쯤에 해당하는 복장을 고른다. 멜라니가 격식 차린 정장 차림을 하고 부하 직원들은 모두 청바지와 티셔츠를 입는다면 여러분은 캐주얼한 정장을 입어야 한다. 또 멜라니와 직원들이 모두 정장을 입는다면 여러분도 정장을 택해야 한다. 여러분도 그들 집단의 일원이라는 것을 보여주면서 관계를 쌓는 것이다. 그 회사의 채용 또는 인사 부서에서 일하는 사람과 알면 사무실에 어울리는 복장이 무엇인지 물어봐도 좋다. 이들은 지원자가 질문하는 것을 반긴다. 또 최대한 매력적인 모습을 보일 수 있게 노력해야 한다. 머리를 단정하게 다듬고 피부 손질을 하고 옷을 잘 다려 입고 구두도 괜찮은 것을 골라 신어야 한다. 유명 인사들처럼 멋진 외양을 뽐낼 수는 없겠지만 그래도 자기 모습이 가급적 매력적으로 비치도록 여러 가지 조치를 취할 수는 있다.

동작과 몸짓을 흉내 낸다. 멜라니의 몸짓과 동작 몇 가지를 흉내 낼 수 있는지 살펴본다. 멜라니가 한쪽 다리를 꼬면 여러분도 그와 똑같이 따라하는 것이다. 그녀가 손바닥을 펴서 앞에 있는 탁자 위에 올려놓으면 그 동작도 따라할 수 있다. 그렇다고 너무 눈에 띄게 따라 해서는 안 되지만 멜라니의 동작을 몇 가지 흉내 낼 수 있다면 친밀감을 쌓는 데 도움될 것이다.

유명한 회사 이름을 댄다. 닥치는 대로 아무 회사 이름이나 남발하는 것은 거슬릴 수도 있지만 자기가 지금까지 일한 회사들 가운데 멜라니가 알만한 회사의 이름을 언급하면 많은 도움이 된다. 그녀가 아는 특정 인물들과 일한 경험이 있으면 그 사실을 분명하게 밝히고 싶을 것이다. "제가 디즈니사에서 애널리스트로 재직할 당시, 잘 아시는 존 밀튼 씨와 함께 일했습니다." 이런 언급을 통해 여러분도 멜라니와 동종 집단에 속한 사람이 된다.

유명 회사의 이름을 대는 것보다 더 좋은 방법은 사회적 인정을 이용하는 것이다. 멜라니가 개인적으로 아는 사람의 추천 또는 추천서를 받는 방법이다. 되도록이면 면접을 보기 전에 그 사람한테 멜라니에게 전화를 걸거나 편지를 써달라고 부탁한다. 이런 방법은 다른 사람들이 이미 여러분을 자기 집단의 일원으로 인정했다는 것을 보여주므로 멜라니도 그들과 행동을 같이 할 확률이 높아진다.

일자리 제의를 받아들이게 하는 방법

"우리 부서의 공석을 메울 입사 지원자들을 면접하는 중이다. 그중 리사가 가장 적합한 지원자로 생각되기에 그녀에게 입사 제의를 할 생각이다. 그녀가 부디 이 제안을 받아들여서 직원 채용에 신경 쓰는 일은 이제 그만두고 다른 업무에 집중하고 싶다. 또 우리 팀에 훌륭한 인재를 영입했다는 확신도 얻고 싶고. 리사가 제안을 받아들이게 하려면 어떻게 해야 할까?"

이 상황에 적합한 동기 유발 요인은 '본능', '이야기에 담긴 힘', '소속 욕구', '숙달에 대한 욕구'다.

이야기에 담긴 힘

리사가 자신의 페르소나와 관련해 가지고 있는 이야기를 이용한다. 여러분은 리사를 면접하는 과정에서 그녀가 자신의 일에 대해 어떤 자아상을 품고 있는지 파악했을 것이다. 이 이야기를 이용해 여러분이 제안하는 일자리와 여러분의 조직이 그녀의 이야기에 잘 맞는 것처럼 보이게 할 수 있다.

- "자신이 변화의 주체라고 느끼는 것을 중요하게 여긴다는 사실을 알고 있습니다. 이 자리는 그런 느낌을 확실하게 받을 수 있는 자리로서…"
- "일과 개인 생활의 균형을 중요시하시는군요. 저희 회사에서 일하시면 그런 생활이 가능합니다…"
- "면접 과정에서 나눈 대화를 바탕으로, 의욕이 대단한 분이라는 느낌을 받았습니다. 이 자리는 그런 야심을 이룰 기회를 드릴 겁니다…"

숙달에 대한 욕구

새로운 배움의 기회를 강조한다. 리사는 이 일자리를 수락하면 새로운 기술을 배울 기회가 있다는 사실에 기뻐할 것이다. 그녀가 배우게 될 온갖 새로운 일들을 강조하자.

엘리트 집단임을 암시한다. 사람들은 자기가 특별한 존재이고 어떤 어려운 일도 해낼 수 있는 소규모 집단의 일원이라고 느끼고 싶어 한다. "이 업무를 수행하려면 매우 특별한 기술과 경험이 필요합니다. 이에 적합한 요건을 갖춘 사람은 그리 많지 않습니다. 그런 귀한 인재 중 하나인 귀하를 만나게 되어 정말 기쁩니다."라고 리사에게 말하면 일자리 제안을 수락할 가능성이 커진다.

자율권을 언급한다. 사람들은 자기에게 업무를 자율적으로 처리할 권한이 있다고 느끼고 싶어 한다. 그러니 "이 자리에서는 자기가 가장 적합하다고 생각하는 방식으로 일할 기회가 생깁니다. 업무 방식을 원하는 대로 조정할 수 있습니다."라고 말하면 리사가 제안을 받아들일 확률이 높아진다.

업무에 따르는 과제를 지적한다. 우리는 새로운 도전에 뛰어드는 것을 좋아한다. 리사에게 "결코 쉬운 일은 아닙니다. 물론 불가능하지는 않지만 이 일을 잘 해내려면 상당한 능력이 필요합니다. 당신은 여기서 성공하는 데 필요한 기술과 지식을 모두 갖춘 사람이라는 생각이 드는군요."라고 말하면 이 일자리에 더 관심을 보일 것이다.

너무 쉬워 보여서는 안 된다. 이 일자리를 얻기 위해서는 노력이 필요하다는 생각이 들면 이 자리를 원하는 마음이 더 커질 것이다. 입사 제의를 받기까지 일련의 과정을 거치면서 장애물을 몇 가지 극복하게 해야 한다. 한 명 이상의 담당자에게 면접을 받게 하고 이력서와 포트폴리오 제출을 요구한다. 또 추천서를 요구하고 사실 여부를 확인한다. 이런 단계를 전부 밟고 나면 리사가 일자리를 수락할 가능성이 높아진다.

본능

희귀성의 개념과 손실에 대한 두려움을 활성화한다. 여러분이 다른 지원자들과도 면접을 봤으며 정해진 날짜(곧 다가오는) 안에 최종 결정을 내려야 한다는 사실을 리사가 알게 한다. 결정하는 데 시간을 너무 오래 끌 경우 일자리를 놓칠지도 모른다는 두려움을 느끼면 제안을 빨리 수락하게 된다.

대화 중에 '우리'보다 '당신'이라는 말을 최대한 많이 쓴다. 예컨대 "당신은 최고의 지원자입니다. 당신은 XYZ사에서 즐겁게 일하게 될 것입니다. 당신은 이곳에서…" 같은 식으로 말하는 것이다.

소속 욕구

리사는 적어도 어느 정도까지는 여러분의 회사 또는 조직이라는 하나의 집단에 소속될 것인지 여부를 결정해야 하는 상황이다. 그녀가 이미 여러분의 집단에 속해 있다고 느끼게 하면 일자리 제안을 받아들일 가능성이 커진다.

리사가 제안을 받아들일지 확신이 서지 않는다면 개인적으로 얘기한다. 이것이 불가능한 경우에는 적어도 리사와 직접 전화 통화라도 해야 한다. 편지나 이메일을 통해 의사소통을 하는 경우에는 다양한 전략을 사용할 수 없다. 대부분의 전략은 직접 얼굴을 맞대고 만나야만 사용할 수 있는 것들이다.

유대감을 이용한다. 리사와 친밀감을 느끼고 싶다면 둘이서 함께, 동시에 할 수 있는 일을 시도해서 두 사람 사이에 유대감을 조성한다. 일례로 어떤 일에 대해서 두 사람이 동시에 웃음을 터뜨릴 수 있는지 살펴보자. 이런 일은 면접 초반에 시도해야 한다.

말투에 유의한다. 자신 있게 말하자. 너무 빠르거나 느리게 말해서는 안 된다. 열정과 에너지, 신념을 담아서 이야기해야 한다.

동작과 몸짓을 흉내 낸다. 면접이 진행되는 동안 리사의 몸짓과 동작 몇 가지를 따라 하면 친밀감을 조성하는 데 도움이 된다.

협력업체로 선정되는 방법

"잠재 고객과 만날 예정이다. 그 고객이 우리 회사를 기술 컨설팅 서비스 협력업체로 선정해 계약을 체결해줬으면 좋겠다. 그 회사 부사장인 스콧와 만날 약속을 잡아뒀는데, 만나서 다음 기술 프로젝트에 우리 회사를 협력업체로 삼아야 하는 이유를 얘기할 생각이다."

이 상황에 가장 적합한 동기 유발 요인은 직원으로 채용되고자 할 때와 똑같은 '마음의 속임수', '본능', '소속 욕구'다.

마음의 속임수

시스템 1 사고를 활성화시킨다. 여러분은 스콧가 가급적 (수월하고 직관적인) 시스템 1 사고를 활용하기를 바란다. 여러분의 회사나 제공하는 서비스, 함께 일한 고객 등에 대해 이야기할 때는 반드시 명확하고 단순하며 일관된 메시지를 고수해야 한다. 단순한 게 최고다.

제출하는 문서를 읽기 쉽게 작성한다. 시스템 1 사고가 계속 작동하게 하려면 제안서나 가격 책정표 등 스콧에게 제출하는 문서를 모두 판독하기 쉬운 단순한 글꼴과 글자 크기로 인쇄해서 편하게 읽을 수 있게 해야 한다. 글씨를 읽기 힘들 정도로 진한 배경색을 넣어서는 안 된다.

애매한 상황을 해결하는 손쉬운 해결책이 돼야 한다. 사람들은 애매모호한 상황을 꺼린다. 어떤 회사를 선정해야 할지 알 수 없는 상황 때문에 불확실성이 생기고 이로 인해 마음이 불편해진다. 따라서 여러분의 회사를 협력업체로 선정하는 것이 손쉬운 해결책처럼 보이게 해야 한다. 상황을 복잡하게 만드는 일(법무 담당 부서의 검토를 거쳐야 하는 길고 혼란스러운 계약서 등)은 모두 피하자.

발음하기 쉬운 이름을 쓴다. 이름이 길고 발음하기 어려우면 신뢰성을 떨어뜨리기 때문에 원래는 쉬워야 할 일(여러분을 고용하는 일)이 어렵게 느껴질 수도 있다는 사실을 기억하자. 회사 이름이 길고 복잡하면 짧게 줄이거나 약자(略字)로 불러달라고 한다.

회의 시작 부분과 마지막 부분에 정신을 집중한다. 사람들은 대화의 중간 부분을 잊어버리는 경향이 있으니, 중요한 사실은 대화 시작 부분과 마지막 부분에서 강조해야 한다는 점을 명심하자.

돈에 대해 언급하기 전에 친밀감을 쌓는다. 돈과 관련된 이야기를 시작하기 전에 스코트와의 사이에 친밀감이 형성돼 있어야 한다. 돈에 대한 얘기는 사람들의 독립성을 강화시켜 협력하려는 마음이 줄어든다.

기준점을 이용해 더욱 많은 제품과 서비스 구매를 유도한다. 서비스나 제품을 세 가지 이상 권해서는 안 된다. 가격이 가장 비싼 것부터 먼저 언급해서 기준점을 높게 설정한다.

본능

희귀성과 손실에 대한 두려움을 이용한다. 여러분이 실은 매우 바쁘지만 스코트와 함께 일하고 싶기 때문에 그가 결정만 신속하게 내린다면 업무 일정에 넣어줄 수도 있다는 사실을 그에게 알린다. 스코트로서는 여러분의 바쁜 일정 때문에 여러분 회사와 함께 일할 기회를 놓칠지도 모른다고 생각하면 여러분과의 업무 협력 기회가 한층 더 매력적으로 느껴질 것이다.

소속 욕구

상호성을 이용한다. 스코트가 여러분에게 빚진 기분을 느끼게 할 만한 것을 제공하자. 제품을 무료로 체험할 수 있는 기회를 주거나, 뭔가 귀중한 것을 받거나 호의를 입었다는 기분을 느낄 만한 것을 제공하는 것이다.

가능하면 직접 만난다. 전화상으로는 '소속 욕구' 전략 대부분을 사용할 수 없다. 편지나 이메일을 통한 의사소통은 가장 효과가 떨어지는 방법이다. 스코트와 직접 만나서 얘기를 나눠야 한다. 최소한 멀리서라도 그와 대화를 나눌 수 있어야 두 사람 사이의 뇌 동조 현상을 이용할 수 있다.

유대감을 이용한다. 스코트와 친밀감을 느끼고 싶다면 둘이서 함께, 동시에 할 수 있는 일을 시도해서 두 사람 사이에 유대감을 조성한다. 일례로 어떤 일에 대해서 두 사람이 동시에 웃음을 터뜨릴 수 있는지 살펴보자. 이런 일은 대화 초반에 시도해야 한다.

리더가 되라. 여러분이 리더처럼 보일 수 있다면 스코트에게 좀 더 설득력을 발휘하게 된다. 스코트와 만났을 때 먼저 말을 꺼내되 너무 길게 말해서는 안 된다. 먼저 말을 꺼내는 것(바람직한 일)과 대화 전체를 지배하는 것(바람직하지 않은 일)은 다르다.

말투에 유의한다. 자신 있게 말하자. 너무 빠르거나 느리게 말해서는 안 된다. 열정과 에너지, 신념을 담아서 이야기해야 한다.

신체언어에 신경 쓴다. 바른 자세로 앉거나 서 있어야 한다. 가구에 기댄 자세는 금물이다. 의자 앞쪽에 걸터앉거나(열성이 지나치다는 느낌을 준다) 의자에 너무 푹 파묻히는 것(관심이 없는 것처럼 보인다)도 곤란하다. 거울 앞에서 대화하는 장면을 연습하면서 자신의 손짓과 말로 전달하는 메시지가 서로 일치되게 한다. 때때로 스코트의 눈을 똑바로 쳐다보는 것이 좋고 또 말할 때 살짝 미소 짓는 것을 잊지 말자.

비슷한 점과 매력을 십분 활용한다. 스코트와 비슷한 옷차림을 하는 것이 좋다. 또 최대한 매력적인 모습을 보일 수 있게 노력해야 한다. 머리를 단정하게 다듬고 피부 손질을 하고 옷을 잘 다려 입고 구두도 괜찮은 것을 골라 신어야 한다.

동작과 몸짓을 흉내 낸다. 스코트의 몸짓과 동작을 몇 가지 따라 하면 친밀감을 조성할 수 있다.

유명한 회사 이름을 댄다. 닥치는 대로 아무 회사 이름이나 남발하는 것은 거슬릴 수도 있지만 지금까지 함께 일한 회사들 가운데 스코트가 알만한 회사의 이름을 언급하면 많은 도움이 된다.

아는 사람에게 추천이나 추천서를 받는다. 유명 회사의 이름을 대는 것보다 더 좋은 방법은 사회적 인정을 이용하는 것이다. 스코트의 회사 내부 혹은 외부 사람 가운데 그가 개인적으로 잘 아는 사람의 추천이나 추천서를 받는다. 되도록이면 여러분과 스코트가 만나기 전에, 그 사람한테 스코트에게 전화를 걸거나 편지를 써달라고 부탁하자.

아이들이 악기 연습을 하게 하는 방법

"아이들이 어릴 때부터 음악을 배우면 여러 면에서 좋다는 말을 들었다. 그래서 딸아이에게 피아노 교습을 받게 했다. 아이는 교습받는 것은 좋아하는데 그 사이에 연습하는 데는 영 흥미가 없어 보인다. 어떻게 해야 아이가 연습에 몰두하게 할 수 있을까?"

우리 아이들은 어렸을 때 스즈키 음악 학원에 다녔다(딸은 피아노, 아들은 바이올린을 배웠다). 스즈키의 교육 원칙 중 하나는 학생들이 매일같이 연습을 해야 한다는 것이다. 하지만 어떻게 해야 아이들에게 매일 연습을 시킬 수 있을까? 이때 사용할 수 있는 동기 유발 요인은 '이야기에 담긴 힘', '당근과 채찍', '습관', '소속 욕구', '숙달에 대한 욕구' 등 다양하다.

당근과 채찍

날마다 악기 연습을 하는 습관을 들이고 싶다면 먼저 아이들이 악기 연주에 관심부터 갖게 해야 한다. 이때 연습에 대한 보상을 해주는 것이 동기 부여에 효과적이라고 생각할 수 있는데, 사실 초반에는 효과가 있다. 스즈키 교사와 나는 아이들이 아직 어렸던 3살 초반에는 당근과 채찍을 사용했다. M&M 초콜릿이나 알록달록한 스티커, 칭찬 등을 이용해 아이들이 연습에 흥미를 붙이게 할 수 있었다. 하지만 곧 이런 전략을 좀 더 강력한 전략으로 대체했다. 외적 보상의 사용과 관련된 연구 결과를 보면, '당근과 채찍' 전략만 사용하다 보면 결국 아이들이 연습을 포기하게 될 수도 있다고 한다.

습관

아이들이 악기 연습을 하게 하는 가장 좋은 방법 가운데 하나는 연습을 일상적인 습관으로 정착시키는 것이다. 우리는 일주일에 며칠만 연습을 하는 경우가 많다. 하지만 그렇다는 얘기는 곧 날마다 오늘은 연습을 할 것인지 말 것인지 결정을 내려야 한다는 뜻이다. 우리 아이들이 연습을 하루도 빠뜨리지 않고 며칠이나 계속할 수 있는지 알아보기로 결심하자 일이 훨씬 쉬워졌다. 이는 오늘 연습을 할지 말지 결정을 할 필요가 없다는 뜻이다. 매일매일이 늘 똑같았다. 그러니 아이들은 날마다 연습을 하게 됐다.

 어린아이를 비롯해 누구에게나 반복되는 일과가 있다. 우리 아이들은 학교가 끝나고 혹은 농구 연습이 끝나고 집에 돌아오면 간식을 먹은 뒤 각자 악기 연습을 했다. 연습 시간은 옷 입기나 양치와 같은 또 하나의 일과로 자리 잡았다. 저녁 먹기 직전에 악기 연습을 하는 것이 습관이 된 것이다.

'어쩌다 한 번씩 하는' 일이 아니라 이렇게 '날마다 하는' 일이 되자 훨씬 쉽고 순조롭게 진행됐다.

이야기에 담긴 힘

이야기를 시작할 수 있는 단서를 제공하자("너는 피아노 연주자니까 말이야...") 아이들은 금세 음악가와 관련된 자아상을 만들어냈다. 또 이야기와 함께 성장했기 때문에 이야기를 따로 편집할 필요도 없었다(나는 음악가다. 나는 악기 연습을 하는 사람이다.) 그래서 이것이 아이들의 자아상, 그리고 자신에 관한 이야기의 일부로 자리 잡았다. 이는 어린이들을 대상으로 동기 유발 요인을 이용할 때의 장점 중 하나다. 아이들은 자기가 하는 활동을 자아상과 금세 결합시키기 때문이다. 우리가 이야기 편집법 같은 전략을 사용해서 바꾸려고 노력하는 자아상이 바로 이것이다. 이 경우에는 시간이 지나도 바꿀 필요가 없는 긍정적이고 유용한 이야기를 일찍부터 마련해놓은 셈이다.

소속 욕구

우리 아이들은 스즈키 음악 프로그램에 가입해 교습을 받았다. 이 프로그램은 전 세계적인 음악 교육 시스템이다. 스즈키 교사들은 특별한 훈련을 받는다. 이들은 스즈키 강사 자격증을 따고 세계 각지에서 진행되는 특별한 스즈키 워크숍에 참가하기도 한다. 우리 아이들이 교습을 받았던 이 지역 음악 학교에서는 해마다 스즈키 음악 연주회가 열렸다. 또 아이들은 매년 여름 한 대학교에서 일주일씩 진행되는 스즈키 교육에도 참가했다. 단순히 음악 교습만 받는 것이 아니라 스즈키 가족 가운데 한 명이 되는 것이다. 다시 말해 아이들이 다른 스즈키 학생들과 유대감을 느끼게 되는 것이다.

아이들이 '매일 연습' 클럽에 대해 알게 된 것도 해마다 열리는 지역 스즈키 음악회에서였다. 30일, 60일, 90일, 365일 동안 매일 꾸준히 연습한 일부 학생들에게 상을 주는 순서가 있었던 것이다. 이것이 사회적 인정의 기능을 했다. "이 아이들이 그런 일을 하고 있다면 나도 해야 하지 않을까?"

우리가 '소속 욕구'에서 이용한 또 하나의 방법은 동사가 아니라 명사를 사용한 것이었다. "내 딸은 피아노를 칩니다."가 아니라 "내 딸은 피아니스트입니다."라고 말한 것이다. 이 말은 딸이 특정 집단(피아노를 연주하는 사람들의 집단)에 속해 있음을 암시한다.

숙달에 대한 욕구

아이들이 매일 연습을 할 수 있었던 가장 중요한 동기 유발 요인은 바로 숙달 욕구였다고 생각한다. 악기를 배운다는 것은 곧 연속적이고 갈수록 어려워지는 신체적, 정신적, 음악적 기술과 지식을 터득하는 것이다. 자기보다 나이 많은 학생들의 연주나 스즈키 프로그램에서 사용하는 음악 레코드를 들으면서 아이들은 항상 자기가 어떤 지점을 향해 나아가고 있는지 알 수 있었다. 하나의 기술을 습득(예를 들어, 바이올린 연주를 위한 올바른 손목 위치나 피아노를 연주할 때의 페달 사용법 등)한 뒤에는 다음 기술을 익힐 준비가 돼 있다. 기술을 터득하고 향상시키는 것 자체가 보상이며 학생에게 지속적인 동기를 부여한다.

바이올린이나 피아노를 배우는 것도 하나의 도전이지만 결코 불가능한 과제는 아니며, 학생들은 지속적인 도전을 통해 끊임없이 자극을 받는다. 게임에서 다음 단계에 도달하려고 노력하는 것과도 같다.

학생들이 악기를 배울 때는 많은 피드백을 받는데 이런 피드백이 숙달 욕구를 한층 더 자극한다. 날마다 연습을 하면 자기 실력이 향상되고 있다는 것을 직접 보고 느낄 수 있기 때문에 게으름 피우지 않고 꾸준히 연습을 하게 된다.

고객을 열렬한 지지자로 바꿔놓는 방법

"고객들이 우리 회사, 그리고 우리의 제품과 서비스를 격찬하게 하는 것이 회사를 성장시키는 가장 좋은 방법 중 하나라는 걸 안다. 하지만 대체 어떻게 해야 고객이 그런 모습을 보여줄까?"

여러분 회사가 훌륭한 제품과 서비스를 보유하고 있는데, 이에 만족한 행복한 고객들이 단순한 고객의 입장에서 한 걸음 더 나아가 여러분 회사의 열렬한 지지자가 되어 주기를 바란다고 가정하자. 만족한 고객을 열렬한 지지자로 바꿔놓는 요인은 무엇인지 알아보자. 사람들은 다음과 같은 경우에 지지자가 된다.

- 자신을 제품을 사랑하는 집단의 일원으로 동일시한다("나는 애플족이다." "나는 펩시 팬이다.").
- 똑똑하고 해당 분야에 대해 잘 아는 사람처럼 보이고 싶어 한다("나는 패션 지향적인 사람이다." "나는 신기술에 정통하다.")
- 여러분 회사의 제품이나 서비스가 자기 집단에 속한 사람들에게 유용하고 유익하거나 재미있다고 생각한다.

여기에 가장 적합한 동기 유발 요인은 '당근과 채찍', '이야기에 담긴 힘', '소속 욕구'다.

당근과 채찍

고객을 위한 로열티 프로그램을 만드는 것이 실제적인 보상보다 더 중요하다. 사실은 '당근과 채찍'이 필요하지 않을 수도 있지만 고객들의 충성에 보답하는 일은 결코 해가 될 게 없다. 보상보다 중요한 것은 항공사의 '우수고객' 같은 형태의 회원이 되거나 여러분이 만든 일종의 '클럽'에 가입해 단골 고객이라고 불리게 되는 것이다.

소속 욕구

고객들에게 특정 집단(여러분이 제공하는 제품과 서비스를 사랑하는 이들의 집단)의 일원이라는 느낌을 주면 그 집단에 소속되고 싶다는 마음이 들게 할 수 있다.

　사회적 인정을 이용한다. 여러분의 회사나 제품 혹은 서비스의 팬을 자처하는 사람들이 많다는 사실을 알게 되면 자기도 열렬한 지지자가 되고 싶어 할 가능성이 커진다.

　다른 고객들이 지지자들의 말을 들을 수 있는 무대를 제공한다. 마음을 뒤흔드는 감성적 콘텐츠나 열정, 좋은 이야기가 있으면 금세 입소문이 퍼진다. 자진해서 여러분의 회사와 관련된 이야기를 하고 싶어 하는 열성적인 고객들이 있다면 그 이야기가 쉽게 퍼지도록 도와주자. 열렬한 지지자가 몇 명 있으면 이들이 다른 사람들도 지지자가 되도록 분위기를 조성한다.

　상호성을 이용한다. 고객들에게 작은 혜택이나 선물을 주면 고객도 그 호의에 보답한다(다른 사람들에게 여러분의 회사가 얼마나 훌륭한 곳인지 소문을 내는 방식으로).

　명사를 사용한다. 고객을 지칭할 때는 동사보다는 명사를 사용해야 그 지칭대로 행동하게 된다. "당신은 펩시를 마십니다."라고 하지 말고 "당신은 펩시 애호가입니다."라고 말해야 한다. 명사를 쓰면 한 집단의 일원이라는 기분이 들기 때문이다.

이야기에 담긴 힘

고객들의 공개적인 참여를 유도한다. 누군가가 여러분 회사의 제품이나 서비스에 대해 긍정적인 후기를 썼다면 그는 자기 생각을 공개적으로 밝힌 셈이 된다. 본인의 입장을 공공연하게 밝히면 열렬한 지지자가 될 가능성이 더 높아진다.

다른 사람의 이야기를 들려준다. 열렬한 지지자로 활약하고 있는 다른 고객들의 이야기를 읽으면, 자기도 만족한 고객을 넘어 열렬한 지지자가 되겠다는 생각이 들 수 있다.

투표에 참여하게 하는 방법

"투표율을 높이는 방법: 특정 후보에게 표를 던지게 하는 것이 아니라 그냥 투표소에 가서 실제 투표에 참여하게 하는 방법은?"

이 경우에 가장 적합한 동기 유발 요인은 '마음의 속임수'와 '소속 욕구', '이야기에 담긴 힘'이다.

마음의 속임수

스스로에게 "내가 과연..."이라는 질문을 던지게 한다. "내가 과연 이번 선거의 투표자가 될 수 있을까?"라는 질문을 속으로 생각하거나 종이에 적게 해보자. "내가 과연"이라는 질문을 스스로 던져본 사람은 그 행동을 취할 확률이 높아진다.

소속 욕구

명사를 사용한다. 사람들에게 얘기할 때 동사("나는 투표했다." 혹은 "투표하실 생각입니까?")보다는 "나는 투표자다." 혹은 "당신은 투표자입니까?" 같이 명사를 사용해 얘기해야 한다. 명사를 사용하는 것은 집단 투표자 집단 에 속해 있다는 사실을 암시하기 때문에 실제로 투표 가능성을 높인다.

사회적 인정을 이용한다. 투표에 참여한 다른 이들의 정보를 제공한다. "이런 선거의 경우 유권자의 70퍼센트 이상이 선거에 참여합니다."처럼 얼마나 많은 이들이 투표에 참여하는지 알려주는 것이다.

비슷한 점과 매력을 십분 활용한다. 매력적인 사람 혹은 여러분이 설득하려는 이들과 비슷한 점이 있는 사람이 투표하는 이미지를 보여준다.

　친숙한 사람이 부탁하게 한다. 자기가 아는 사람이 투표를 권유하면 투표에 참여할 가능성이 높아진다.

이야기에 담긴 힘

투표를 기존 페르소나와 연결시킨다. 환경 문제 같은 특정 사안에 관심 있는 사람들이 있다고 하자. 이런 환경에 대한 관심을 다가오는 선거에서 투표하는 일과 연결 짓는 것이다. 환경에 관심이 있다면 당연히 투표를 해야 한다는 논리적 결론으로 귀결되는 이야기를 들려준다.

　먼저 사소한 일부터 참여하게 한다. 여러분이 영향력을 미치려는 사람들이 현재 투표자가 아니고 자신을 그런 식으로 여기고 있지도 않다면 먼저 사소한 행동부터 취하게 해야 한다. 예컨대 다가올 선거에 관심이 있다거나 특정 후보를 좋아한다고 말하게 하는 것이다(가급적 공개적으로). 이런 사소한 행동을 먼저 취하게 되면 그들의 자아상에 작은 변화가 생긴다. "나는 정치에 관심 없는 사람이다." 대신 "나는 다가오는 선거에 관심을 보이는 사람이다."라는 페르소나를 받아들이는 것이다. 일단 이런 단계를 밟게 되면 투표가 새로운 페르소나와 일치하기 때문에 실제 투표 참여를 유도하는 작은 한 걸음이 된다.

　공개적인 참여를 유도한다. 예를 들어, 자기 지역의 투표소 위치를 말해달라고 부탁하는 것이나. "우리 동네에 있는 학교에서 투표합니다."라거나 "3번가에 있는 관공서에서 투표합니다."라고 말한 사람은 투표할 확률이 높아진다.

　공개적인 참여를 부탁하는 데서 한 걸음 더 나아간다. 투표에 관한 글을 써달라고 부탁한다. "나는 11월 3일에 투표할 예정이다."라거나 "11월 3일에 3번가에 있는 마을회관에서 투표자가 될 생각이다." 혹은 "나는 투표자다." 같은 글이 될 수도 있다. 그리고 가능하면 키보드로 입력하지 말고 손으로 직접 쓰게 하는 것이 좋다. 손으로 글씨를 쓰면 그 정보가 뇌에 저장되는 방식과 저장 위치가 달라지며, 실제로 그 일이 일어날 가능성도 높아진다.

건강한 생활습관을 지키게 하는 방법

"우리 엄마 엘리자베스 가 걱정이다. 엄마는 지금껏 꽤 건강하게 지내왔지만 이제 점점 나이가 들어가면서 몸에 좋은 음식도 잘 안 먹고 운동도 하지 않는 모양이다. 엄마가 건강한 생활습관을 유지하게 할 방법이 있을까?"

누군가가 건강한 생활습관을 고민하고 실행에 옮기게 하고 싶을 때 사용할 수 있는 동기 유발 요인은 많다. '습관', '마음의 속임수', '당근과 채찍', '본능', '소속 욕구', '이야기에 담긴 힘' 등을 모두 이용할 수 있다.

습관

엘리자베스가 예전 습관과 연결된 새로운 습관을 들이도록 돕는다. 우리가 날마다 하는 일 가운데 상당수가 습관적으로 하는 일이기 때문에 엘리자베스의 기존 습관을 파악해서 여기에 새롭고 건강한 습관을 연결시키면 몸에 좋은 음식을 먹고 운동도 많이 하게 할 수 있다. 건강에 좋지 않은 습관에 집중해서는 안 된다. 그보다는 중립적인 습관(장을 보러 가거나 개에게 먹이를 주는 것 등)으로는 어떤 것이 있는지 알아보고 여기에 새롭고 건전한 습관을 연결시켜야 한다. 예컨대 개에게 먹이를 줄 때마다 산책 나갈 준비를 해서, 개가 먹이를 다 먹으면 함께 20분간 산책을 가는 식이다. 혹은 장을 보러 갈 준비를 할 때마다 몸에 좋은 식품을 적어서 쇼핑 목록에 집어넣는 것도 좋다.

마음의 속임수

엘리자베스가 이미 알고 있고 동의하는 일에 대한 얘기부터 시작한다. 엘리자베스가 방어적인 태도를 보이지 않도록 확증 편향(자기가 확신하는 사실과 일치하는 일들에만 관심을 보이는 경향)을 우회하는 것이 좋다. 대화를 할 때는 엘리자베스가 이미 잘 알고 동의하는 일에 관한 얘기부터 꺼낸다. 나는 그녀에 대해서 잘 모르므로 정확히 어떤 얘기를 하라고 말해줄 수는 없다. 엘리자베스가 건강이 중요하다는 사실을 알고 그에 동의한다면 그 얘기부터 하는 것이 좋다. 또 자기가 최근에 택한 생활습관이 불완전하다는 사실을 안다면 그 지점에서부터 대화를 시작하자. 엘리자베스가 잘 알고 동의하는 얘기부터 시작한 뒤에 그녀가 동의하지 않는 개념들을 논의하는 단계로 넘어갈 수 있다.

엘리자베스가 이미 알고 동의하는 주제로 대화를 시작한 다음, 인지 부조화를 끌어들인다. 건강에 관한 통계자료를 언급하면서 대화를 시작할 수도 있다. 중년기를 지났는데 활동이 많지 않은(일주일에 운동을 1시간도 안 하는) 여성들은 운동을 많이 하는 여성에 비해 심혈관계 질환으로 사망할 확률이 2배나 높다는 식으로 말이다. 엘리자베스는 건강하게 오래 살고 싶은데, 이제 자기가 심장병 발병 위험이 두 배나 높은 집단에 속해 있다는 사실에 직면하게 됐다. 이것이 인지 부조화를 초래해서 마음이 불편해진다.

인지 부조화를 제거할 수 있는 손쉬운 해결책을 제시한다. 인지 부조화가 발생하는 순간, 그런 부조화를 없앨 수 있는 답안이나 해결책을 제시하면 엘리자베스가 그 해결책에 따라 행동을 취할 가능성이 높아진다. 예컨대 "앞으로 일주일에 3번씩 헬스클럽에 같이 가는 게 어떨까요?"라고 말하는 것이다.

본능

손실에 대한 두려움을 이용해 엘리자베스의 행동을 유도한다. 엘리자베스가 건강을 잃거나 생명이 단축되거나 몸을 움직이지 못하게 될지도 모른다는 두려움에 사로잡히면 이런 생각을 이용해 그녀가 행동에 나서게 할 수 있다.

선택권을 한정한다. 엘리자베스가 고칠 수 있고 또 고쳐야만 하는 습관들을 10가지씩 제시해서 압박감을 느끼게 해서는 안 된다. 선택권이 지나치게 많으면 개중 아무것도 선택하지 않을 수도 있다. 그보다는 지금과 달라질 수 있는 일들을 서너 가지 정도만 제안하는 것이 좋다.

당근과 채찍

여러분이 권장하고 싶은 행동에 대한 보상을 제공한다. 어머니에게 강화물 구실을 할 수 있는 것이 무엇인지 파악해서 어머니가 건강한 생활습관을 촉진하는 일을 할 때마다 그것을 이용하는 것이 좋다. 예를 들어, 여러분과 함께 시간을 보내는 것이 어머니에게 보상 역할을 한다고 가정하자. 어머니를 모시고 함께 헬스클럽에 가는 날, 운동이 끝나자마자 함께 커피를 마시면서 대화를 나누는 것이다.

소속 욕구

사회적 인정을 이용한다. 엘리자베스의 친구나 그녀가 좋아하는 유명 인사가 건강한 생활습관을 지키며 산다는 사실을 알면 그 사람들에 대한 이야기를 함께 나누는 것이다.

다른 활동적인 사람들과 연결시켜 준다. 자기도 그 집단의 일원이라고 생각하면 운동을 계속할 가능성이 높아진다.

자기가 건전한 생활습관을 지키는 그룹의 일원이라고 느끼게 하려면 동사보다 명사를 사용해야 한다. "엄마가 수영하시는 모습을 보니 좋네요."라고 말하기보다는 "엄마가 수영할 줄 아는 사람이 되다니 멋지네요."라고 말하는 것이다.

이야기에 담긴 힘

건전한 생활습관을 유지하는 사람들에 대한 이야기를 들려준다. 여러분이 엘리자베스가 받아들이기를 바라는 행동을 모범으로 보여주는 사람들에 대한 이야기를 들려주면 그녀 스스로 새로운 이야기를 만들 수 있게 된다.

엘리자베스가 건전한 생활습관과 일치하는 자아상을 갖고 있다면 그 자아상에 어울리는 일을 하도록 요청한다. "엄마가 활동적으로 지내고 싶어 하시는 거 알아요. 그러니 일요일마다 저와 함께 자전거 타러 가시는 게 어떨까요."

엘리자베스의 현재 자아상이 건전한 생활습관과 일치하지 않는다면 현재의 생활습관에서 벗어나는 아주 사소한 일을 한 가지 부탁한다. 예컨대 "오늘 저랑 잠깐 산책하러 가요." 같은 부탁을 하는 것이다. 그녀가 현재의 자아상과 일치하지 않는 행동을 일단 하게 되면 이 새로운 활동에 맞는 새 자아상을 구축하는 일이 쉬워진다.

체크리스트를 작성하게 하는 방법

"나는 세미나와 워크숍을 지도하는 회사에서 일한다. 그런데 교육 자료를 배송하는 과정에서 실수가 자주 발생한다. 강사가 교육을 진행할 고객사에 도착해서 자료 상자를 열면 뭔가가 빠져 있는 경우가 너무나 많다. 어떤 때는 학생들에게 나눠줄 자료가 모자라기도 하고 이름표가 빠져 있기도 하다.

직원들이 자료 상자를 배송하기 전에 체크리스트를 작성했으면 좋겠다. 이 부서에서 일하는 직원들이 체크리스트를 사용하게 하려면 어떻게 해야 할까?"

체크리스트 작성 같은 일을 하게 하는 데 가장 좋은 동기 유발 요인은 '습관', '마음의 속임수', '소속 욕구', '이야기에 담긴 힘'이다.

습관
체크리스트 작성을 기존 습관과 연결시킨다. 직원의 현재 습관을 분석한다. 그들이 별다른 생각 없이도 할 수 있는 일들은 어떤 것인가? 그런 기존 습관 가운데 하나를 골라서 체크리스트 작성을 그 습관의 시작 또는 끝부분에 추가하게 하는 것이다. 예를 들어, 직원들은 새로운 워크숍 자료를 포장하기 시작할 때 상자를 발송할 주소를 적은 배송 양식을 작성할 것이다. 이 습관을 이용해 체크리스트까지 동시에 작성하는 습관을 여기에 덧붙이는 것이다.

마음의 속임수
무거운 클립보드를 사용한다. 체크리스트를 작성할 때 뭔가 무거운 물건을 사용하게 해서 체화된 인지를 유발할 수 있다. 체크리스트를 무거운 클립보드에 끼워놓으면 무게감이 더해져서 더 중요한 임무처럼 느껴진다.

소속 욕구
체크리스트 작성을 팀 활동으로 삼는다. 체크리스트 작성이 개인적인 업무가 아니라 팀 전체를 위한 일이라고 생각하면 체크리스트를 꼬박꼬박 작성할 확률이 더 높아진다. 가능하면 각 팀의 체크리스트 작성 통계를 밝히는 것이 좋다.

뇌 동조 현상을 이용한다. 체크리스트 작성 업무를 처음 도입할 때는 담당 직원과 개인적으로 만나거나 적어도 전화상으로 얘기해야 한다. 서면 통신수단만 사용해서는 안 된다. 담당 직원의 뇌가 체크리스트에 대해 얘기하는 사람의 뇌와 동조돼야 한다.

모방 심리를 이용한다. 직원들이 체크리스트를 작성하기를 바란다면 여러분이 먼저 작성하는 모습을 보이자. 그러면 다른 사람들도 따라 하기 시작할 것이다.

열정을 이용하라. 어떤 일을 흥미로운 방식으로 제안할 경우 그 일을 할 가능성이 높아진다. 체크리스트 작성이 어떻게 흥미로울 수 있겠느냐고 생각하겠지만, 이 방법을 통해 실수가 50퍼센트 정도 감소한다면 강사가 매우 열정적인 태도로 그 일에 대해 이야기하는 모습을 보게 될 것이다.

사회적 인정을 이용한다. 여러분이 사용하는 것과 똑같거나 비슷한 체크리스트를 사용하는 회사나 부서, 개인을 안다면 그들에 대한 이야기를 들려준다. 그보다 더 좋은 방법은 그 사람들이 직접 체크리스트 작성을 통해 도움을 받은 경험을 팀원들 앞에서 이야기하게 하는 것이다.

이야기에 담긴 힘

체크리스트를 기존 페르소나와 연결시킨다. 여러분의 팀원들이 자신을 신중하고 성실한 사람이라고 생각한다면 그런 생각을 체크리스트 작성과 연결짓는다. "당신이 신중한 성격이라는 것을 압니다. 이 체크리스트 작성 업무는 그런 신중한 성격에 잘 맞을 겁니다."

직원들이 체크리스트 작성과 관련된 자아상을 가지고 있지 않다면 그 자아상을 변화시켜야 한다. 체크리스트 전체를 작성하는 것보다 쉬운 일부터 시작하게 한다. 자신을 신중한 사람이라고 생각하는 데 도움될 만한 일을 한 가지 시키는 것이다. 예를 들어, 체크리스트를 전체적으로 작성하기에 앞서 체크리스트에 포함돼 있는 업무를 하나 골라 그것을 일주일 동안 하게 한다("매뉴얼을 상자에 넣기 전에 수량을 세서 참가하는 학생 수와 일치하는지 확인하세요.").

체크리스트의 모든 항목을 빠짐없이 체크하고 목록에 서명한 뒤 작성 완료된 체크리스트를 배송 상자에 넣게 한다. 양식에 직접 손으로 글을 쓰고 서명을 하면 일에 전념하는 수준이 높아진다.

재활용에 동참하게 하는 방법

"나는 시 공무원이다. 주민들이 다 쓴 물건을 쓰레기통에 아무렇게나 버리지 말고 잘 분리해서 재활용품 수거함에 넣게 하려면 어떻게 해야 할까?"

주민들의 재활용 의지를 높이는 데 가장 좋은 동기 유발 요인은 '마음의 속임수', '습관', '소속 욕구', '이야기에 담긴 힘'이다.

마음의 속임수

어떤 물건을 버리려는 순간에 신속한 결정을 내리게 하고 싶다면 시스템 1 사고를 개입시켜야 한다. 별다른 노력 없이 손쉽게 재활용품을 분리 배출할 수 있게 해야 한다. 제각기 다른 크기와 모양, 색상의 재활용품 분리수거함을 마련한다. 크고 읽기 쉬운 글꼴을 사용해서 어느 수거함에 어떤 재활용품을 넣어야 하는지 표시한다.

현재 재활용품을 분리 배출하지 않을 뿐만 아니라 자신의 행동을 바꾸는 데도 관심이 없는 사람들을 설득하려면 그들이 이미 동의하는 일에 대한 얘기부터 시작하는 것이 좋다. 예컨대 "집안 쓰레기를 내다버리는 일은 그리 재미있는 일은 아닙니다!"라고 말하는 것이다. 그런 다음에 재활용에 대한 이야기를 꺼낸다.

인지 부조화를 초래한다. 거대한 쓰레기 매립지 사진이나 쓰레기와 관련된 통계자료를 보여준다. 그런 다음 손쉬운 해결책(재활용)을 제시하는 것이다.

스스로에게 "내가 과연…"이라는 질문을 던지게 한다. 예: "내가 과연 올해 재활용을 할 수 있을까?"

그들에게 행동을 취할 능력이 있음을 암시하는 은유를 사용한다. 예: "쓰레기가 동네 길을 다 막고 있는데 재활용에 동참하면 이것들을 치울 수 있을 것이다."

습관

다 쓴 물건을 그냥 버리는 자신의 습관을 분석하고 새로운 행동 기준을 찾게 한다. 예를 들어, 쓰레기봉투를 구입할 때마다 재활용을 위한 특별한 봉투를 따로 구입한다면 어떨까? 아니면 매일 오는 우편물을 넣어두는 바구니를 종이 재활용함 가까이에 놔둘 수도 있다.

소속 욕구

유대감을 느끼게 한다. 이웃끼리의 유대감에 호소해서(재활용 운동을 진행하는 단위가 동네 일부 지역이든 동네 전체나 대도시, 전국 규모든 간에 상관없이) 모두가 함께 이 일에 동참하고 있다고 느끼게 한다. 예를 들어, 쓰레기 매립지로 향하는 쓰레기를 줄이는 것이 이 집단에 어떤 영향을 미치는지에 대한 메시지를 활용하는 것이다.

타인의 의견을 이용한다. 이미 엄청난 숫자 혹은 비율의 사람들이 재활용에 동참하고 있다면 그 정보를 사람들에게 전한다. "우리 시에 거주하는 주민의 65퍼센트가 꾸준히 재활용을 하고 있습니다."

가능하면 2장 '소속 욕구'에서 소개한 에너지 기업들이 사용한 방법을 따라 하자. 자신의 재활용 행태를 이웃사람들과 비교할 수 있는 정보를 발송하는 것이다.

이야기에 담긴 힘
재활용 습관을 현재의 자아상과 연결시킨다. 자기 주변 지역에 관심이 있는 사람은 재활용에도 관심을 갖게 마련이다.

재활용과 연결시킬 수 있는 자아상이 없는 사람들은 먼저 작은 일부터 시작하게 한다. 이들이 처음부터 재활용에 전적으로 동의할 것이라고 기대하지 말고, 자동차에 재활용 관련 범퍼 스티커를 부착하거나 배낭에 재활용 홍보 버튼을 달고 다녀달라는 부탁부터 해보자. 그런 다음 나중에 다시 재활용에 동참해달라는 부탁을 하는 것이다.

공개적인 참여를 부탁한다. 주변 지역에서 재활용에 동의한 사람들의 목록에 본인 이름을 적어달라고 부탁한다.

고객들의 적극적인 참여를 유도하는 방법
"우리 회사는 고객들이 회사의 각종 활동에 적극적으로 참여하는 것이 우리 브랜드에 대한 충성도를 유지하는 열쇠라고 생각한다. 내가 맡은 일은 고객이 우리 회사 업무에 관여하도록 유도하는 것이다. 고객들이 적극적으로 피드백을 해주고 포럼 같은 데도 참여해주면 좋겠다. 피드백을 부탁해봤지만 별 성과가 없다. 좀 더 적극적인 참여를 이끌어내는 방법이 없을까?"

이 상황에 가장 적합한 동기 유발 요인은 '당근과 채찍', '소속 욕구', '이야기에 담긴 힘', '숙달에 대한 욕구'다.

당근과 채찍

참여에 대한 보상을 해준다. 고객에게 적합한 강화물이 뭔지 파악해서 그들이 활발하게 참여하는 모습을 보일 때 적절한 보상을 해주는 것이다. 가장 확실한 방법은 여러분 회사에서 만드는 제품과 서비스에 사용할 수 있는 쿠폰을 제공하는 것이지만 다른 보상 방법도 있다. 가장 유용한 피드백을 해준 고객의 공로를 인정하고 싶다면 온라인상에서 사용하는 이름이나 사진 옆에 특별한 배지가 보이게 하는 방법도 있다. 공개적인 인정은 강력한 강화물이 될 수 있다. 아니면 다양한 고객 지원을 제공하거나 매달 진행되는 CEO와의 전화통화에 참여할 수 있게 해주는 방법도 있다.

소속 욕구

피드백을 해주는 고객 커뮤니티를 만든다. 고객들에게 설문지를 작성하거나 의견을 내달라고 부탁하는 것보다 고객 피드백 그룹을 만드는 것이 낫다. 이 그룹을 '엘리트' 집단으로 만드는 것도 좋은 방법이다. 그리고 특별 고객 참여 그룹의 회원이 되기 전에 특정한 일(제품 또는 서비스를 구입하거나 포럼에 참여하는 일 등)을 해달라고 요청하는 것이다.

이 그룹의 회원들은 회사하고만 의사소통을 하는 것이 아니라 그룹 구성원들끼리도 대화를 나눌 수 있게 한다. 자기가 이 그룹의 진정한 일원이라는 생각이 들면 좀 더 적극적으로 참여하게 된다.

상호성을 이용한다. 사람들에게 뭔가를 준 다음에 피드백이나 설문지 작성, 혹은 다른 행동을 요청한다. 피드백을 하고 요청받은 일에 참여하는 것이 빚진 기분을 해소하는 데 도움이 된다면 그 일에 적극적으로 참여할 것이다.

이야기에 담긴 힘

이야기를 이용해 피드백을 하도록 유도한다. 다른 이들의 이야기를 보여준 뒤 자신의 이야기를 써보라고 권한다.

적극적인 참여를 기존 페르소나와 연결시킨다. "여러분은 다른 사람을 돕는 것을 좋아하는 분들이니, 우리 포럼 가입을 고려해보시기 바랍니다. 다른 고객들은 여러분의 피드백을 통해 우리 제품이 자신에게 적합한지 판단할 수 있습니다."라는 식으로 말하는 것이다.

공개적인 참여를 유도한다. 익명으로 참여하게 해서는 안 된다. 공개적으로 반응을 보이고 나면 그 일을 다시 할 가능성이 커진다.

숙달에 대한 욕구

피드백 제공의 대가로 기술 교육을 제안한다. 사람들이 포커스 그룹을 어떻게 운영하는지 알고 싶어 하는가? 시장 조사에 참여하는 방법을 궁금해 하는가? 이런 기술을 배워두면 다른 데서도 사용할 수 있다.

피드백에 대한 피드백을 해준다. 기존의 피드백보다 더 가치 있는 피드백 방법을 알려준다. 적극적인 참여자가 되는 법을 가르쳐주는 것이다.

좀 더 적극적인 피드백 기회를 제공한다. 짧고 간단한 설문조사가 피드백을 얻기에 가장 좋은 방법이라고 생각할지도 모른다. 물론 최대한 많은 이들의 의견을 듣고자 하는 경우에는 그 생각이 옳다. 하지만 특정 집단의 사람들에게서 좀 더 깊이 있는 의견을 듣고 싶다면 피드백 과정을 좀 어렵게 만들 필요가 있다. 그렇다고 설문지를 작성하기 힘들게 만들라는 얘기가 아니라 단순한 설문조사 이상의 방법을 생각해보라는 뜻이다. 베타 테스트 팀이나 일대일 사용자 테스트 과정에 참여하게 하는 것도 좋다. 사람들은 도전을 좋아한다.

사물의 이면을 보게 하는 방법

"사람들이 논점의 다른 측면을 고려하게 하려면, 그리고 자기와 다른 의견을 가졌다고 해서 바보는 아니라는 생각을 갖게 하려면 어떻게 해야 할까?"

사람들이 다른 관점을 고려하게 하는 데 좋은 동기 유발 요인은 '본능', '소속 욕구', '마음의 속임수', '이야기에 담긴 힘'이다.

본능

우리가 특정한 반응을 보이는 이유가 두려움 때문인 경우가 많다. 또 자기도 모르는 새에 자신의 의견이나 관점이 다른 사람에게 위협적으로 느껴질 수도 있다.

여러분이 산업용 장비를 생산하는 회사에서 새로운 업무를 시작했다고 가정하자. 여러분은 생산 공정을 좀 더 자동화하기를 바란다. 이것이 표준적인 업무처리 모범관행이라고 생각하기 때문인데, 회사 사람들 일부가 여러분의 아이디어에 강하게 반대해서 놀랐다. 사람들에게 자동화의 장점을 설명하려고 애썼지만 그들은 얘기를 들으려고 하지도 않는다.

여러분은 자동화가 미칠 파장을 우려하는 사람들이 있다는 사실을 깨닫지 못할 수도 있다. 그래서 자동화 도입에는 부정적인 면이 거의 없고, 있다 하더라도 긍정적인 부분이 훨씬 우세하다고 생각한다. 하지만 자동화에 반대하는 사람들은 여러분이 일자리가 줄어들게 만들 이 새로운 아이디어를 강요해서 결국 자기들 일자리까지 없애버리려 한다고 여긴다.

어떤 일에 대한 강한 반대에 부딪히면 서로의 의견이 어떤 면에서 다른지를 알아보고, 자기가 말한 내용 때문에 상대가 뭔가를 잃을지도 모른다는 두려움을 느끼지는 않았는지 확인해야 한다. 만약 그런 부분이 있다면 잘 유념해뒀다가 다음 동기 유발 요인인 '마음의 속임수'에서 활용한다.

마음의 속임수

모두가 동의하는 부분부터 얘기를 시작한다. 저항감이 너무 심해서 여러분의 생각에 아예 귀를 기울이지 않을 정도가 되면 시스템 1 사고와 확증 편향을 통해 즉각적인 반응을 보이게 된다. 그들은 여러분이 말하는 내용이 자기 생각과 일치하지 않기 때문에 대부분 걸러서 듣는다.

자기 아이디어를 더 강하게 밀어붙이기보다는, 사람들이 확신하고 또 여러분도 동의할 수 있는 내용부터 이야기한다. 예를 들어, 상대방이 자동화에는 반대해도 고객의 주문을 좀 더 신속하게 처리해야 한다는 데는 다들 동의할 것이다. 처음부터 자동화 얘기를 꺼내서는 안 된다. 다들 동의할 수 있는 문제부터 얘기를 시작하자.

더 좋은 방법은 사람들이 두려워하는 주제에 정면으로 맞부딪히는 것이다. 사람들이 일자리를 잃는 것을 두려워한다면 직원들에게 지속적으로 좋은 일자리를 마련해주는 것이 얼마나 중요한 일인지에 대한 얘기부터 한다. 사람들이 동의하는 주제, 그들의 두려움과 관련된 주제로 얘기를 시작하면 여러분의 말을 걸러 듣지 않고 진지하게 귀를 기울이게 할 수 있다.

인지 부조화를 이용해 마음을 불편하게 한다. 사람들이 일단 귀를 기울이게 됐다면 이번에는 인지 부조화를 일으키는 아이디어와 사실, 데이터, 통계자료 등을 제시한다. 예를 들어, "자동화가 일자리를 없애는 것이 아니라 더 많은 일자리를 창출한다는 사실을 아십니까?"라고 묻는 것이다. 이렇게 인지 부조화를 야기하면 시스템 1 사고가 멈추고 시스템 2(논리적, 분석적 사고)가 일을 넘겨받는다. 이 시점이 되면 자동 필터링이 줄어들기 때문에 여러분의 새로운 아이디어가 사람들의 뇌리에 파고들 수 있게 된다.

소속 욕구

사람들이 잘 아는 인물에게 얘기를 시킨다. 여러분이 회사에 처음 합류한 상황이라면 이런 얘기를 꺼내기에 적합하지 않을 수도 있다. 사람들은 자기가 아는 사람의 이야기에 더 귀를 기울이며 설득되기도 쉽다.

최대한 비슷해지자. 외양이나 행동이 사람들과 비슷할수록 그들과 비슷한 인물로 받아들여지게 된다. 그리고 그런 부분이 비슷할수록 여러분 말에 귀 기울일 가능성도 높아진다.

상호성을 이용한다. 여러분이 다른 사람을 위해 어떤 일을 해주면 그는 여러분에게 빚을 지게 된다. 이때 여러분 말에 몇 분간 귀 기울이는 것만으로 빚진 기분에서 벗어날 수 있다면 기꺼이 그렇게 할 것이다. 그러니 자동화를 지지하는 발언을 하기 전에, 여러분 말에 귀 기울여주기를 바라는 이들을 위해 뭔가를 해주자. 회의 때 간식을 제공하는 간단한 일만으로도 큰 차이를 만들 수 있다. 사람들에게 뭔가를 줬기에(음식) 그들도 이제 여러분에게 뭔가를 줘야만 하는(여러분의 생각을 경청) 상황이 된 것이다.

이야기에 담긴 힘

이야기를 활용한다. 여러분의 이야기에 귀를 기울이게 하고 싶다면 사람들이 공감을 느끼게 해야 한다. 공감을 불러일으키는 데 가장 좋은 방법은 이야기를 들려주는 것이다. 사람들에게 보여주거나 알려줘야 할 사실과 수치가 있냐면 이야기 안에 그것을 포함시키거나 이야기에 덧붙이는 방식으로 제시해야 한다. "다들 볼티모어에 있는 XYZ 공장을 잘 아실 겁니다. 지난달에 그 공장 책임자와 얘기를 나눴는데 그가 말하기를..."

여러분의 생각을 사람들이 기존에 갖고 있는 자아상과 연결시킨다. 예: "여러분은 업무 효율을 높이기 위해서라면 무슨 일이든 하실 분들이니..."

작은 참여를 부탁한다. 대규모 자동화 프로젝트를 지지해달라고 부탁하기 전에 간단한 조사 프로젝트에 참여해달라고 한다. "아직 해결되지 않은 의문점들이 많으실 줄 압니다. 그러니 서둘러서 자동화 프로젝트 진행에 동의해달라고 하지는 않겠습니다. 먼저 저와 함께 사바나에 있는 공장에 견학을 가시지 않겠습니까? 그 공장에서는 현재 일부 공정의 자동화를 진행하고 있는데 그들과 얘기를 나누면서 자동화를 통해 어떤 경험을 얻었는지 살펴볼 수 있을 겁니다." 그들이 견학에 동의하면 자동화 아이디어에 일정 부분 참여를 한 셈이므로 이제 "나는 자동화에 관심이 있는 사람이다."라는 새로운 자아상을 갖게 될 것이다.

10

전략 목록

7가지 동기 유발 요인

지나치게 조작적이라고?

소속 욕구

1번째 전략: 사람들은 다른 이들과 유대감을 느낄 때 일을 더 열심히 한다.

2번째 전략: 뭔가를 부탁할 때는 동사보다 명사를 써서 집단 정체성에 호소해야 한다.

3번째 전략: 사람들을 설득해서 어떤 일을 하게 하려면 다른 사람들도 이미 그 일을 하고 있다는 것을 보여주자.

4번째 전략: 부탁하는 사람이 누구인지가 중요하다. 친구나 매력적인 사람, 부탁을 받는 이와 비슷한 사람이 부탁했을 때 가장 효과가 크다.

5번째 전략: 타인을 설득하기 전에 그를 위해 어떤 일을 해줘서 호의에 보답해야 한다는 기분을 느끼게 하라.

6번째 전략: 처음에는 실제 원하는 것보다 더 많이 요구한다. 그리고 일단 거절당한 뒤에 자기가 정말 원하는 것을 부탁하면 된다.

7번째 전략: 다른 사람이 어떤 일을 하게 하려면 여러분이 먼저 그 일을 해야 한다(그는 여러분의 행동을 그대로 모방하기 때문이다).

8번째 전략: 친밀감을 쌓으려면 상대방의 자세와 몸짓을 흉내 내자. 그러면 두 사람 사이에 유대감이 생겨서 여러분이 부탁하는 일을 들어줄 가능성이 높아진다.

9번째 전략: 사람들을 설득하려면 여러분이 상대방에게 요구하는 일에 열정을 품고 있다는 사실을 보여줘야 한다.

10번째 전략: 어떤 일이 입소문을 타게 하려면 감정에 호소하는 내용과 열정, 훌륭한 이야기를 이용해 아이디어를 전달하거나 행동을 촉구해야 한다.

11번째 전략: 사람들을 설득하려면 먼저 같이 웃거나 동시에 같은 행동을 하게 해서 그들을 하나의 무리로 결속시켜야 한다.

12번째 전략: 사람들의 신뢰를 얻으려면 여러분이 먼저 그들을 신뢰한다는 사실을 보여줘야 한다. 사람들이 여러분을 신뢰하게 되면 여러분이 요청하는 일을 할 가능성이 높아진다.

13번째 전략: 다른 사람을 설득하려면 여러분이 말하는 내용이 상대의 뇌와 직접 동조하게 해야 한다. 그러려면 여러분의 목소리를 들려줘야 한다.

14번째 전략: 경쟁을 이용해 설득할 때는 소수의 경쟁자(10명 이하)만 동원해야 한다.

15번째 전략: 남성과 여성이 함께 경쟁하게 해서는 안 된다.

16번째 전략: 사람들이 여러분을 리더로 여기면 여러분이 원하는 일을 할 확률이 높아진다. 남들 눈에 리더로 보이려면 자세와 태도를 통해 자신감을 보여줘야 한다.

17번째 전략: 설득력을 발휘하려면 손동작과 말하는 내용이 서로 일치해야 한다.

18번째 전략: 상대방을 똑바로 쳐다보면서 가볍게 미소를 지으면 좀 더 설득력을 발휘할 수 있다.

19번째 전략: 다른 사람을 자극해서 어떤 일을 하게 하려면 에너지와 열정이 넘치는 태도로 대화를 해야 한다.

20번째 전략: 다른 사람을 설득하려면 그들과 비슷한 옷을 입어 동질감을 조성하거나 그보다 한 등급 높은 옷을 입어 권위를 드러내야 한다.

21번째 전략: 남들보다 먼저 말을 꺼내면 리더로 간주될 수 있다. 그리고 리더가 되면 사람들을 설득할 가능성이 높아진다.

습관

22번째 전략: 사람들이 어떤 일을 오랫동안 자동으로 하게 하려면 새로운 습관을 들이게 하거나 기존 습관을 바꾸게 해야 한다.

23번째 전략: 어떤 사람이 새로운 습관을 들이게 하려면 그에게 적합한 신호와 보상이 무엇인지 알아내야 한다.

24번째 전략: 새로운 습관 형성을 독려하려면 여러분이 바라는 행동을 여러 개의 작은 단계로 나눈다.

25번째 전략: 남들이 새로운 습관을 들이게 하려면 그 과정을 최대한 간단하게 만들고, 반복행동을 시작하겠다는 결정을 제외한 모든 의사결정을 배제시킨다. 그 외의 다른 단계는 가급적 자동으로 진행돼야 한다.

26번째 전략: 새로운 반복행동과 습관이 유지되려면 행동의 결과와 진척 상황을 보여줘야 한다. 습관을 유지하려면 현재 진행 중인 일에 대한 피드백이 많이 필요하다.

27번째 전략: 새로운 습관을 들이려면 그것을 기존 습관과 연결시키는 것이 좋다.

28번째 전략: 사람들이 비교적 사소한 일을 무의식적으로 되풀이하기를 바란다면 새로운 습관을 들이게 하자.

이야기에 담긴 힘

29번째 전략: 여러분의 주장을 뒷받침하는 정보와 데이터를 이야기 형식으로 전달할 경우, 사람들이 여러분의 부탁을 들어줄 가능성이 높아진다.

30번째 전략: 사람들이 각자 가지고 있는 페르소나에 대한 이야기가 바뀌면 그들의 행동에도 변화가 생긴다.

31번째 전략: 사람들에게 어떤 일을 부탁하기 전에 그 일과 관련된 상대방의 페르소나를 활성화시키자.

32번째 전략: 기존 페르소나에 작은 균열이 생기면 시간이 지나면서 페르소나가 변하게 된다. 그리고 페르소나가 변하면 행동에도 변화가 생긴다.

33번째 전략: 타인을 설득하려면 그가 기존에 갖고 있는 페르소나를 이용하고, 새로우면서도 연관성 있는 페르소나를 여기에 연결시킨다.

34번째 전략: 페르소나를 변화시키려면 사람들이 현재 지니고 있는 페르소나와 일치하지 않는 사소한 행동 한 가지를 하게 한다.

35번째 전략: 공개적인 참여를 유도하면 설득하기가 쉬워진다.

36번째 전략: 참여에 대한 대가를 지불해서는 안 된다.

37번째 전략: 자기가 약속한 내용을 손으로 직접 적으면 그 일에 더 전념하게 된다.

38번째 전략: 다른 이들의 사례를 들려주면 스스로 새 이야기를 만들어낼 계기를 얻게 된다.

당근과 채찍

39번째 전략: 사람들이 어떤 일을 하기 위한 조건이 일단 형성되면, 여러분이 원하는 행동과 새로운 자극을 짝지어서 자동적으로 반응을 보이게 할 수 있다.

40번째 전략: 단순히 보상을 해주는 것만으로는 충분치 않다. 사람들을 설득할 때 보상을 통해 효과를 얻으려면 어떤 유형의 계획을 사용할지 정해야 한다.

41번째 전략: 새로운 행동이 자리 잡게 하려면 상대방이 그 행동을 할 때마다 보상을 해줘야 한다(지속적 강화).

42번째 전략: 지속적인 강화를 통해 행동이 자리 잡으면 다른 보상 계획으로 전환해 그 행동이 계속 이어지게 한다.

43번째 전략: 행동이 계속 지속되기를 바란다면 변동 비율 계획에 따라 보상을 제공하라.

44번째 전략: 특정 행동을 많이 할 필요는 없고 규칙적으로 꾸준히만 하면 된다면 변동 간격 계획을 사용한다.

45번째 전략: 고정 비율 계획을 사용하면 단시간에 빈번한 행동을 보이지만 보상을 받은 뒤에는 그 횟수가 크게 줄어든다.

46번째 전략: 고정 비율 계획을 사용할 때는 지금까지의 진척 상황뿐 아니라 목표에 도달하기까지 얼마나 남았는지를 보여줘야 의욕이 더 높아진다.

47번째 전략: 고정된 시간 간격을 기준으로 보상을 제공하는 것은 피해야 한다. 이런 강화 계획은 다른 계획에 비해 효과가 떨어진다.

48번째 전략: 여러분이 바라는 행동이 존재하지 않아서 보상을 할 수 없는 경우에는 조성 기법을 사용해 그 행동을 촉진한다.

49번째 전략: 상대방이 진정으로 원하는 보상을 택해야 한다. 그렇지 않으면 보상이 효과를 발휘하지 못한다.

50번째 전략: 보상을 제공할 때는 (이용하는 계획에 따른) 행동을 한 직후에 줘야 한다.

51번째 전략: 보상을 제공할 때는 행동을 하기 전이 아니라 한 후에 줘야 한다.

52번째 전략: 사람들이 어떤 일을 하게 할 때 부정적 강화를 이용할 수도 있다. 상대방이 원치 않는 일이 무엇인지 알아내 그것을 제거하는 일을 일종의 "보상"으로 사용하는 것이다.

53번째 전략: 여러분이 바라는 행동은 보상을 해주고 원치 않는 행동은 무시하자. 처벌은 보상보다 효과가 적다.

본능

54번째 전략: 관심을 사로잡으려면 위험한 상황이 묘사된 메시지와 사진을 이용하라.

55번째 전략: 사람들이 여러분과 여러분의 브랜드, 메시지를 기억하게 하려면 두려운 마음을 불러일으키는 사진이나 표현을 사용하는 것이 좋다.

56번째 전략: 사람들이 즉각적인 행동을 취하게 하려면 공포와 죽음의 메시지를 활용하라.

57번째 전략: 인간은 이득 가능성보다 손실 가능성에 더 자극받는다는 사실을 알아야 한다.

58번째 전략: 사람들이 자기가 어떤 대상을 다른 것보다 더 선호하는 이유를 스스로 말해주리라고 기대해서는 안 된다.

59번째 전략: 사람들이 뭔가를 갈망하게 하려면 먼저 그것을 써보게 해야 한다. 일단 한 번 써보고 나면 손에서 놓고 싶어 하지 않을 것이다.

60번째 전략: 여러분의 제품이나 서비스가 높은 평가를 받기를 바란다면 희귀하거나 구하기 어렵게 만들어라.

61번째 전략: 사람들이 새로운 것을 시도해보게 하려면 상대방 기분이 좋을 때를 골라서 일에 착수하거나 즐겁고 재미있는 영상을 보여줘서 기분이 좋아지게 해야 한다.

62번째 전략: 새로운 것을 시도해보게 하려면 안전하고 편안한 기분이 들게 해야 한다.

63번째 전략: 상대방이 익숙한 것을 계속 고수하게 하고 싶다면 좋은 기분에 젖게 해서는 안 된다.

64번째 전략: 사람들이 새로운 것을 시도하지 않고 평소 선택하던 것을 계속 유지하게 하려면 손실의 두려움을 자극하는 메시지를 이용한다.

65번째 전략: 사람들에게 선택권을 주는 것은 곧 통제권까지 주는 것이다. 누구나 통제권을 원한다.

66번째 전략: 선택 가능한 대상을 서너 개로 한정한다. 선택안을 지나치게 많이 제시하면 아무것도 고르지 못한다.

67번째 전략: 사람들의 참여를 유도하려면 먼저 그들을 안심시켜라.

68번째 전략: 관심을 끌고 싶다면 새로운 것을 이용하자. 그리고 일단 사람들의 관심이 집중되면 그때 메시지를 전해야 한다.

69번째 전략: 제한된 양의 정보만 제공하면 더 많은 정보를 원하게 된다.

70번째 전략: 사람들이 집중하기를 바란다면 예측 불가능한 자극을 주면서 이것을 청각 또는 시각 신호와 결합시킨다.

71번째 전략: 관심을 끌려면 실제 음식이나 음식 냄새, 혹은 음식 사진을 사용하라.

72번째 전략: 사람들의 관심을 끌고 결정에 영향을 미치려면 섹스에 관한 암시를 이용한다. 단, 이 방법을 사용하는 것이 적절한 경우에 한해서다.

숙달에 대한 욕구

73번째 전략: 새로운 기술을 익히거나 지식을 습득해야만 할 수 있는 복잡한 일을 시킬 때는 숙달 욕구를 활용한다. 반면 단순 작업의 경우에는 강화물을 이용하는 쪽이 더 나을 수도 있다.

74번째 전략: 사람들에게 장기간 어떤 일을 시키고자 할 때는 현금이나 다른 종류의 보상을 주기보다는 숙달 욕구를 이용해야 한다.

75번째 전략: 엘리트 집단의 일원만이 어떤 일을 할 수 있다는 생각을 불어넣으면 그 일을 터득하는 데 더 흥미를 느끼게 된다.

76번째 전략: 어떤 일을 어려워 보이게(그러나 불가능한 수준은 아니도록) 만들면 그 일을 추진하고자 하는 의욕이 생긴다.

77번째 전략: 사람들에게 자율권을 주면 숙달 욕구가 커지고 의욕이 샘솟는다.

78번째 전략: 사람들이 일을 할 때 조금이라도 고전하게 만들면 성취감이 높아지고 이를 통해 의욕도 고조된다.

79번째 전략: 사람들에게 실수할 기회를 주라.

80번째 전략: 사람들이 실수를 통해 교훈을 얻을 수 있게 피드백을 해주되, 피드백 때문에 일에 지장을 줘서는 안 된다.

81번째 전략: 피드백을 할 때는 짧은 설명을 곁들인다.

82번째 전략: 피드백에 적합한 시기를 선택한다.

83번째 전략: 숙달 욕구를 높이기 위해 피드백을 이용할 때는 피드백 내용이 객관적이어야 하며 칭찬이 섞여서는 안 된다.

84번째 전략: 몰입 상태를 유도하면 사람들이 더 오래, 열심히 일한다.

85번째 전략: 몰입 상태를 유지하려면 작업을 하는 동안 자신의 행동을 스스로 통제할 수 있게 해야 한다.

86번째 전략: 몰입 상태를 유지하기 위해서는 방해는 금물이다.

87번째 전략: 몰입 상태를 유지하려면 하는 작업이 어느 정도 어려워야 하지만 그렇다고 불가능한 수준이어서는 안 된다.

마음의 속임수

88번째 전략: 사람들이 신속한 결정을 내리게 하고 싶다면 사고 과정을 간단하게 만들어야 한다.

89번째 전략: 사람들이 심사숙고하게 하고 싶다면 사고 과정을 좀 더 어렵게 만들어야 한다.

90번째 전략: 사람들의 신속한 반응을 유도하려면 깊이 생각할 필요가 없는 간단한 요구를 해야 한다.

91번째 전략: 단순하고 일관성 있는 이야기를 이용하면 사람들이 결정을 내리거나 행동을 취할 가능성이 높아진다.

92번째 전략: 독립적인 행동을 유도하고 싶다면 돈에 대해 언급하라.

93번째 전략: 사람들이 다른 이들과 협력하거나 타인을 돕게 하고 싶으면 돈에 대해 언급해서는 안 된다.

94번째 전략: 사람들이 권위에 복종하게 싶다면 죽음의 메시지를 이용하라.

95번째 전략: 자기가 동일시하는 집단의 사회적 규범을 따르게 하고 싶다면 죽음의 메시지를 이용하라.

96번째 전략: 자기 지역사회에 속한 이들에게 관대한 태도를 보이게 하고 싶다면 죽음의 메시지를 이용하라.

97번째 전략: 지역사회에 속하지 않은 외부인들에게 공감하거나 관대한 태도를 보이게 하고 싶다면 죽음의 메시지를 피해야 한다.

98번째 전략: 사람들이 큰 숫자를 받아들이게 하고 싶으면 큰 숫자를 기준점으로 이용한다.

99번째 전략: 사람들이 작은 숫자를 받아들이게 하고 싶으면 작은 숫자를 기준점으로 이용한다.

100번째 전략: 가격 인식에 영향을 미치거나 어떤 숫자를 예상하게 하려면 임의의 숫자를 기준점으로 사용한다.

101번째 전략: 사람들이 높은 수준의 제품이나 서비스를 고르게 하려면 가장 수준이 높은 서비스와 그 가격을 목록 맨 위에 명시해야 한다.

102번째 전략: 사람들이 초기에 제시된 기준 가격 근처에서 머무르게 하고 싶다면 매우 구체적인 기준점을 사용해야 한다.

103번째 전략: 초기에 제시된 기준 가격이 아닌 다른 가격을 고려하게 하려면 그리 구체적이지 않은 기준점을 사용해야 한다.

104번째 전략: 사람들이 제품이나 아이디어를 긍정적으로 받아들이게 하려면 그 제품이나 아이디어에 친숙하게 만들어야 한다.

105번째 전략: 여러분이 제공하는 것이 선하고 진실하다고 느끼게 하려면 메시지를 단순하게 유지하면서 이 메시지에 5~7회 정도 노출시켜야 한다.

106번째 전략: 비슷한 사건이 다시 일어날 가능성이 높다고 여기게 하려면 첫 번째 사건이 일어난 직후에 물어보는 것이 좋다.

107번째 전략: 똑같은 사건이 재발할 가능성을 과소평가하게 하고 싶다면 최근에 발생한 적이 없는 비슷한 사건에 대해 묻는다.

108번째 전략: 똑같은 사건이 재발할 가능성을 과대평가하게 하고 싶다면 최근에 발생한 비슷한 사건에 대해 묻는다.

109번째 전략: 사람들이 자기가 읽는 내용에 신속한 반응을 보이게 하려면 내용을 읽기 쉽게 만들어야 한다.

110번째 전략: 자기가 읽은 내용에 반응하기 전에 좀 더 생각하고 분석하게 하려면 내용을 읽기 어렵게 만들어야 한다.

111번째 전략: 사람들이 깊이 생각하지 않고 신속한 결정을 내리게 하려면 뭐든 놀라게 할 만한 일을 해서는 안 된다.

112번째 전략: 신중하게 생각해서 결정하게 하고 싶다면 사람들이 예상치 못한 일을 하라.

113번째 전략: 확증 편향을 극복하고 싶다면 사람들이 이미 잘 알고 동의하는 일에 대한 얘기부터 시작한다.

114번째 전략: 확증 편향을 극복하고 싶을 때는 인지 부조화를 이용해 잠시 사람들의 마음을 불편하게 하는 것이 좋다.

115번째 전략: 인지 부조화가 자리를 잡았으면, 사람들의 불편한 마음을 가라앉힐 수 있는 답안이나 해결책을 제시한다. 여러분은 문제를 해결하고 마음도 편안하게 해주는 영웅이 되어 확증 편향도 극복할 수 있다.

116번째 전략: 사람들이 행동을 취하게 하려면 애매함과 불확실성을 이용한다.

117번째 전략: 애매모호한 상태를 없애려면 그런 상황을 해소할 수 있는 손쉬운 해결책을 제시한다.

118번째 전략: 여러분이 하는 말을 청중이 완전히 이해하게 하려면 적어도 20분마다 한 번씩 휴식시간을 줘야 한다.

119번째 전략: 똑똑해 보이고 싶거나 자신의 주장을 입증하고 싶다면 운율이 맞는 구절을 인용하는 것이 좋다.

120번째 전략: 고객의 신뢰를 얻으려면 제품이나 서비스 이름을 발음하기 쉬운 이름으로 정해야 한다.

121번째 전략: 사람들이 뭔가를 기억하기 바란다면 감각으로 유입되는 정보의 양을 줄이고 그들의 기존 경험을 강조해야 한다.

122번째 전략: 사람들이 뭔가를 기억하기 바란다면 해당 정보에 반복적으로 노출시키고 본인들이 적극적으로 정보를 반복하게 한다.

123번째 전략: 사람들이 뭔가를 기억하기 바란다면 중간 부분이 아니라 시작이나 끝부분에서 "그 내용"을 제시한다.

124번째 전략: 여러분이 한 말을 기억해주기 바란다면 추상적인 단어보다는 구체적인 단어를 사용해야 한다.

125번째 전략: 사람들을 설득하려면 그들과 그들의 도식에 대해서 알아야 한다. 그래야만 사람들이 세상을 바라보는 방식에 맞춰 전략을 수정할 수 있다.

126번째 전략: 도식에 대해 가지고 있는 가설을 면밀히 검토하라. 우리는 자신의 도식과 자기가 교류하는 이들의 도식이 동일하다고 생각하는 경향이 있지만 두 도식이 서로 다를 수도 있다.

127번째 전략: 사람들에게 "내가 과연"으로 시작하는 질문을 던지게 하면 그 말에 따라 행동할 확률이 높아진다.

128번째 전략: 상황을 설명할 때 어떤 은유를 사용할 것인지 신중하게 선택해야 한다. 은유는 질문을 일정한 틀 안에 넣어 그에 대한 답과 결과에 영향을 미친다.

129번째 전략: 사람들이 행동을 취하게 하려면 충동에 따라 행동하는 성향을 이용하는 것이 좋다.

130번째 전략: 충동적인 행동을 유도하려면 요구 사항이 구체적이고 단순하면서 즉각적이어야 한다.

131번째 전략: 사람들이 돈을 더 쓰게 하고 싶으면 먼저 시간을 투자해달라고 부탁한다.

132번째 전략: 경험을 팔자. 사람들은 물건보다 경험에 더 많은 돈을 쓴다.

133번째 전략: 사람들은 평소 생활하는 시간의 3분의 1 이상은 딴생각을 한다는 사실을 받아들이고 이 책에 소개된 다양한 전략을 이용해 그들의 관심을 사로잡자.

134번째 전략: 사람들이 창의적으로 문제를 해결하게 하고 싶다면 생각을 중단하게 하라.

135번째 전략: 문제 해결 능력을 극대화하려면 일정한 틀에 박히지 않은 딴생각에 잠길 시간을 줘야 한다.

136번째 전략: 후회를 덜 느끼게 하려면 선택의 폭을 줄여야 한다.

137번째 전략: 사람들이 어떤 행동을 취하게 하고 싶다면 그들이 후회를 느끼고 있는 동안에 시키자.

138번째 전략: 사람들 사이의 원만하고 융통성 있는 교류를 원한다면 부드러운 물건과 매끄러운 직물을 이용하라.

139번째 전략: 상대방이 여러분의 말을 중요하게 받아들이게 하고 싶다면 무거운 물건을 든 상태에서 얘기를 듣게 한다.

140번째 전략: 사람들이 여러분에게 따스한 반응을 보이게 하고 싶다면 찬 음료수를 들고 있게 해서는 안 된다. 뭔가 뜨거운 음료가 담긴 잔을 건네줘야 한다.

참고문헌

Aaker, Jennifer, Andy Smith, Dan Ariely, Chip Heath, and Carlye Adler. 2010. The Dragonfly Effect: Quick, Effective, and Powerful Ways to Use Social Media to Drive Social Change. San Francisco: Jossey-Bass.

Ackerman, Joshua M., Christopher Nocera, and John Bargh. 2010. "Incidental haptic sensations influence social judgments and decisions." Science 328(5986): 1712–15. doi: 10.1126/science.1189993.

Allcott, H. 2011. "Social norms and energy conservation," Journal of Public Economics. doi: 10.1016/j.jpubeco.2011.03.003.

Anderson, Cameron, and Gavin Kilduff. 2009. "Why do dominant personalities attain influence in face-to-face groups? The competence-signaling effects of trait dominance." Journal of Personality and Social Psychology 96(2): 491–503.

Ariely, Dan. 2009. Predictably Irrational: The Hidden Forces that Shape Our Decisions. New York: HarperCollins.

Ariely, Dan, George Loewenstein, and Drazen Prelec. 2003. "Coherent arbitrariness: Stable demand curves without stable preferences." Quarterly Journal of Economics 118(1): 73–105. Bechara, Antoine, H. Damasio, D. Tranel, and A. Damasio. 1997. "Deciding advantageously before knowing the advantageous strategy." Science 275(5304): 1293–95. doi: 10.1126/ science.275.5304.1293.

Berger, Jonah, and Katherine L. Milkman. 2012. "What makes online content viral?" Journal of Marketing Research 49(2), 192–205. doi: 10.1509/jmr.10.0353.

Berridge, Kent, and T. Robinson. 1998. "What is the role of dopamine in reward: Hedonic impact, reward learning, or incentive salience?" Brain Research Reviews 28(3): 309–69.

Bickman, L. 1974. "The social power of a uniform." Journal of Applied Social Psychology 4(1): 47–61. doi: 10.1111/j.1559-1816.1974.tb02599.x.

Briñol, Pablo, R. E. Petty, and B. Wagner. 2009. "Body posture effects on self-evaluation: A self-validation approach." European Journal of Social Psychology 39(6): 1053–64. doi: 10.1002/ejsp.607.

Chaiken, Shelly. 1979. "Communicator physical attractiveness and persuasion." Journal of Personality and Social Psychology 37(8): 1387–97. doi: 10.1037/0022-3514.37.8.1387.

Chartrand, Tanya L., and John Bargh. 1999. "The chameleon effect: The perception-behavior link and social interaction." Journal of Personality and Social Psychology 76(6): 893–910.

참고문헌

Christoff, Kalina, A. M. Gordon, J. Smallwood, R. Smith, and J. Schooler. 2009. "Experience sampling during fMRI reveals default network and executive system contributions to mind wandering." Proceedings of the National Academy of the Sciences 106(21): 8719–24.

Cialdini, Robert. 2006. Influence: The Psychology of Persuasion. New York: HarperCollins.

Cialdini, R. B., J. E. Vincent, S. K. Lewis, J. Catalan, D. Wheeler, and B. L. Darby. 1975. "A reciprocal concessions procedure for inducing compliance: The door-in-the-face technique." Journal of Personality and Social Psychology 31(2), 206–15. doi: 10.1037/h0076284.

Csikszentmihalyi, Mihaly. 2008. Flow: The Psychology of Optimal Experience. New York: Harper.

Damasio, Antonio. 1994. Descartes' Error: Emotion, Reason, and the Human Brain. New York: Penguin.

Deutsch, Morton, and Harold B. Gerard. 1955. "A study of normative and informational social influences upon individual judgment." The Journal of Abnormal and Social Psychology 51(3): 629–36. doi: 10.1037/h0046408.

De Vries, Marieke, R. Holland, and C. Witteman. 2008. "Fitting decisions: Mood and intuitive versus deliberative decision strategies." Cognition and Emotion 22(5): 931–43. doi: 10.1080/02699930701552580.

DiSalvo, David. 2011. What Makes Your Brain Happy and Why You Should Do the Opposite. Amherst, New York: Prometheus Books.

Duhigg, Charles. 2012. The Power of Habit: Why We Do What We Do in Life and Business. New York: Random House.

Efran, M. G., and E.W.J Patterson. 1974. "Voters vote beautiful: The effect of physical appearance on a national election." Canadian Journal of Behavioural Science, 6(4): 352–56.

Frederick, Shane. 2005. "Cognitive reflection and decision making." Journal of Economic Perspectives 19(4): 25–42. doi: 10.1257/089533005775196732.

Freedman, Jonathan L., and Scott C. Fraser. 1966. "Compliance without pressure: The foot-in-the-door technique." Journal of Personality and Social Psychology, 4(2): 195–202.

Garcia, S., and A. Tor. 2009. "The N-effect: More competitors, less competition." Psychological Science 20(7): 871–77. doi: 10.1111/j.1467-9280.2009.02385.x.

Gilbert, D. T., C. K. Morewedge, J. L. Risen, and T. D. Wilson. 2004. "Looking forward to looking backward: The misprediction of regret." Psychological Science 15(5): 346–50.

참고문헌

Gilbert, D. T., and J.E.J. Ebert. 2002. "Decisions and revisions: The affective forecasting of changeable outcomes." Journal of Personality and Social Psychology 82(4): 503–14.

Gneezy, Uri, Muriel Niederle, and Aldo Rustichini. 2003. "Performance in competitive environments: Gender differences." Quarterly Journal of Economics 118(3): 1049–74. doi: 10.1162/00335530360698496.

Gneezy, Uri, and Aldo Rustichini. 2000. "A fine is a price." Journal of Legal Studies 29(1), 1–17.

Goman, Carol Kinsey. 2011. The Silent Language of Leaders: How Body Language Can Help—or Hurt—How You Lead. San Francisco: Jossey-Bass.

Gunes, Hatice, and Massimo Piccardi. 2006. "Assessing facial beauty through proportion analysis by image processing and supervised learning." International Journal of Human-Computer Studies 64(12): 1184–99.

Haidt, Jonathan, J. P. Seder, and S. Kesebir. 2008. "Hive psychology, happiness, and public policy." Journal of Legal Studies 37.

Hashmi, Shazia Iqbal, Chua Bee Seok, Murnizam Hj Halik, and Carmella E. Ading. 2012. "Mastery motivation and cognitive development among toddlers: A developmental perspective." http://www.ipedr.com/vol40/029-ICPSB2012-P10034.pdf.

Haslam, A., and Stephen Reicher. 2012. "Contesting the 'nature' of conformity: What Milgram and Zimbardo's studies really show." PLoS Biology 10(11), art. no. e1001426.

Hatfield, E., J. T. Cacioppo, and R. L. Rapson. 1993. "Emotional contagion." Current Directions in Psychological Sciences 2(3): 96–99.

Henrich, J., R. Boyd, S. Bowles, C. Camerer, E. Fehr, H. Gintis, and R. McElreath. 2001. "Cooperation, reciprocity and punishment in fifteen small-scale societies." American Economic Review 91(2), 73–78.

Howell, Ryan, Paulina Pchelin, and Ravi Iyer. 2012. "The preference for experiences over possessions: Measurement and construct validation of the experiential buying tendency scale." Journal of Positive Psychology 7(1): 57–71.

Hsu, Ming. 2005. "Neural systems responding to degrees of uncertainty in human decisionmaking." Science 310(5754): 1680–83. doi: 10.1126/science.1115327.

Hull, Clark L. 1934. "The rat's speed-of-locomotion gradient in the approach to food." Journal of Comparative Psychology 17(3): 393–422.

Iyengar, Sheena. 2010. The Art of Choosing. New York: Twelve.

참고문헌

Iyengar, Sheena, and M. R. Lepper. 2000. "When choice is demotivating: Can one desire too much of a good thing?" Journal of Personality and Social Psychology 79(6): 996–1006. doi: 10.1037/0022-3514.79.6.995.

Jonas, Eva, Jeff Schimel, Jeff Greenberg, and Tom Pyszczynski. 2002. "The Scrooge effect: Evidence that mortality salience increases prosocial attitudes and behavior." Personality and Social Psychology Bulletin 28(10): 1342–53. doi: 10.1177/014616702236834.

Jostmann, Nils, Daniël Lakens, and Thomas Schubert. 2009. "Weight as an embodiment of importance." Psychological Science 20(9), 1169–74. doi: 10.1111/j.1467-9280.2009.02426.x.

Kahneman, Daniel. 2011. Thinking, Fast and Slow. New York: Farrar, Straus and Giroux.

Kivetz, Ran, O. Urminsky, and Y. Zheng. 2006. "The goal-gradient hypothesis resurrected: Purchase acceleration, illusionary goal progress, and customer retention." Journal of Marketing Research 43(1): 39–58. doi: 10.1509/jmkr.43.1.39.

Knutson, Brian, C. Adams, G. Fong, and D. Hommer, D. 2001. "Anticipation of increasing monetary reward selectively recruits nucleus accumbens." Journal of Neuroscience 21(16): RC159.

Koo, Minjung, and A. Fishbach. 2010. "Climbing the goal ladder: How upcoming actions increase level of aspiration." Journal of Personality and Social Psychology 99(1): 1–13. doi: 10.1037/a0019443.

Krienen, Fenna M., Pei-Chi Tu, and Randy L. Buckner. 2010. "Clan mentality: Evidence that the medial prefrontal cortex responds to close others." Journal of Neuroscience 30(41): 13906–15. doi: 10.1523/JNEUROSCI.2180-10.2010.

Lally, Phillippa, C.H.M. van Jaarsveld, H.W.W. Potts, and J. Wardle. 2010. "How are habits formed: Modelling habit formation in the real world." European Journal of Social Psychology, 40(6): 998–1009. doi: 10.1002/ejsp.674.

Latané, Bibb, and J. Darley. 1970. The Unresponsive Bystander. Upper Saddle River, NJ: Prentice Hall.

Lefkowitz, M., R. R. Blake, and J. S. Mouton. 1955. "Status factors in pedestrian violation of traffic signals." Journal of Abnormal and Social Psychology 51(3): 704–6.

Lepper, Mark, David Greene, and Richard Nisbett. 1973. "Undermining children's intrinsic interest with extrinsic reward: A test of the 'overjustification' hypothesis." Journal of Personality and Social Psychology 28(1): 129–37.

참고문헌

Mason, Malia, Michael Norton, John Van Horn, Daniel Wegner, Scott Grafton, and C. Neil Macrae. 2007. "Wandering minds: The default network and stimulus-independent thought." Science 315(5810): 393–95. doi: 10.1126/science.1131295.

Meyer, D. E., J. E. Evans, E. J. Lauber, J. Rubinstein, L. Gmeindl, L. Junck, and R. A. Koeppe. 1997. "Activation of brain mechanisms for executive mental processes in cognitive task switching." Journal of Cognitive Neuroscience, vol. 9.

Milgram, Stanley. 1963. "Behavioral study of obedience." Journal of Abnormal and Social Psychology 67(4): 371–78. doi: 10.1037/h0040525.

Morgan, G. A., R. J. Harmon, and C. A. Maslin-Cole. 1990. "Mastery motivation: Definition and measurement." Early Education and Development 1(5): 318–39.

Pink, Daniel. (2009). Drive: The Surprising Truth about What Motivates Us. New York: Riverhead.

Provine, Robert. 2001. Laughter: A Scientific Investigation. New York: Penguin.

Roediger, Henry, and Bridgid Finn. "Getting it wrong: Surprising tips on how to learn." Scientific American, October 20, 2009. http://www.scientificamerican.com/article.cfm?id=getting-it-wrong.

Schwartz, Barry. 2005. The Paradox of Choice: Why More Is Less. New York: Harper Perennial.

Senay, Ibrahim, Dolores Albarracín, and Kenji Noguchi. 2010. "Motivating goal-directed behavior through introspective self-talk: The role of the interrogative form of simple future tense." Psychological Science 21(4): 499–504.

Shadmehr, Reza, and Henry H. Holcomb. 1997. "Neural correlates of memory motor consolidation." Science 277(5327): 821–25. doi: 10.1126/science.277.5327.821.

Shute, Valerie. 2007. Focus on Formative Feedback. http://www.ets.org/Media/Research/pdf/RR-07-11.pdf.

Singer, T., B. Seymour, J. O'Doherty, H. Kaube, R. J. Dolan, and C. Frith. 2004. "Empathy for pain involves the affective but not sensory component of pain." Science 303(5661): 1157–62. doi: 10.1126/science.1093535.

Siyang Luo, Shi Zhenhao, Zuo Xiangyu, and Han Shihui. 2012. "Reminder of death modulates anterior cingulate responses to the suffering of others." Presented at the Organization for Human Brain Mapping Conference.

Stephens, Greg, L. Silbert, and U. Hasson. 2010. "Speaker–listener neural coupling underlies successful communication." Proceedings of the National Academy of Sciences. doi: 10.1073/ pnas.1008662107.

Teixeira, Thales, Michel Wedel, and Rik Pieters. 2012. "Emotion-induced engagement in internet video advertisements." Journal of Marketing Research 49(2): 144–59. doi: 10.1509/ jmr.10.0207.

Thibodeau, P. H., and L. Boroditsky. 2011. "Metaphors we think with: The role of metaphor in reasoning." PLoS ONE 6(2): e16782. doi:10.1371/journal.pone.0016782.

Twain, Mark. The Adventures of Tom Sawyer.

Van Boven, L., M. Campbell, and T. Gilovich. 2010. "Stigmatizing materialism: On stereotypes and impressions of materialistic and experiential pursuits." Personality and Social Psychology Bulletin 36(4): 551–63. doi: 10.1177/014616721036279.

Vohs, Kathleen D., Nicole Mead, and Miranda Goode. 2006. "The psychological consequences of money." Science 314(5802): 1154–56. doi: 10.1126/science.1132491.

Walton, Gregory M., Geoffrey Cohen, David Cwir, and Steven Spencer. 2012. "Mere belonging: The power of social connections." Journal of Personality and Social Psychology 102(3): 513–32. doi: 10.1037/a0025731.

Wansink, Brian, Robert Kent, and Stephen Hoch. 1998. "An anchoring and adjustment model of purchase quantity decisions." Journal of Marketing Research 35(1): 71–81.

Williams, L. E., and John Bargh. 2008. "Experiencing physical warmth promotes interpersonal warmth." Science 322(5901): 606–7. doi: 10.1126/science.1162548.

Wilson, Timothy D. 2011. Redirect: The Surprising New Science of Psychological Change. New York: Little, Brown and Company.

Wilson, Timothy D. 2004. Strangers to Ourselves: Discovering the Adaptive Unconscious. Cambridge, MA: Harvard University Press.

Wiltermuth, Scott, and C. Heath. 2009. "Synchrony and cooperation." Psychological Science 20(1): 1–5. doi: 10.1111/j.1467-9280.2008.02253.x.

Worchel, Stephen, Jerry Lee, and Akanbi Adewole. 1975. "Effects of supply and demand on ratings of object value." Journal of Personality and Social Psychology 32(5): 906–14.

Wrosch, C., and J. Heckhausen. 2002. "Perceived control of life regrets: Good for young and bad for old adults." Psychology and Aging 17(2): 340–50.

Zak, Paul. 2012. The Moral Molecule: The Source of Love and Prosperity. New York: Dutton.

역자 프로필

박선령

세종대학교 영어영문학과를 졸업하고 MBC방송문화원 영상번역과정을 수료하였다. 현재 번역 에이전시 (주)엔터스코리아에서 출판기획 및 전문 번역가로 활동하고 있다.

주요 역서

『어떻게 인생 목표를 이룰까: 와튼스쿨의 베스트 인생 만들기 프로그램』, 『앤디워홀 이야기』, 『곁에 두고 싶은 사람이 되라 : 마음을 얻는 관계의 기술 충성』, 『하루 걸러 다이어트 : 굶지 않고 3개월에 16kg 빼는』, 『상식 밖의 성공수업 : 괴짜 CEO에게 배우는』, 『비즈니스 씽커스 : 게임의 판을 바꾼 사람들, 그리고 그 결정적 순간』, 『마케팅을 아는 여자 : 남성호르몬이 필요없는 마케팅 본능을 깨워라』, 『돈 안드는 마케팅 리서치 어떻게 할 것인가』, 『위대한 작가들의 은밀한 사생활』, 『결정의 심리학』, 『설득의 비밀』, 『성공하는 녀석들은 이야기도 잘한다』, 『아빠와 함께 저녁 프로젝트』, 『끌리는 여자는 101가지가 다르다』, 『부자엄마 경제학』, 『현명한 사람의 감성 협상법 1,2권』, 『경쟁게임에서 승리하는 기술』, 『전략적 고객관리』, 『여자의 인생은 옷장 속을 닮았다』, 『고혹의 절정, 40 : 당신의 패션에 변화가 필요할 때』, 『영감으로 이끄는 리더경영』, 『기업이 원하는 변화의 기술 실무 가이드』, 『시장조사 성공의 뚜껑을 열어라』, 『파인딩 키퍼 : 인적자원관리를 위한 몬스터 가이드』, 『죽기 전에 꼭 해야 할 101가지』, 『로스트 인 티벳』, 『코 파기의 즐거움 : 손가락 하나로 만나는 해방감』, 『아버지의 사랑 : 딘 마틴의 아들이 그를 기억하며』, 『엄마가 만들어 주세요』, 『키싱스쿨』, 『천연 화장품』, 『책장인생』, 『자연이 준 기적의 물 식초』, 『고성장 기업의 7가지 비밀』, 『아침 8분 운동 : 탄탄한 엉덩이와 날씬한 허벅지 만들기』, 『사랑을 부르는 센슈얼 마사지』, 『몸매 잡아주는 필라테스 10분 운동』, 『내 몸을 깨우는 아침 10분 운동』, 『허리가 아플 때 꼭 봐야 하는 책』, 『6주만에 완성하는 자신감 기르기』, 『스파크 다이어트 : 하루 10분, 더 쉽고 더 강력한 28일 프로그램』등 다수가 있다.

찾아보기

[ㄱ]

감각 유입 감소	205
강화	117
개빈 킬더프	63
거울 뉴런	40
거절	37
건강한 생활습관을 지키게 하는 방법	252
게으른 뇌	179
결정권	149
경쟁	50
경험	217
계획	119
고객들의 적극적인 참여를 유도하는 방법	260
고객을 열렬한 지지자로 바꿔놓는 방법	248
고군분투	166
고리, 습관	70
고전적 조건형성	114
고정 간격 계획	126
고정 비율	123
고통	87
공개 찬여	104
공상	219
공통점	32
공포	140
관심	139
구뇌	32
구민정	125
'균열' 전략	95
그레고리 월튼	25
그렉 스티븐스	49
금전적 보상	131
긍정적 강화물	134
기능성자기공명영상	205
기억	204
기억 응고화	108
기점화	77, 189
기점화와 조정	189
기회가 많을수록 후회도 커진다	223
기회를 포착하라	215
긴장감	56

[ㄴ-ㄷ]

나이가 들수록 후회도 줄어든다	224
내면의 이야기	89
노출 효과	194
뉴런	206
닐스-에이크 힐라프	152
다니엘 카너먼	189
다니엘 핑크	135
다중 인격	90
단순한 이름이 최고다	204
당근과 채찍	18
대니얼 카너먼	178
댄 애리얼리	192
데이비드 디살보	210

찾아보기

데카르트의 오류	144
도덕적 분자	45
도전	163
도파민	131, 152
돈을 기부하게 하는 방법	230
동사보다 명사를 사용	26
동시성 활동	45
동조	49
두려움	138, 146
드라이브	135
딴생각	219

[ㄹ-ㅁ]

란 키베츠	124
레너드 빅먼	62
로고	146
로버트 블레이크	62
로버트 프로빈	46
리드리히 아우구스트 케쿨레	221
리프 반 보벤	217
마리에케 드 브리스	146
마음의 빚	35
마음의 속임수	20
마이클 에프란	34
마크 레퍼	159
마크 트웨인	162
말리아 메이슨	219
매력 발산을 위한 수학 공식?	33

맥퍼린, 바비	150
먼로 레프코비츠	62
멀티태스킹	219
모방	40
모방 심리	39
모튼 도이치	106
목표 가속화 효과	124
몰입	171
무거운 물건을 들고 있으면	224
뮬러-라이어	177
미하이 칙센트미하이	171

[ㅂ-ㅅ]

반응	114
발레리 슈트	167
배리 슈워츠	143
변동 간격	122
변동 비율	121
보상	67, 117
보상이 역효과를 낳는 경우	160
보상 제공 시기	132
본능	19, 139
부정적 강화	133
부조화, 인지	199
브라이언 넛슨	131
브랜드	146
빕 라타네	27
사람들에게 동기를 부여하는 7가지 요인	

찾아보기

사람들을 불편하게 만들자	199
사물의 이면을 보게 하는 방법	263
사용하지 않으면 줄어든다	206
사일런트 리더십	58
사회적 인정	27
상관관계 찾기	181
상호성	37
생각에 관한 생각	178
선택안	149
선택의 심리학	148
섹스	155
셰인 프레드릭	178
셸리 차이켄	34
소속 욕구	16
소유	144
손동작	57
손실에 대한 두려움	141
손으로 글을 쓸 때	108
수량이 한정된 경우	144
숙달	158
숙달에 대한 욕구	19
쉬나 아이엔가	148
스코트 윌터머스	44
스코트 프레이저	98
스트레스	205
스티븐 가르시아	51
스티븐 라이허	54
스티븐 워첼	145
슬롯머신	126
슬픔	146
습관	17, 66, 67
습관의 힘	66
습관 조성	128
시간은 돈이다	216
시냅스	206
시작 단계부터 보상하라	127
신뇌	32
신뢰	48

[ㅇ]

아모스 트버스키	189
아비드 칼슨	152
아비샬롬 토르	51
아시아 문화권	166
아이들이 악기 연습을 하게 하는 방법	244
안토니오 다마지오	144
알렉산더 해슬램	54
앙투안 베차라	141
양보	38
양보 효과	217
어조	61
오피오이드	153
옥시토신	45
옷	62
운	203

웃음	46	점화 효과의 힘	184
웬디 유	216	제니퍼 애커	43, 216
유대감	25	제스처	57
은유적 표현	213	제인 무턴	62
음식	155	제임스 스티글러	166
의욕	167	조나단 스쿨러	219
이반 파블로프	114	조나단 프리드먼	98
이브라힘 세나이	213	조나 버거	44
이야기	88	조너선 하이트	47
이야기에 담긴 힘	17	조슈아 애커맨	225
이야기 편집 기법	108	'조작적' 조건형성	117
인지 반응 테스트	178	조지 모건	158
일관성	90	주도적으로 일하게 하는 방법	232
일자리 제의를 받아들이게 하는 방법	238	중간 부분은 잊기 쉽다	207
일화	88	중뇌	87
읽기 어렵게 하라	196	중독성	154
		지속적 강화	120
		집단 의사결정	63
[ㅈ]		짧은 설명	168
자극	114		
자세	55	**[ㅊ-ㅋ]**	
자신을 직원으로 채용하게 하는 방법	233	착시 현상	177
작업 전환	220	찰스 두히그	66
잠자리 효과	43, 216	참여	151
잡념	219	창의적인 딴생각	220
재활용에 동참하게 하는 방법	258	처벌	135
적절한 보상	130	체크리스트를 작성하게 하는 방법	255
전운동피질	39	촉각성	226
전전두엽 피질	31		

최적의 피드백 시기 선택	169
측좌핵	131
친밀감 속에서 얻는 만족	193
친숙	146
칩 히스	45
칭찬	169
카메론 앤더슨	63
카지노	117
캐롤 킨제이 고먼	58
캐슬린 보스	185
켄트 베리지	153
쾌락	153

[ㅌ-ㅎ]

타니아 싱어	87
태도	55
톰 소여의 모험	162
통제 욕구	149
투표에 참여하게 하는 방법	250
티모시 윌슨	32, 84
파블로 브리뇰	67
페르소나	83
펜나 크리넨	31
편도체	201
폴 잭	45
폴 티보도	214
표정	59
피드백	167

필리파 랠리	76
학습된 행동	46
해럴드 제라드	106
협력업체로 선정되는 방법	241
호감	153
확신에 대한 갈망	201
확증 편향	199
후회는 행동을 자극한다	224
후회의 힘	223

[A-Z]

B. F. 스키너	117
B. J. 포그	76
E. W. J. 패터슨	34
FFA	59
fMRI	39
MPFC	31
SCR	142